Literatura en el laboratorio

Franco Moretti *(coord.)*

LITERATURA

Herramientas universitarias

Literatura en el laboratorio

Franco Moretti *(coord.)*

Título original en inglés: *Literary Lab*
© Franco Moretti y de los autores, 2018

© De la traducción: Antonio Rojas Castro
Corrección: Marta Beltrán Bahón

Cubierta: Juan Pablo Venditti

Primera edición: marzo de 2018, Barcelona

Derechos reservados para todas las ediciones en castellano

© Editorial Gedisa, S.A.
Avda. Tibidabo 12, 3.°
08022 Barcelona, España
Tel. 93 253 09 04
gedisa@gedisa.com
www.gedisa.com

Preimpresión:
Moelmo, S.C.P.

ISBN: 978-84-16919-83-3
Depósito legal: B.828-2018

Impreso por Service Point

Impreso en España
Printed in Spain

Queda prohibida la reproducción total o parcial por cualquier medio de impresión, en forma idéntica, extractada o modificada, en castellano o cualquier otro idioma.

Índice

La medida de la literatura 9
   Franco Moretti

Formalismo cuantitativo: un experimento 19
   Sarah Allison, Ryan Heuser, Matthew Jockers,
   Franco Moretti y Michael Witmore

El estilo a la escala de la frase 55
   Sarah Allison, Marissa Gemma, Ryan Heuser,
   Franco Moretti, Amir Tevel y Irena Yamboliev

Sobre los párrafos. Escala, temas y forma narrativa 97
   Mark Algee-Hewitt, Ryan Heuser y Franco Moretti

Canon/archivo. Dinámicas de largo alcance
y campo literario 131
   Mark Algee-Hewitt, Sarah Allison, Marissa Gemma,
   Ryan Heuser, Franco Moretti y Hannah Walser

Las emociones de Londres 183
   Ryan Heuser, Franco Moretti y Erik Steiner

Patrones e interpretación 219
   Franco Moretti

La medida de la literatura

Franco Moretti

Nuestro primer panfleto. En 2010, ninguno de los cinco autores del «Formalismo cuantitativo» tenía la menor idea de que estaba escribiendo un «panfleto». Una conocida revista académica nos había pedido un artículo sobre nuevos enfoques críticos, así que enviamos el texto a los editores; pero nos lo devolvieron con tantas peticiones de cambio que nos lo tomamos como un rechazo total. Fue decepcionante; entonces la crítica computacional estaba mal vista en el mundo académico, no podíamos dejar de pensar que su negativa no sólo se dirigía a nuestro artículo, sino que iba dirigida a toda una perspectiva crítica. Puesto que seguíamos defendiendo la calidad del ensayo, en vez de probar suerte con otra revista o —Dios no lo quiera— en vez de introducir las modificaciones requeridas, decidimos publicar el texto por nuestra cuenta como un documento del Literary Lab. No puedo recordar cómo surgió el término «panfleto» y, francamente, ni siquiera resulta apropiado: los panfletos tienen una vocación pública; en cambio, nuestro trabajo carecía de tal dimensión y, además, incorporaba muchos aspectos técnicos. Pero la palabra capturó la euforia que nuestra independencia nos procuraba, así como la libertad de publicar lo que queríamos, cuándo y como queríamos. De extensión corta, larga e incluso *muy* larga, nuestros panfletos se han publicado siempre en el momento exacto en que considerábamos que estaban listos —ni un minuto antes ni un minuto después—; y sin tener que pasar por el molinillo de un «estilo» editorial concreto. Y todo esto porque el trabajo titulado «Formalismo cuantitativo» fue rechazado por... No importa el título de la revista; de hecho, nos hicieron un favor.

Meandros y tanteos. «Nada es tan raro como un plan» son palabras atribuidas a Napoleón; ciertamente, hemos llegado a la conclusión de que tenía razón. Nunca sabemos por dónde saldrá el siguiente panfleto: algunos han sido realizados por un solo autor como parte de un trabajo de final de grado («Loudness in the Novel») o de una tesis doctoral («Becoming Yourself: the Afterlife of Reception»); otros son el resultado de la afinidad electiva de una pareja de investigadores que suelen trabajar bien juntos («A Quantitative Literary History of 2.958 Nineteenth Novels: the Semantic Cohort Method»; «Between Canon and Corpus: Six Perspectives on 20th-Century Novels»; «Bankspeaks: the Language of World Bank Reports, 1946-2012»), y otros tantos han surgido de la compleja polifonía derivada de un grupo de investigadores más numeroso («Formalismo cuantitativo», cap. 2; «El estilo a la escala de la frase», cap. 3; «Sobre los párrafos. Escala, temas y forma narrativa», cap. 5; «Canon/archivo. Dinámicas de largo alcance y campo literario», cap. 6).[1] Con el tiempo, sin embargo, un equipo de cinco o seis investigadores se ha convertido en la formación más frecuente y la que mejor encarna la novedad del trabajo de laboratorio. Por ejemplo, en «El estilo a la escala de la frase», empezamos dividiendo las tareas iniciales entre cada uno de los integrantes del equipo; no tardamos mucho en ponernos en desacuerdo sobre el camino que debíamos seguir; más tarde se abrieron algunas posibilidades que investigar y luego se abandonaron; durante el primer año hubo dos o tres presentaciones colectivas en el laboratorio; mientras tanto, algunos paréntesis de trabajo solitario, discusiones en grupos pequeños y ríos de correos electrónicos; más tarde, una larga coda de borradores, discusiones y reformulaciones, etc. Los últimos meses fueron cruciales para la sección final del panfleto en donde convertimos dos años de hallazgos empíricos en conjeturas teóricas. «Sin los conceptos de la segunda parte —escribimos entonces— los resultados de la primera permanecerían ciegos; y sin el contenido empírico de la primera parte, las categorías empleadas

---

1. Todos los panfletos pueden descargarse en inglés desde la web del Literary Lab: https://litlab.stanford.edu/pamphlets/.

hacia el final de este capítulo estarían vacías». En ese momento no lo sabíamos, pero acabábamos de poner en palabras el continuo vaivén entre lo empírico y lo conceptual que caracterizaría toda nuestra investigación futura.

Trabajo. *Laboratorium, laborare, labor*. Tal es la definición de un laboratorio: un lugar en donde trabajar, en grupo casi siempre. Ahora que tengo la experiencia en una variedad de formas (grupos pequeños y grandes, estudiantes y profesores, de la misma disciplina y universidad o de diferentes), diría que casi todos los proyectos pasan por dos etapas muy diferentes. En la fase inicial, el grupo funciona como un solo organismo, donde cada individuo lleva a cabo una tarea específica. La primera tarea consiste en programar; Matt Jockers sentó las bases incluso antes de que se inaugurara oficialmente el laboratorio y Ryan Heuser sostuvo el trabajo de programación a lo largo de los años con un talento imaginativo excepcional y con unas implicaciones matemáticas que sólo nos han sido aclaradas hace poco gracias a Mark Algee-Hewitt. Sobre la base de la programación, se puede lograr mucho más: desde el perfeccionamiento del corpus hasta el análisis de los resultados iniciales; desde la revisión de la literatura crítica hasta el diseño de experimentos de seguimiento. Esta división funcional del trabajo, cuyos resultados ningún erudito podría lograr de forma aislada, es claramente indispensable para la investigación moderna. Pero la segunda etapa del trabajo en grupo es, si cabe, mejor incluso. Ahora, el equipo se sienta alrededor de una mesa —la mesa de laboratorio es una herramienta tan esencial como el equipamiento más costoso— y discute cómo dar sentido a los resultados. Aquí, la integración eficiente de la primera etapa da paso a un torbellino de asociaciones dispares: C reflexiona sobre el lenguaje de un extracto específico y A sobre las categorías históricas que podrían explicarlo; F recuerda algo que D había dicho unos meses antes (y que había olvidado); E reconoce un patrón gramatical, para el cual B sugiere una explicación evolutiva... Todos los investigadores traen en esta fase sus intereses e incluso sus fijaciones. A veces, hay mucho ruido. Pero en algunos momentos mágicos, el grupo se convierte en algo más que la suma de sus partes y «ve» cosas que un par de ojos en solitario no podría ver. Si en los panfletos que siguen hay descubrimientos genuinos, son fruto de estos momentos mágicos.

Adagietto. Un ensayo científico compuesto como una sinfonía de Mahler: registros discordantes que apenas logran coexistir; un movimiento hacia delante interminablemente desviado; las melodías más sencillas, seguidas de saltos hacia lo desconocido. A menudo he intentado escribir así, y siempre he fracasado. Ahora bien, con los panfletos, la forma ha surgido sin buscarla. Se despliega a lo largo de cuatro niveles distintos, casi equivalentes: imágenes, pies de foto, texto y notas a pie de página. Imágenes, en primer lugar: gráficos temporales, histogramas, árboles, redes, diagramas, gráficos de dispersión... En nuestros panfletos, las imágenes son lo primero porque, al visualizar los hallazgos empíricos, constituyen el objeto de estudio de la crítica computacional; son nuestro «texto», la contraparte del análisis textual. Junto a las figuras, e igualmente de naturaleza nueva, hallamos los pies que ilustran las figuras: casi ausentes en los primeros panfletos, se han convertido desde entonces en algo tan esencial para nuestro trabajo como las descripciones en la historia del arte o las observaciones en los informes científicos; escribirlos nos ha enseñado a observar más atentamente y a declarar lo que «vemos» en todas las figuras, anunciando así cuáles serán los primeros pasos del análisis. Después de las imágenes y los pies de las figuras, hay que destacar el cuerpo principal del texto: en parte amenazado y comprimido por los dos recién llegados, el texto se ve obligado a ser más ajustado y preciso: debe tejer los cuatro registros en un solo argumento sin privarlos de su nueva autonomía; debe ser narrativo *y* teórico; debe tomar una secuencia de eventos aislados y transformarlos en una cuadrícula conceptual; y todo esto ¡en menos páginas que la mayoría de artículos académicos! Es difícil, pero resulta necesario para la claridad de la argumentación. Y luego, si realmente se necesita más espacio, siempre están las notas a pie de página: el espacio donde ponemos sobre la mesa nuestras fichas bibliográficas, examinamos alternativas teóricas y fantaseamos con estudios futuros; una mezcla de tareas, polémicas y especulaciones que añade un giro subterráneo a la complejidad del conjunto. Para hacer justicia a esta arquitectura heterogénea —para hacerla visible— nuestro diseñador Jake Coolidge ha inventado un modelo de «página» compuesta por tres grandes columnas, donde los cuatro registros se turnan en combinaciones impredecibles. Tiene algo de extraño, maravilloso y un poco de perturbador, ver tu pensamiento reflejado de manera tan nítida en la forma de la página. A veces, más que Mahler, nos sentimos como Tristram Shandy.

Pasado y presente. A principios de los noventa, cuando intentaba crear de manera colectiva un *Atlas de la Literatura Mundial*, Fred Jameson sugirió que registrar en un libro toda la empresa sería un documento valioso en sí mismo. Puesto que las agencias de financiamiento rechazaron el *Atlas*, ese cuaderno de bitácora original nunca se materializó; pero la idea de Jameson resurgió, veinte años después, en el informe detallado que caracteriza nuestros panfletos. El reportaje es la forma adecuada para exponer la dimensión «exploratoria» de las humanidades digitales porque nos ayuda a rastrear las incursiones en la inmensidad del nuevo archivo digital, anclándolas a hechos sólidos: se han encontrado tales datos, aquí están, negro sobre blanco. De esta manera, más tarde, al registrar las dudas y las decisiones del proceso de investigación, se comprende perfectamente lo que se ha hecho. No es por casualidad que muchas de nuestras páginas se redactaron inicialmente en tiempo pasado y luego, durante la fase de revisión, pasamos a utilizar el presente; de hecho, no está del todo claro si el cometido principal consiste en relacionar un momento específico en el desarrollo de la investigación pasada o bien en presentar una tesis relevante para la discusión que está sucediendo en el presente. Y no está claro, porque la mayor parte del tiempo ambas cosas son importantes. Así, una sección de «El estilo a la escala de la frase» comienza explicando cómo se correlacionaron formas verbales y géneros novelísticos; ahora bien, en el espacio de cuatro o cinco párrafos el texto se convierte en una discusión sobre cómo la novela de formación dio forma a la idea de la juventud moderna (véase capítulo 3, sección 6). Una vez más estamos ante la combinación de unos resultados empíricos y de un trabajo conceptual. Pero, como veremos a continuación, el proceso no siempre es tan modélico.

«Hasta que un hombre está seguro de que es infalible...» Los fracasos desempeñan un papel muy especial en el paso del informe a la reflexión. Como escribieron Shapin y Shaffer, Robert Boyle consideraba que «en los orígenes de la ciencia experimental era necesario [...] ofrecer a los lectores las circunstancias de los experimentos fallidos», porque demostraban que él «no estaba ocultando deliberadamente las pruebas que no le convenían»; de esta manera, aseguraba a sus lectores «que era un hombre de palabra en el que se podía creer».² Sin duda, la exposición de los fracasos tiene que ver con la persuasión porque los errores contribuyen a hacer la narración entretenida; asimismo, la autocrítica es siempre una buena manera de anticiparse a los ataques de los demás. Con todo, la principal razón para exponer los fracasos no es intentar captar la benevolencia de los lectores sino el hecho de que *los experimentos fallidos arrojan luz sobre el proceso de investigación en su totalidad*. Los fracasos nos llevan de vuelta a nuestro punto de partida, a los presupuestos no expresados, implícitos, que escapan a menudo del juicio crítico. Por ejemplo, la búsqueda del núcleo semántico de la forma trágica en los momentos de máximo conflicto se apoyaba en la suposición de que, en el drama, las palabras y los hechos están en sincronía unos con otros; al descubrir que esto no era cierto en los casos analizados, demostramos que la teoría de la tragedia necesitaba ser replanteada desde la raíz. Asimismo, la búsqueda del estilo a la escala del párrafo —y, de nuevo, la imposibilidad de encontrarlo— nos convenció de que una teoría jerárquica del texto literario (como la de la estilística) no podía ser correcta y abrió el camino a nuevas hipótesis acerca de la escala textual. Como escribió Karl Popper en *La lógica de la investigación científica*, «lo que puede producir un avance decisivo [es a menudo] la modificación de lo que nos inclinamos a considerar como evidentemente inocuo [debido a que concuerda con nuestra forma habitual de pensar]».³ Exactamente. Al frustrar nuestras expectativas, los experimentos fallidos «enajenan» nuestros pensamientos habituales, ofreciéndonos la oportunidad de transformarlos. O como Boyle dijo hace cuatro siglos de manera memorable: «Hasta que un hombre esté seguro de que es infalible, no conviene que su naturaleza sea inalterable».⁴

---

2. Steven Shapin y Simon Shaffer, *Leviathan and the Air-Pump. Hobbes, Boyle, and the Experimental Life*, Princeton UP, 1985, págs. 64-65. Traducción española: *El Leviathan y la bomba de vacío: Hobbes, Boyle y la vida experimental*, Buenos Aires: Universidad Nacional de Quilmes Editorial, 2005.

3. Karl Popper, *The Logic of Scientific Discovery*, 1934, Haper and Row, Nueva York, 1965, pág. 76. Traducción española: *La lógica de la investigación científica*, Madrid, Tecnos, 2008.

4. Robert Boyle, «A Proemial Essay, wherein, with some Considerations touching Experimental Essays in general, Is interwoven such an Introduction to all those written by the Author, as is necessary to be perused for the better un-

¿Entonces? En todas las conferencias sobre las humanidades digitales siempre hay un momento en que alguien levanta la mano y dice: «Ok, interesante. Pero ¿es realmente nuevo?». Buena pregunta... conviene dejar de lado algunas líneas de defensa demasiado obvias, como «¡pero la disciplina sigue estando en pañales!», o bien «¿acaso la crítica literaria tradicional siempre ofrece conocimiento nuevo?». Todo esto es verdad y al mismo tiempo resulta irrelevante; dado que las humanidades digitales se han presentado como una ruptura radical con el pasado es lógico que se esperen pruebas fehacientes de tal ruptura. Pero las pruebas, seamos francos, no son concluyentes y pueden presentarse bajo múltiples formas. Para empezar, hay que tener en cuenta un hecho en parte paradójico: en un nuevo enfoque no todo debe ser innovador. Así, cuando demostramos, en el panfleto «Network Theory, Plot Analysis», que la red de Hamlet tenía como centro a Hamlet (panfleto 4), el *New York Times* señaló el pasaje como un signo inequívoco de estupidez. Quizás lo sea; pero lo importante no era presentar la centralidad de Hamlet como si fuera un resultado inesperado, sino precisamente lo contrario: si el nuevo enfoque *no* hubiera encontrado a Hamlet en el centro de la obra, su credibilidad se habría desintegrado. *Antes de usar* la teoría de redes para el análisis dramático, tuve que *probarla* y probar que confirmaba los resultados principales obtenidos en investigaciones previas. Por desgracia, la corroboración de este tipo de fenómenos es a menudo aburrida para los humanistas (y para los periodistas inteligentes); pero durante mucho tiempo *ha desempeñado* un papel muy relevante en la investigación científica y su introducción en nuestro campo es un logro, no una debilidad de las humanidades digitales. Además, rara vez la corroboración es sólo una mera corroboración. A grandes rasgos, «Sobre los párrafos» valida un enfoque temático de la literatura; pero al hacerlo, también descubrimos que los temas tienen una afinidad electiva en la escala del párrafo (capítulo 5); que el párrafo típico tiene, no uno, sino entre dos y cuatro temas distintos; que la conexión entre la tematología y la narratología descansa precisamente en este número plural, aunque limitado. Y así sucesivamente... La tematología no ha experimentado una

---

derstanding of them», *The Works of the Honourable Robert Boyle*, ed. Thomas Birch, 2. ed., Londres: J.&F. Rivington, 1772. Vol. I, pág. 311.

revolución, pero ciertamente ha cambiado y, por qué no, también se ha visto mejorada. En «El estilo a la escala de la frase» (capítulo 3) fue el «encuentro entre conceptos y medidas» y, unos meses más tarde, constatamos que dicho encuentro había «radicalizado nuestra relación con los conceptos»; radicalización, porque cuando hay que convertir un concepto en una serie de operaciones, éste se percibe de forma analítica, lo que abre el camino a su crítica. Por ejemplo, pienso en cómo cambió el concepto de «escala» a lo largo de tres de investigaciones: en «Formalismo cuantitativo» era todavía una metáfora del «mortero, los ladrillos y la arquitectura»; en «El estilo a la escala de la frase» encontró un sólido anclaje textual en la oración; y luego, en «Sobre los párrafos», se generalizó mediante la fórmula «diferentes escalas, diferentes rasgos». Es fascinante observar cómo una serie de mediciones cuantitativas entran en diálogo con los conceptos y los transforman lentamente. En este sentido, la computación no vuelve nuestro trabajo más rápido. Es cierto que los datos son recopilados y analizados a una velocidad asombrosa, pero la explicación de esos resultados —a menos que te contentes con el primer lugar común que te pase por la cabeza— es una historia diferente; sólo la paciencia sirve. Para la rapidez, nada es mejor que la interpretación tradicional: el «Nautilus» de Verne simboliza la infancia; el conde Drácula es un símbolo de la acumulación de capital. En un segundo todo cambia. Por el contrario, en el laboratorio la investigación conlleva meses de trabajo.

Triangulaciones. A medida que los conceptos cobraban más importancia, también lo hizo nuestro compromiso con las teorías existentes. Tres áreas intelectuales distintas han sido particularmente significativas en este sentido. La primera es la gran tradición formalista —desde los formalistas rusos hasta la estilística de Spitzer y Auerbach—, algunos aspectos del estructuralismo y el trabajo reciente de la lingüística de corpus. Este linaje es el más cercano al que nos sentimos al hablar de objetos y categorías como «morfología», «género», «registro», «sistema» o «estilo». Puesto que la forma es el elemento repetible de la literatura, es también el lugar hacia el cual nos dirigimos para poner en marcha el proceso de cuantificación. Así, por ejemplo, en «Canon/archivo» quisimos operacionalizar la diferencia entre el canon y el archivo no a través del contenido semántico, sino en términos formales como la redundancia y la variedad léxica (capítulo 5). Después de este primer linaje, claramente literario, viene uno que no lo es en absoluto: la epistemología de las ciencias naturales, tomada en un sentido amplio. En esta fuente hemos encontrado inspiración al azar: por ejemplo, hemos tomado prestado el análisis de los componentes principales de la genética, la teoría de redes de las matemáticas y la física, y el concepto de entropía de la teoría de la información —sin mencionar nociones específicas como «medición» (Kuhn), «instrumento» (Koyré) o «normal/patológico» (Canguilhem), que han jugado un rol destacable en más de un proyecto—. La necesidad de traducir por partida doble —de los objetos naturales a los objetos literarios y de los conceptos a los algoritmos— pasó a formar parte de nuestro trabajo y definió nuestra visión de las humanidades digitales entendidas como *la forma que adquiere una ciencia explicativa en la era digital*. Triangular a Canguilhem con gráficos con información sobre la ratio *type-token* y novelas olvidadas de la época victoriana o bien triangular a Koyré con estadísticas obtenidas mediante un análisis de redes junto con el papel jugado por los personajes secundarios en las obras teatrales; he aquí nuestra manera de entender la novedad de las humanidades digitales. Finalmente, la tercera presencia importante es Bourdieu. Por una razón u otra, la obra de Bourdieu se evoca en «Formalismo cuantitativo» y en «El estilo a la escala de la frase» y forma parte de las premisas desarrolladas en «Canon/archivo». Como es sabido, Bourdieu representa un estudio literario que es empírico y sociológico. Ahora bien, también representa algo menos evidente y desconcertante: la casi ausencia en las humanidades digitales y en el trabajo realizado en el Literary Lab de ese otro enfoque sociológico que es la crítica marxista. Esta disyunción —mutua porque la indiferencia de la crítica marxista hacia las humanidades digitales sólo ha dado lugar a textos acusatorios de complicidad con la mercantilización de la universidad— es desconcertante si tenemos en cuenta el vasto horizonte social que los archivos digitales podrían abrir al materialismo histórico, así como la profundidad crítica que éste último puede aportar a la «imaginación computacional». Es una situación extraña y no sabemos cómo contribuir a cambiarla. Por ahora, reconozcamos que así es como están las cosas y que —al menos para quien escribe estas líneas— hay que hacer algo para que cambien; sería estupendo que, algún día, el *Big data* propiciara la formulación de *Big questions*.

Formalismo cuantitativo: un experimento

Sarah Allison[1], Ryan Heuser[2], Matthew Jockers[3], Franco Moretti y Michael Witmore[4]

Este capítulo presenta los resultados de un estudio realizado por cinco investigadores —cuatro de la Universidad de Stanford y uno de Universidad de Wisconsin— que tiene por propósito averiguar si un algoritmo generado por ordenador puede «reconocer» un género literario. Por ejemplo, si tomamos en consideración la novela *David Copperfield* y procesamos el texto con un programa sin intervención humana (o, como se suele decir, de manera «no supervisada»), ¿el algoritmo será capaz de comprender que se trata de una novela de formación y no de una no-

---

1. Sarah Allison obtuvo un doctorado en la Universidad de Stanford y es especialista en literatura romántica inglesa. Actualmente, es profesora en la Universidad de Loyola (New Orleans).

2. Ryan Heuser cursa estudios de doctorado en la Universidad de Stanford; su especialidad es la literatura inglesa del siglo XIX; entre 2011 y 2015 fue Director Asociado de Investigación del Stanford Literary Lab.

3. Matthew Jockers es co-fundador del Stanford Literary Lab. Actualmente, es decano y profesor en la Universidad de Nebraska. Ha publicado libros como *Macroanalysis. Digital Methods and Literary History* (2013), *Text Analysis with R for Students of Literature* (2014) y *The Bestseller Code: Anatomy of the Blockbuster Novel* (2016).

4. Michael Witmore es director de la Folger Shakespeare Library. Anteriormente, fue profesor de literatura inglesa en la Universidad de Wisconsin-Madison. Ha publicado numerosos libros sobre Shakespeare y sobre el Renacimiento inglés como *Shakespearean Metaphysics* (2009).

vela gótica? La respuesta a la pregunta es afirmativa: sí, a grandes rasgos, sí. Ahora bien, son tantas las complicaciones que es necesario tener en cuenta el proceso por completo. Nuestra metodología es novedosa y, por este motivo, el proceso es casi tan importante como los resultados.

1. Prólogo: Docuscope lee a Shakespeare

Durante el otoño de 2008, Franco Moretti estaba de visita en la Universidad de Madison, en donde tuvo ocasión de conocer el trabajo sobre el teatro de William Shakespeare de Michael Witmore y Jonathan Hope. La investigación consistía en utilizar un programa llamado Docuscope para etiquetar un corpus de textos seleccionados cuidadosamente e integrado por millones de palabras inglesas (así como secuencias) con el objetivo de clasificar los componentes en categorías gramaticales, semánticas y retóricas.[5]

En esencia, Docuscope es un diccionario inteligente. Se compone de una lista de más de 200 millones de secuencias de palabras en inglés clasificadas en una de las 101 categorías lingüísticas funcionales conocidas como «Tipos de Acciones Lingüísticas» (TAL).[6] Cuando Docuscope «lee» un texto, busca palabras

---

5. Véase Jonathan Hope y Michael Witmore, «The Very Large Textual Object: A Prosthetic Reading of Shakespeare», *Early Modern Literary Studies* 9.3 (enero de 2001): 6.1-36; Witmore y Hope, «Shakespeare by the Numbers: On the Linguistic Texture of the Late Plays» en *Early Modern Tragicomedy*, eds. Subha Mukherji y Raphael Lyne (Londres: Boydell and Brewer, 2007), 133-153; Hope y Witmore, «The Hundredth Psalm to the Tune of "Green Sleeves": Digital Approaches Shakespeare's Language of Genre», *Shakespeare Quarterly* 61.3, «Número especial: New Media Approaches to Shakespeare», ed. Katherine Row (otoño de 2010): 357-390; y el blog de Michael Witmore (www.winedarksea.org).

6. Para saber más sobre Docuscope, véase David Kaufer, Ishizaki, Brian Butler, Jeff Collins, *The Power of Words: Unveiling the Speaker and Writer's Hidden Craft* (Lawrence Erlbaum Associates: New Jersey y Londres, 2004). Vista en retrospectiva, la lista es poco acertada, al menos, en dos sentidos: por un lado, los 36 textos se escogieron para maximizar la variación de cada género. Aunque es contrario al modo en que se suele seleccionar una muestra de una población, se llevó a cabo de esta manera para incrementar la dificultad de la prueba: Docuscope tenía que demostrar que podía «reconocer» un género incluso analizando especímenes muy diversos. Por otra parte, se tomó una decisión que iba en dirección contraria: en lugar de dar a Witmore 36 textos para que el programa los

y secuencias de palabras que puede «reconocer», es decir, que puede emparejar con una de los 101 TAL. Cada vez que se produce un emparejamiento, se le asigna una ocurrencia a la categoría TAL en cuestión. Por ejemplo, Docuscope empareja los pronombres personales ingleses *I* ('yo') y *me* ('a mí') con el TAL *FirstPerson* ('PrimeraPersona'). Por tanto, cada vez que el programa encuentra alguna de estas palabras contabiliza una ocurrencia en la categoría TAL *FirstPerson*.[7]

A partir de los recuentos, Hope y Witmore utilizaron un análisis factorial no supervisado —aquí «factor» significa un patrón que incluye ciertas categorías, en proporciones variables, y excluye otras— con la finalidad de caracterizar los géneros tradicionales utilizados por los editores de la edición *First Folio* (Heminges y Condell) de la obra de Shakespeare o bien el género conocido como «romances tardíos» identificado por primera vez por la crítica literaria decimonónica. Tras realizar análisis multivariados y llevar a cabo técnicas de agrupamientos (o *clustering*), el programa no sólo pudo agrupar los textos de acuerdo con los géneros tradicionales, sino distinguir las piezas que los críticos literarios suelen considerar atípicas.[8] Al analizar las obras de

---

clasificara en géneros, Moretti se los facilitó ya ordenados y agrupados. En consecuencia, la dificultad de la prueba se vio atenuada, ya que la variación los textos entre sí fue compensada por el todo.

7. Debido al modo en que se utilizan en el programa, los nombres de las categorías TAL no pueden contener espacios. Como es evidente, la caracterización de las palabras incluidas en cada una de estas categorías es un acto interpretativo; lo mismo ocurre con la elección de las palabras mismas, que tuvo lugar durante el curso de casi una década de codificación manual. En términos generales, Witmore y Hope utilizaron categorías TAL para identificar patrones estadísticos y luego pasaron de las categorías a las instancias textuales con el propósito de comprobar cómo las palabras funcionaban en su contexto.

8. Por ejemplo, descubrieron que los «romances tardíos» de Shakespeare se distinguen, lingüísticamente, de las piezas anteriores por la presencia de secuencias de palabras con las que los personajes narran acciones pasadas al tiempo que enfatizan sus emociones actuales respecto a dichas acciones (un proceso que Witmore y Hope llaman «retrospección focalizada»). Algunas características lingüísticas de estas obras que producían tal efecto son: (1) algunas oraciones subordinadas introducidas por coma y seguidas de la palabra *which* ('quien') y (2) tiempos verbales pasados precedidos por una forma auxiliar del verbo *to be* ('ser') también en pasado. Las comedias y las obras históricas también se distinguen de manera clara; por ejemplo, los investigadores descubrieron que las comedias contenían un alto grado de pronombres en primera y segunda persona

Shakespeare contenidas en la edición *Folio*, Docuscope fue capaz de separar *Henry VIII* del grupo de obras históricas y situarla junto con las «obras tardías»; se confirma, así, un reajuste defendido por los críticos contrarios a la clasificación de la edición *Folio*. Dicho agrupamiento, efectuado en una fase temprana con asociaciones íntegras, puede observarse en la Figura 1.1.

Al ver estos resultados, Moretti preguntó a Witmore si podía realizar agrupamientos con textos novelísticos. Witmore aceptó la propuesta y acordaron reunirse en febrero de 2009 en Stanford.

2. Febrero de 2009: Docuscope reconoce géneros novelísticos

El punto de partida de nuestra investigación es un corpus de 250 novelas británicas del siglo XIX extraídas de la base de datos Chadwick-Healey.[9] Gracias al cotejo de bibliografías ya existentes sobre este género, Moretti pudo recopilar una muestra de 36 textos, más o menos similares a los de Shakespeare, que Docuscope analizó en el primer experimento. Nuestro corpus se compuso de 12 tipos de textos divididos en dos grupos de 6. El primer grupo (conjunto 1-6) incluía 4 novelas góticas, 4 novelas históricas, 4 cuentos nacionales, 4 novelas industriales, 4 novelas galantes (o *silver-fork novels*) y 4 novelas de forma-

---

(clasificados con la etiqueta TAL *FirstPerson* 'PrimeraPersona' y *DirectAddress* 'ObjetoDirigido') y un alto grado de expresiones sobre incertidumbre (cuya categoría TAL es *Uncertainty* 'Incertidumbre'). Por el contrario, las comedias se caracterizaron como textos con un grado bajo de nombres y verbos de movimiento, de palabras sobre las propiedades sensuales de los objetos o acerca de los cambios físicos de las cosas (categorías TAL correspondientes a *Motions* 'Movimientos', *SenseProperty* 'PropiedadesPercibidas' y *SenseObject* 'ObjetosPercibidos'). Asimismo, la ausencia de pronombres en primera persona del singular (categoría TAL *Inclusive* 'Inclusivo') y de palabras que indican entidades sociales, creencias o conocimiento compartido (categoría TAL *CommonAuthority* 'AutoridadComún') también era singular de las obras cómicas.

9. Nos limitamos a esta base de datos porque la mayoría de textos disponibles en internet entre 2006 y 2008 no nos parecieron fiables para nuestros objetivos. Hoy, sin embargo, nuestra decisión sería diferente y lo más probable es que la cantidad de textos disponibles actualmente modificaría aspectos importantes de la investigación.

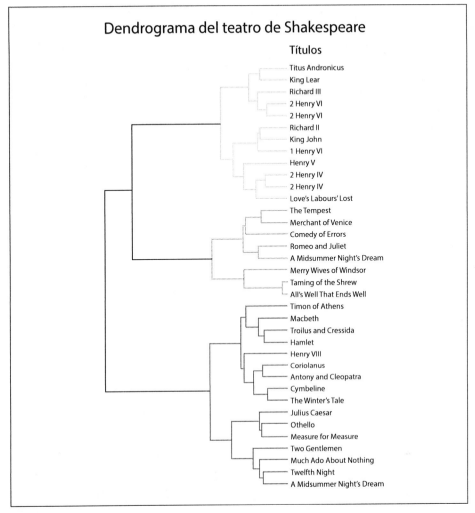

Figura 1.1 Dendrograma de 2003 con las agrupaciones del teatro de Shakespeare generado a partir de los Tipos de Acción Lingüística de Docuscope. El método de agrupamiento es asociación completa y distancias euclidianas. Téngase en cuenta la presencia de comedias en la primera y tercera columna, las obras tardías y las tragedias en la segunda y el teatro histórico en la cuarta y quinta. Las clasificaciones «incorrectas», como la de *Othello* y *Love's Labours' Lost*, se explican en el blog de Witmore (http://winedarksea.org/).

ción. De los 6 conjuntos del segundo grupo, 3 estaban presentes también en el primero (conjuntos 8, 9 y 12: 2 novelas industriales, una novela gótica y una novela de formación), pero no los tres restantes (conjuntos 7, 10 y 11: 2 novelas antijacobinas, una novela evangélica y una novela criminal de la serie Newgate). La tarea de Docuscope, pues, era encontrar y asociar los tres conjuntos del segundo grupo que también estaban en el primero.[10]

Para asegurarnos de que su trabajo previo no influyera de manera inconsciente en los resultados de Docuscope, Witmore nos pidió que no le explicáramos nada sobre los textos que había recibido. Así pues, eliminamos los títulos de las obras: «a menudo —nos dijo— proporcionan señales reveladoras, pero son menos interesantes que los movimientos microlingüísticos que dan vida al texto». Witmore se reunió con nosotros sin saber si Docuscope había acertado o no. «Creo que Docuscope no pasará la prueba» —nos confesó unos días antes por correo electrónico—; «siempre he defendido que los condicionantes materiales ligados a la puesta en escena de los textos dramáticos es lo que permite a Docuscope clasificar de manera acertada las obras de Shakespeare. Si Docuscope acierta a agrupar textos novelísticos por géneros, tendré que expandir mi noción de "condicionante material" en relación con las prácticas lingüísticas». (Por supuesto, más tarde, Witmore se mostró satisfecho con el éxito de Docuscope.)

Witmore utilizó distintas medidas para emparejar los géneros de los dos grupos; para empezar, evaluó el grado en que el análisis estadístico multivariado podía producir «factores» —esto es, patrones con un número determinado de TAL—[11] con el obje-

---

10. La lista completa de textos es la siguiente: conjunto 1 (novela gótica): *A Sicilian Romance, The Old Manor House, The Monk, and Melmoth the Wanderer*; conjunto 2 (novela histórica): *Waverley, Ivanhoe, The Entail,* y *Valperga*; conjunto 3 (cuentos nacionales): *Castle Rackrent, The Wild Irish Girl, The Absentee,* y *Marriage*; conjunto 4 (novelas industriales): *Shirley, Alton Locke, Hard Times,* y *North and South*; conjunto 5 (novelas galantes o *silver-fork*): *Glenarvon, Vivian Grey, Pelham,* y *Mrs. Armytage,* or *Female Domination*; conjunto 6 (novela de formación): *Jane Eyre, The History of Pendennis, David Copperfield* y *Daniel Deronda*; conjunto 7 (novela antijacobina): *Mordaunt, and Adeline Mowbray*; conjunto 8 (novela industrial): *The Life and Adventures of Michael Armstrong, the Factory Boy* y *Mary Barton*; conjunto 9 (novela gótica): *The Mysteries of Udolpho,* y *Zofloya, or, The Moor*; conjunto 10 (novela evangélica): *Coelebs in Search of a Wife* y *Self-Control*; conjunto 11 (novela criminal): *Eugene Aram* y *Jack Sheppard*; conjunto 12 (novela de formación): *Great Expectations* y *Middlemarch*.

11. Se pueden entender los factores como recetas que describen motivos recurrentes de variación en el seno de una colección más grande de elementos. Si imaginamos cada novela como una baraja de cartas, Docuscope examina cada baraja y cuenta su contenido. El análisis factorial inspecciona el contenido de cada pila y razona de la siguiente manera: «si hay muchos 6 de color rojo, entonces

tivo de emparejar los textos. Asimismo, comparó cada emparejamiento con una colección de textos llamada Frown Corpus (con muestras de inglés americano de principios de los noventa del siglo XX) para comprobar si los dos textos presentaban un mismo número de TAL en comparación con la media obtenida del corpus de referencia.[12] Mediante una combinación de estas técnicas, Witmore concluyó el experimento con los siguientes emparejamientos: 2:9 (con 1:9 como segunda mejor opción), 4:8 y 6:12. Docuscope sólo realizó un error: emparejar el grupo 9 (novela gótica) con el grupo 2 (novela histórica) en lugar del grupo 1 (gótica). Sin embargo, para muchos historiadores de la literatura, este error sería poco importante, o casi inevitable, ya que los límites entre estos géneros son muy porosos. Además, tal y como afirmó en su presentación, el emparejamiento correcto (1:9) le seguía de cerca.

Cuando la reunión terminaba, Johan Bender planteó una pregunta difícil que sobrevolaba en el ambiente: los resultados eran sorprendentes, ¿pero habíamos descubierto algo nuevo? La respuesta era negativa. No, Docuscope sólo había corroborado lo que los críticos literarios ya sabían —o al menos creían saber—: que cada texto pertenece a una determinada clase. Nada de conocimiento nuevo. No obstante, ahora sabíamos que el juicio humano y el análisis estadístico no supervisado coincidían al identificar géneros literarios. He aquí el verdadero descubrimiento. Docuscope había verificado los juicios de la crítica literaria y la crítica literaria había validado la eficacia de Docuscope. Queríamos saber si el programa podía replicar los resultados obtenidos con Shakespeare en un territorio nuevo y desconocido; y así fue. El primer experimento realizado por Witmore, pues, no había sido casualidad: es posible clasificar textos literarios con un ordenador. Cuando Witmore nos enseñó, de pasada y casi sin pensar, un gráfico inédito con los resultados de su estudio

---

hay pocos 4 y 5 de cualquier color». Estas recetas, que tienen en cuenta la «presencia y ausencia» de ciertas características, se utilizan para analizar barajas de cartas (los géneros) y ver si el análisis factorial distingue de manera fiable un género de otro.

12. Utilizar un corpus de referencia parecía buena idea; además, para evaluar la eficacia de Docuscope durante su fase de desarrollo se utilizó la colección Frown por lo que las comparaciones ya estaban integradas en el programa y listas para ser usadas.

sobre Shakespeare, una gama mucho más amplia de posibilidades se abrió ante nuestros ojos.

3. Marzo de 2009: las palabras más frecuentes reconocen géneros novelísticos

Docuscope había pasado la prueba. Pero ¿era el único programa capaz de salir airoso? Matthew Jockers, que había trabajado durante años en atribución de autoría, quería averiguar si su metodología también podía aplicarse al reconocimiento de géneros literarios. Aunque la clasificación por género es semejante en muchos aspectos a la atribución de autoría, existe una diferencia importante: cuando se intenta identificar el autor de un texto, se suele extraer un conjunto de características que no son dependientes del contexto; por lo general, se admite que las palabras más frecuentes o bien una clase determinada de palabra producen los mejores resultados. Sin embargo, al clasificar textos por género, creemos de manera intuitiva que las palabras contextuales —por ejemplo, «castillo» en una novela gótica— juegan un rol esencial. Los resultados preliminares obtenidos por Jockers desmintieron esta creencia y sugirieron que, al igual que ocurre con la atribución de autoría, las características más recurrentes de un texto también contienen una «marca» genérica.

Así pues, seleccionando 44 palabras y puntuaciones —características que pasaron a llamarse *Most Frequent Words* ('Palabras Más Frecuentes' o 'MFW')—, Jockers fue capaz de clasificar nuestras novelas con la misma eficacia que Docuscope (y, además, con un conjunto de características más complejo).[13] Para ello, se va-

---

13. Para definir el conjunto de características, Jockers convirtió el texto a minúsculas, contó cada una de ellas, convirtió las ocurrencias en frecuencias relativas y, finalmente, seleccionó las que tenían una frecuencia relativa media o mayor a 0,03%. Este procedimiento dio lugar a una matriz con las siguientes 44 características (el prefijo «p» indica que se trata de un signo de puntuación en lugar de una palabra): *a, all, and, as, at, be, but, by, for, from, had, have, he, her, him, his, i, in, is, it, me, my, not, of, on, p_apos, p_comma, p_exclam, p_hyphen, p_period, p_ques, p_quote, p_semi, said, she, so, that, the, to, was, which, with, you* ('un', 'todo', 'y', 'como', 'en', 'ser', 'pero', 'por', 'para', 'desde', 'tenía', 'tener', 'él', 'a ella', 'a él', 'su', 'yo', 'dentro', 'es', 'lo', 'a mí', 'mi', 'no', 'de', 'sobre', 'p_apos', 'p_coma', 'p_exclama', 'p_guión', 'p_punto', 'p_interrog', 'p_comilla', 'p_puntoycoma', 'dijo', 'ella', 'entonces', 'eso', 'el', 'hacia', 'era', 'el cual', 'con', 'tú').

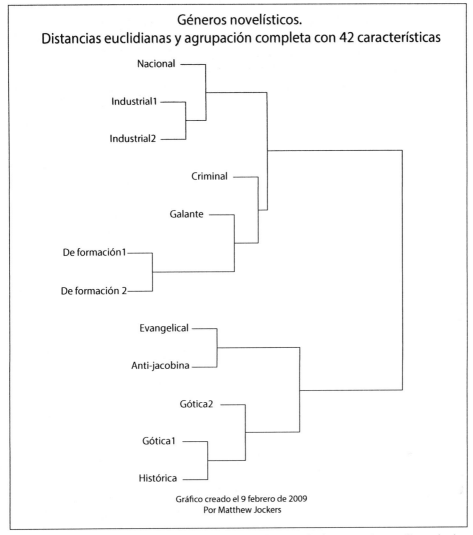

Figura 3.1 Dendrograma con las agrupaciones de las novelas utilizando las palabras más frecuentes (MFW).

lió de las funciones «dist» y «hclust» del paquete estadístico gratuito y abierto «R».[14] Las agrupaciones efectuadas se muestran en el dendrograma de la figura 3.1.

Cuando Jockers compartió los resultados con Witmore, el investigador de Wisconsin le preguntó si podía probar su metodología con el corpus de Shakespeare. Tal y como se percibe en la figura 3.2, la lista de palabras más frecuentes agrupó, nueva-

---

14. http://www.r-project.org/.

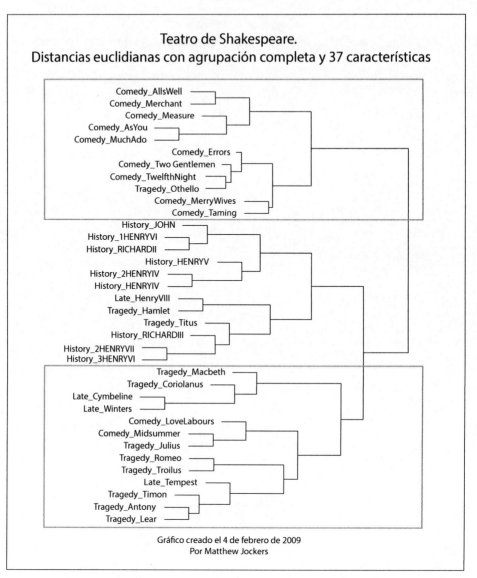

Figura 3.2 Dendrograma con el teatro de Shakespeare contenido en la edición *First Folio* a partir de las palabras más frecuentes; se señalan las agrupaciones más importantes. Para obtener este gráfico, Jockers utilizó 37 características de las obras de Shakespeare que tenían una frecuencia relativa media igual o superior a 0,03%. Nótese la similitud entre este árbol y diagrama producido con Docuscope de la figura 1.1; en ambos se emparejan *Winter's Tale* y *Cymbeline*; dos *Henry VI* y tres *Henry VI*. Asimismo, es significativa la proximidad entre *Coriolanus* y el par *Cymbeline-Winter's Tale*.

mente, la mayoría de obras en «tragedias», «comedias», «históricas» y «obras tardías».

«Formalismo cuantitativo» reza el título de este capítulo. Formalismo, porque todos los miembros del equipo, de una manera u otra, estábamos interesados en las convenciones formales de los géneros literarios; y cuantitativo, porque queríamos encontrar una manera más precisa —mejor incluso, mensurable— de establecer diferencias genéricas. Por supuesto, queríamos que Docuscope y nuestra metodología basada en las palabras más frecuentes funcionaran, pero jamás nos imaginamos que fueran tan eficaces: las marcas genéricas son reconocibles y, lo que nos parece más sorprendente, lo son tanto en el plano gramatical y semántico como en el plano de las palabras más frecuentes. Esta coincidencia era tan clara que daba miedo, porque sugería que la lógica de los géneros literarios alcanza una profundidad inimaginable e imposible de explicar. ¿Es la frecuencia de artículos determinantes o de conjunciones lo que nos permite distinguir una novela criminal de una de formación? ¿Es esto, realmente, lo que define un género literario? Y si es así, ¿por qué?

Al acabar el curso universitario, nos reunimos de nuevo.

4. Junio de 2009: senderos que se bifurcan

La siguiente reunión tuvo lugar en Stanford y comenzó con la intervención de Witmore; nos enseñó una página que Docuscope había aislado como la página más «gótica» de todo el corpus. Dicho de otro modo, era la que contenía el mayor número de características típicas de la novela gótica (figura 4.1).

Fue un momento interesante: no sólo la idea de estar ante una página «típica» del género gótico era inaudita e intrigante, sino que, como Sarah Allison señaló de inmediato, lo que Docuscope entendía por «gótico» difería de manera sustancial del gótico percibido por —según la expresión utilizada por ella— «Humanscope». No percibíamos el mismo «gótico». Para nosotros, la página era gótica por el pánico amortiguado y la arcada, las ruinas, el miedo y el temblor de las extremidades; no porque apareciesen palabras como *he, him, his, had, was, strucked the, heard the* que habían llamado la atención de Docuscope. Las dos aproximaciones no tenían nada en común. O mejor dicho: no tenían *nada en común* en tanto que las *unidades de análisis* eran distintas, pero *todo en común* en la medida en que los *resultados* coincidían. Ya fuera por la presencia de unos «bandidos» o por la

> a moment deserted him. An invincible curiosity, however, **subdued his**
> TERROR, and he determined to *pursue*, if possible, the way the
> figure had taken. He passed over loose stones through a sort of
> court, **till he** came to the arch-way; here he stopped,
> FOR FEAR *returned* UPON HIM. **Resuming** his courage, however, he
> **went on**, still endeavouring to follow the way the figure had passed,
> and SUDDENLY found himself in an enclosed part of the ruin,
> whose appearance was more wild and desolate than any he had yet seen.
> Seized with unconquerable APPREHENSION, he was *retiring*, when the low
> voice of a distressed person **struck his** ear. His heart *sunk* at
> the sound, his limbs trembled, and he was utterly unable to
> move. The sound which appeared to be the last groan of a
> dying person, was repeated. Hippolitus *made* a strong effort, and
> sprang forward, when a light burst upon him from a shattered casement
> of the building, and AT THE SAME INSTANT **he heard the** voices
> of men! He *advanced* softly to the window, and beheld in
> a small room, which was less decayed than the rest of the
> edifice, a group of men, who from the savageness of their
> looks, and from their dress, appeared to be banditti. They
> surrounded a man who lay on the ground wounded, and bathed in
> blood, and who it was very evident had **uttered the** groans heard
> by the count. The obscurity of the place prevented Hippolitus from
> distinguishing the features of the dying man. From the blood which **covered him**
>
> **bold**=Narrative Verbs, Time Shifts, Time Intervals
> *italics* = Reporting Events
> dotted underline = Projecting Back
> solid underline = Person Pronoun
> SMALL CAPS = Fear, Sadness

Figura 4.1 Captura de pantalla del programa Docuscope en el que se perciben las ocurrencias que distinguen el género gótico del resto de géneros a partir de una página de la novela *A Sicilian Romance* de Ann Radcliffe. La segmentación en categorías TAL fue realizada mediante análisis factorial multivariado tras seleccionar los factores con un test Tukey.

«… un momento lo abandonó. Una curiosidad invencible, sin embargo, subyugó su terror y decidió perseguir, si era posible, el camino que había tomado la figura. Pasó sobre las piedras sueltas que había en una especie de patio hasta que llegó al arco; aquí se detuvo, porque el miedo volvió sobre él. Sin embargo, retomando su coraje, continuó, intentando seguir el camino que había recorrido la figura; de repente, se encontró en una parte cerrada de la ruina, cuya apariencia era más salvaje y desolada de lo que había visto hasta entonces. Atrapado por una aprensión inconquistable, se estaba retirando cuando la voz baja de una persona angustiada le rozó el oído. Su corazón se hundió al oír el sonido, sus extremidades temblaron y fue totalmente incapaz de moverse. El sonido que parecía ser el último gemido de un moribundo, se repitió. Hipólito hizo un gran esfuerzo y se adelantó, cuando una luz se precipitó sobre él desde un panel destrozado del edificio, y al mismo tiempo que oía las voces de los hombres. Avanzó suavemente hacia la ventana y miró en una pequeña habitación, que estaba menos decaída que el resto del edificio; era un grupo de hombres, que, por la salvaje de su aspecto y por su vestido, parecían bandidos. Rodeaban a un hombre que yacía herido en el suelo, bañado en sangre, y que, evidentemente, debió de proferir los gemidos que el conde había escuchado. La oscuridad del lugar impidió que Hipólito distinguiera los rasgos del moribundo. De la sangre que lo cubría…»

«sangre», ya fuera por la aparición de *uttered the* y *covered him*, Humanscope y Docuscope estaban de acuerdo en que esta página era típica del género gótico y no de otro género. Llegados a este punto, la idea que había enturbiado nuestras mentes meses atrás, por fin, cristalizó: los géneros literarios, como los edificios, poseen características distintivas a todos los niveles posibles de análisis; en palabras de Ryan Heuser, se componen de mortero, ladrillos y arquitectura. El mortero y los granos de arena son las palabras más frecuentes, los ladrillos son las categorías léxicas y gramaticales que utiliza Docuscope, la arquitectura son los temas y episodios reconocidos por los lectores. Los tres niveles no se yuxtaponen, pues los marcadores de género se distinguen con claridad. Estos tres niveles se diferencian entre sí, pero también se diferencian de los niveles propios de otros géneros: el «mortero» de la novela gótica no se parece en nada al «mortero» del cuento nacional o de la novela antijacobina; los «ladrillos» de la novela gótica difieren por completo de los «ladrillos» utilizados en otros géneros, y lo mismo ocurre con las formas más visibles de la arquitectura.

Al final de este capítulo, volveremos sobre las cuestiones de orden conceptual originadas a raíz de nuestras observaciones. Aquel día de junio, sin embargo, otra cosa nos pareció más interesante incluso: el gráfico —mencionado de pasada hacia el final del segundo apartado— en el que se muestran las obras de Shakespeare sobre dos ejes ortogonales (figura 4.2: Teatro de Shakespeare).

Witmore y Hope decidieron no publicar el diagrama en un libro de crítica literaria tradicional, porque creyeron que sería más efectivo defender sus ideas con palabras solamente; pero nuestro grupo de investigación percibió en el gráfico la posibilidad de presentar una visión del campo literario de manera intuitiva y sintética, de tal modo que cada género se situara en relación con otro. En concreto, a Moretti le sorprendió la semejanza con un gráfico y los componentes principales utilizados por Cavalli-Sforza (*et al.*) en *The History and Geography of Human Genes* para trazar las relaciones entre los distintos pueblos.[15]

---

15. Véase L. Luca Cavalli-Sforza, Paolo Menozzi y Alberto Piazza, *The History and Geography of Human Genes*, Princeton UP, 1994, especialmente la página 39 y siguientes. El análisis de componentes principales es un procedimiento similar al análisis de factores con el que se reduce la variación existente en un

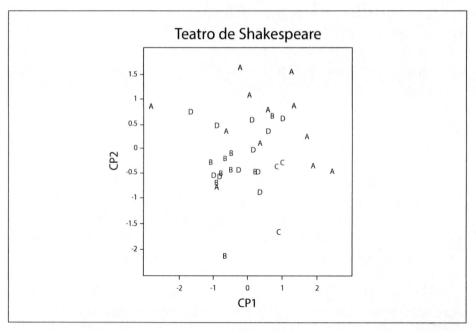

Figura 4.2 Gráfico de dispersión con el teatro de Shakespeare a partir de sus dos primeros componentes principales identificados por Docuscope y analizados mediante sus agregados de TAL. Un Análisis de Componentes Principales (ACP) ha sido efectuado sobre la matriz de co-variación, datos sin escalar. Código utilizado: A = comedia, B = obras históricas, C = obras tardías, D = tragedias. Nótese cómo los dos componentes principales han situado las comedias en el cuadrante superior derecho, las historias en el cuadrante inferior izquierdo, y varias obras tardías en el cuadrante inferior derecho (las tragedias, por alguna razón, aparecen dispersas por toda la matriz).

¿Era posible reducir los géneros narrativos de manera similar a dos variables tan básicas? Y si es así, ¿la distribución resultante equivaldría a otros modelos como el mapa sociológico (bas-

---

grupo de objetos —en nuestro caso, las diferencias lingüísticas y estilísticas en textos literarios— a dos ejes ortogonales, llamados componente principal 1 y 2 (CP1 y CP2). El componente principal 1 es la combinación de características que expresa la máxima cantidad de variación disponible en un solo componente; el componente principal 2 refleja ortogonalmente un incremento de la variación respecto a CP1. Si se consideran de manera conjunta, CP1 y CP2 son una manera muy eficiente de representar el máximo de variación posible sobre un plano de dos dimensiones. No obstante, no pueden expresar por completo la variación de un sistema, sino —más bien— un compromiso entre lo que es perceptible con claridad y una (limitada) pérdida de precisión.

tante subjetivo) trazado por Bourdieu sobre el campo literario francés? ¿Podríamos, en fin, cartografiar una morfología sobre el plano de la distinción social?

El gráfico de Witmore parecía idóneo para cumplir esta función. Aunque no era perfecto —por ejemplo, las tragedias difuminaban los patrones más ordenados de los otros géneros—, sí daba la impresión de rigor y complementaba la historia, que nunca es perfecta. Así pues, decidimos repetir el experimento, pero con los géneros novelísticos. Si los resultados eran buenos, dos nuevas posibilidades se abrirían ante nosotros. Por un lado, el sistema de géneros, de ser un batiburrillo de categorías[16] sin relación, pasaría a ser una única matriz con variables formales interconectadas. Por el otro, sería factible cartografiar el vasto e inexplorado continente de la literatura (*the Great Unread*) que no se tiene en cuenta porque escapa del restringido canon literario. Se podría utilizar Docuscope y las palabras más frecuentes para analizar miles de textos sin que sepamos de antemano a qué género novelístico pertenecen, y situarlos en el campo gravitacional de otros géneros mejor conocidos. Para cada generación, pues, se podría establecer mapas del universo literario con sus galaxias, supernovas y agujeros negros.

Con estas ideas bullendo en la cabeza, reutilizamos los datos obtenidos en febrero y marzo para crear un diagrama como el de la figura 4.2. La primera visualización, producida con las palabras más frecuentes —véase figura 4.3—, resultó completamente ambigua: alentadora y desconcertante a partes iguales. Nuestro diagrama era menos claro que el del teatro de Shakespeare, pero también es cierto que estábamos representado el doble de géneros durante un período temporal mayor. Y, de repente, los patrones empezaron a emerger: con algunas excepciones, la novela gótica e histórica se situaban en la parte negativa del componente principal 1 (el lado izquierdo del eje horizontal), mientras que la novela de formación y la industrial se situaban de manera nítida en la parte derecha. Para nosotros, esto supo-

---

16. En la actualidad, los mismos nombres con que se conocen los géneros novelísticos son sintomáticos —de manera exasperante— de la confusión entre categorías; así pues, tenemos nombres que subrayan el medio (novela epistolar), el contenido (histórica, industrial), el estilo (naturalista), el protagonista (picaresca, pastoral), o bien que utilizan alguna metáfora más o menos imaginativa (gótica o *silver-fork*).

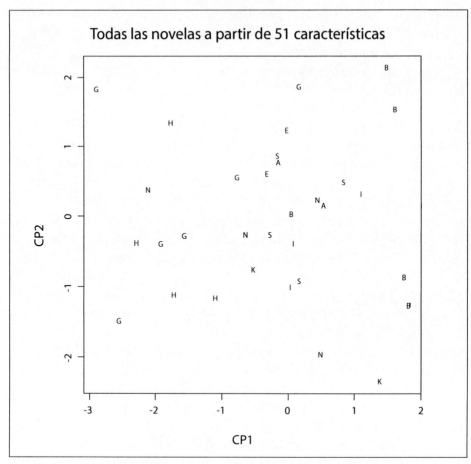

Figura 4.3 Una representación gráfica de los dos primeros componentes principales de un Análisis de Componentes Principales (ACP) generado con las palabras más frecuentes (MFW). Cada letra representa un solo texto: A = novela antijacobina, B = novela de formación, E = novela evangélica, G = novela gótica, I = novela industrial, K = novela criminal, N = cuento nacional, S = novela galante (o *silver-fork*).

nía una noticia buena y una mala. La buena: el resultado era un éxito porque cuando se lleva a cabo una investigación exploratoria se espera encontrar patrones; la mala noticia era que los patrones tenían una naturaleza cronológica, más que formal: primero una generación, luego una segunda, y, de manera más confusa, una tercera. ¿Había que concluir que el componente principal 1 no era válido para captar marcadores de género sino para encontrar rasgos históricos? El resultado parecía apuntar hacia esto último, sobre todo si tenemos en cuenta cómo los géneros que coexistieron durante los mismos años (gótico/histórico; galante/criminal; industrial/de formación) no estaban separados de manera clara. La historia parecía imponerse a la forma.

Al mismo tiempo, había otros datos que contradecían la interpretación en clave histórica: en la copiosa sección central, que contenía géneros de dos distintas generaciones, el eje vertical del CP2 separaba las novelas antijacobinas y evangélicas de las novelas criminales. Esta separación podía entenderse como una prueba de que el CP2 había reconocido marcadores genéricos pese a todo.[17] Si esto era cierto, ¿podríamos aislar otros indicios y ampliarlos?

5. Junio-septiembre de 2009: un callejón sin salida

De junio a septiembre, Witmore y Jockers intentaron mejorar los resultados del análisis con componentes principales. Primero segmentaron los textos para comprobar si las unidades más pequeñas afinaban la diferenciación entre géneros. Así pues, dividieron todos los textos en diez partes iguales, pero los resultados no cambiaron mucho. A continuación, tras percatarse de que la distribución de segmentos era a menudo desigual —tal y como se observa en la figura 5.1, en donde un tercio de los textos se entremezcla con las bien delimitadas novelas gótica e histórica—, decidimos asignar una etiqueta a los segmentos: con «Historical.8.1» se identificaría el primer segmento de la novela *Windsor Castle* (la octava novela histórica de nuestro corpus); con «Gothic.1.10», el décimo segmento de *Vathek* (la primera novela gótica), etc. Creíamos que la yuxtaposición de géneros podía suceder en porciones limitadas de los textos (por ejemplo, el principio o el desenlace); si estábamos en lo cierto, y los géneros devenían más distintivos —más puros— en determinados momentos de la trama, entonces nos centraríamos en ellos y, luego, ampliaríamos la separación existente. Era sólo una hipótesis plausible, quizás ingeniosa. Pero no: algunas novelas eran más distintivas al comienzo; algunas, al final de la

---

17. Sin embargo, puesto que sólo analizamos dos textos de cada género es posible que el resultado sea contingente y fruto del azar. O quizás no.

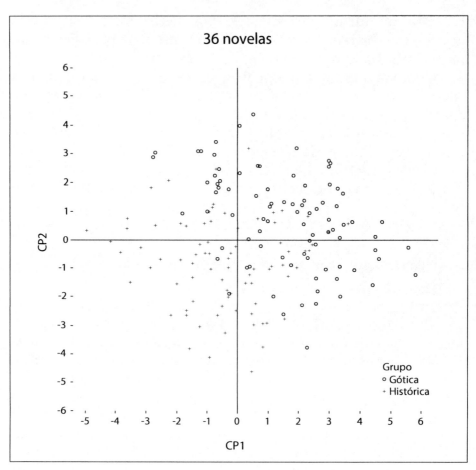

Figura 5.1 Segmentos de 8.000 palabras de los dos primeros grupos del corpus de 36 novelas ordenados con Docuscope a partir de los dos primeros componentes principales. En todos los Análisis de Componentes Principales que siguen, los datos se muestran escalados (el ACP se realiza con la matriz de correlación teniendo en cuenta la calificación expresada en porcentaje).

trama; otras, en el nudo; otras, en fin, en ningún momento en particular.

A continuación, nos centramos en la composición de nuestro corpus. Como ya se dijo en la nota 10 de este capítulo, originalmente nuestra colección constaba de 36 textos que exageraban la variación por género, complicando la vida de manera innecesaria al programa Docuscope y a nuestra metodología basada en las palabras más frecuentes. Así que volvimos a consultar la base de datos Chadwyck-Haley y añadimos al corpus inicial todos los textos que las bibliografías identificaban como pertenecientes a los géneros que ya teníamos. Además, incluimos dos géneros nuevos (jacobino y de intriga o *sensation novel*); y repetimos todos los cálculos con un nuevo corpus formado por 106 textos.[18]

Nada.

Quizás el problema residía en que cartografiar ocho décadas era pedir demasiado. Así que dividimos el corpus en tres generaciones;[19] aunque menos copiosos, los nuevos gráficos no ofrecían nada en claro. Hacia el final del verano, aceptamos que los resultados no iban a cambiar más.

6. Noviembre de 2009: autores *vs.* géneros

En noviembre, durante una teleconferencia con los cinco autores de esta investigación y algunos alumnos de grado de la Universidad de Stanford, estuvimos examinando otra vez tres gráficos en los que habíamos percibido generaciones y que ahora incluían todos los textos (figuras de la 6.1 a la 6.3). De repente, nos dimos cuenta de la importancia de los marcadores de «autor»; conviene recordar que nuestra investigación no versaba sobre autores, sino sobre géneros literarios. Pero era imposible no admitir que Docuscope y las MFW ('Palabras Más Frecuentes') agrupaban mucho mejor por autores que por géneros. Por ejemplo, con Dickens, Brontë y Eliot, que habían escrito novelas industriales y de formación, el efecto de atracción, como se aprecia en la figura 6.3, por parte del autor era claramente más fuerte que el del género. Lo mismo podía afirmarse sobre las novelas de Bulwer-Lytton: *Last Days of Pompeii*, *Eugene Aram* y *Pelham* se agrupaban juntas, tal y como se percibe en la figura 6.2, pese

---

18. Este segundo corpus también incluyó unos pocos textos, en su mayoría pertenecientes a géneros «menores», escaneados para nosotros por los bibliotecarios de la Universidad de Stanford. Sin embargo, puesto que la base de datos Chadwyck-Healey era nuestra fuente principal, los textos canónicos seguían predominando. Por ejemplo, de las 28 novelas históricas, 14 son de Walter Scott.

19. La primera generación (ca. 1790-1820) incluía novelas góticas, jacobinas, anti-jacobinas, cuentos nacionales y novelas sobre el Evangelio; la segunda generación (ca. 1815-1850) contaba con novelas históricas, galantes y criminales; por último, la tercera generación (ca. 1845-1875) estaba formada por novelas industriales, de formación y de intriga.

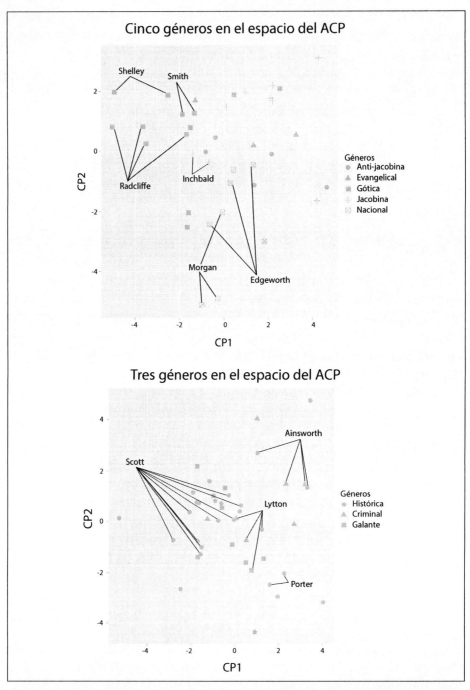

Figuras 6.1-3 Análisis generacional de 36 novelas distribuidas por Docuscope a partir de los dos primeros Componentes Principales. Nótese la proximidad de los textos escritos por Inchbald, Smith, Radcliffe, Shelley, Morgan y Edgeworth en 6.1; por Ainsworth, Porter, Lytton, Galt, y, por supuesto, Scott en 6.2; y por Gaskell, Dickens, Brontë, Collins y Eliot en 6.3.

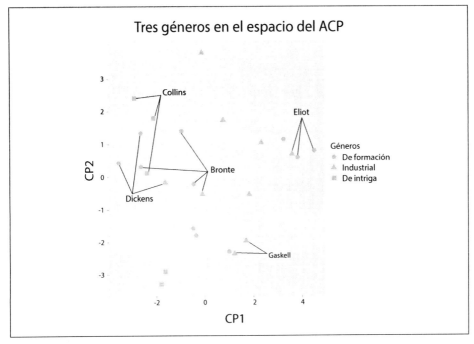

Figuras 6.1-3 *(Continuación)*

a que pertenecen a géneros tan variopintos como la novela histórica, criminal o galante.

¿Por qué es más fácil reconocer un autor que distinguir un género literario? La respuesta quizás consista en que con las metodologías empleadas por Docuscope y basadas en las palabras más frecuentes son apropiadas para captar algo que todos los escritores hacen de manera consciente o no: utilizar una serie de patrones lingüísticos, casi imperceptibles, pero que nos proporcionan de manera inequívoca una especie de «firma» de autor. Por supuesto, los géneros literarios también tienen marcadores estilísticos; al mismo tiempo, poseen otra firma de carácter «narrativo» igual de importante: la trama. En efecto, los episodios que permiten identificar una novela de formación —las conversaciones con un viejo maestro o con un joven amigo, los falsos comienzos, las decepciones, el descubrimiento de una vocación, etc.— no tienen parangón en una novela de intriga. De la misma manera, los misterios y asesinatos de una novela de intriga no se hallan en una novela industrial, y así ocurre con todos los géneros novelísticos. Por tanto, cuando un mismo autor pasa de un género a otro —por ejemplo, Dickens escribió una novela industrial como *Hard Times*, luego una novela urbana con múltiples tramas como *Little Dorrit*, más tarde una novela histórica como *Tale of Two Cities* y, por último, una novela de aprendizaje como *Great Expectations*—, cambia la fábula, pero no su estilo. O no mucho. Las historias situadas en Coketown, Londres o París difieren más que las palabras que Dickens utiliza para narrarlas. El lenguaje permanece en esencia igual.

¿Por qué Docuscope y las palabras más frecuentes reconocen bien a los autores, pero no tan bien el género al que pertenecen? Porque han sido diseñados para reconocer elementos del lenguaje y no de la trama.[20] Estas herramientas dieron los mejores resultados posibles al intentar separar los géneros teniendo como único criterio el lenguaje y el estilo. Pero dichos elementos no son suficientes para distinguir un género literario. Al fin y al cabo, ¿por qué debería ser así? Para llegar a sus lectores, los géneros se sirven tanto del estilo como de la trama —y, probablemente, en el siglo XIX la trama es más importante que el estilo—; a nuestros programas, por tanto, les faltaba la mitad de la estructura. De ahí que tuvieran éxito con la mitad de los casos. Esto no significa que fracasaran, pero sí sugiere que lo que necesitamos es una herramienta capaz de cuantificar la trama.[21] Mientras no podamos utilizar este tipo de herramienta, la distribución genérica efectuada por Docuscope y por las palabras más frecuentes seguirá siendo demasiado arbitraria como para ayudarnos a crear una taxonomía literaria adecuada; por no hablar si quiera de la posibilidad de explorar todo el archivo. De momento, pues, el continente olvidado de la literatura permanecerá inexplorado.

---

20. Pueden, por supuesto, reconocer cómo las acciones son descritas: con oraciones simples o complejas, poniendo el acento sobre la subjetividad o bien sobre los resultados objetivos, sobre la sorpresa o sobre el acto de recordar; pero no pueden detectar lo que constituye realmente una historia: una cadena cronológica (y semántica) se les escapa en gran medida.

21. Este descubrimiento alegró a Witmore porque sugiere que, en la representación narrativa, la trama proporciona un canal para la diferenciación menos visible para Docuscope ya que no está ligada a los condicionantes físicos del medio; por el contrario, en el teatro renacentista —en constante tensión con la dificultad de contar una historia con cuerpos reales y en pocas horas— es posible que esté canal extra-estilístico esté cerrado y, por tanto, debido a los condicionantes materiales, las marcas genéricas perceptibles en las frases sean más fáciles de reconocer para el programa.

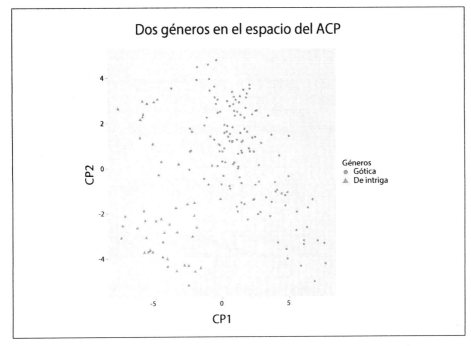

Figura 7.1 Gráfico de dispersión generado a partir de las palabras más frecuentes. Aquí, como en el resto de gráficos de ACP, cada punto (círculo o triángulo) representa un segmento (una décima parte) de texto.

7. Diciembre de 2009: 220 gráficos

En diciembre, Allison, Heuser y Moretti recurrieron a un nuevo conjunto de visualizaciones: dos series de gráficos que incluían todos los emparejamientos posibles entre los 11 géneros del corpus extendido (gótico/jacobino, gótico/antijacobino, gótico/cuento nacional, y así hasta el final de la secuencia cronológica). Produjimos dos tipos de gráficos: el primero mostraba la distribución de los géneros utilizando las palabras más frecuentes (figura 7.1) y Docuscope (figura 7.2). Nuestras herramientas nos permitieron comprobar de manera intuitiva si dos géneros específicos se diferenciaban de manera correcta —como sucede con la novela gótica y la novela de intriga en las figuras 7.1 y 7.2— o no. (Tanto las palabras más frecuentes como Docuscope acertaron y fallaron al separar los mismos géneros.)

En el segundo tipo de gráfico se reutilizaron los círculos y triángulos de las figuras 7.1 y 7.2 y se añadieron dos característis-

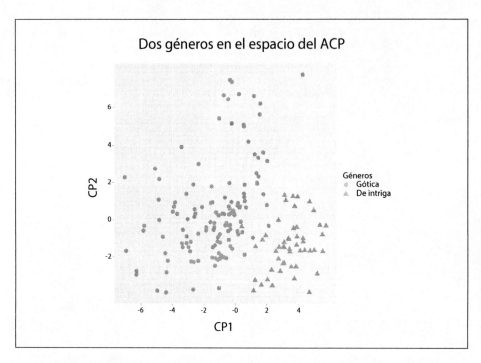

Figura 7.2   Gráfico de dispersión generado con Docuscope.

ticas. Por un lado, se etiquetó cada segmento de texto, haciendo explícito a qué texto correspondía. Así, los círculos situados en el cuadrante inferior derecho de la figura 7.1 se identifican en la figura 7.3. con la novela *Vathek*; de esta manera, se puso en evidencia la «centralidad» o «excentricidad» de cada texto respecto al género al que pertenece —esto podría tener consecuencias profundas en nuestra investigación sobre los géneros literarios y esperamos profundizar en ello en el futuro—. Los gráficos 7.3 y 7.4 también indican qué características de los dos componentes principales contribuyen a formar la distribución de los géneros; es decir, qué palabras (o qué categorías para Docuscope) ejercen una influencia más fuerte al separar las novelas góticas de las novelas de intriga. Por ejemplo, en el cuadrante inferior derecho de la figura 7.3, generada con MFW, se percibe que los artículos definidos son una característica diferencial de la novela gótica (compárese con la figura 7.1); en la figura 7.4, en el cuadrante inferior izquierdo, las categorías *Narrative VP* (Verbo + Pronombre de orden narrativo), *Pronouns* ('Pronombres') y *Reporting Events* ('Acontecimientos re-

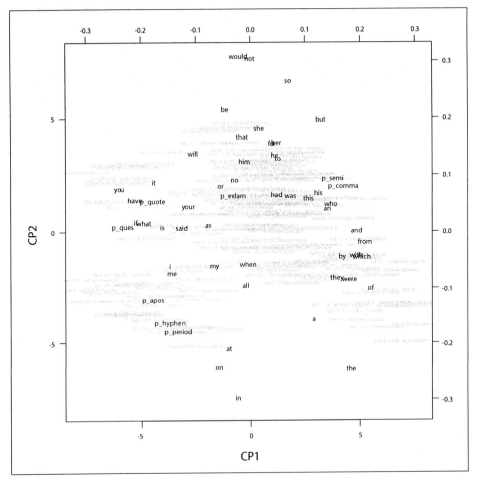

Figura 7.3 Gráfico de dispersión generado con las palabras más frecuentes. Títulos en gris claro; componentes en negro.

latados') desempeñan un papel similar (compárese con la figura 7.2).[22]

A medida que estudiábamos nuestros gráficos, nos dimos cuenta de que nuestra investigación se fundamentaba en dos pre-

22. Puesto que de los 55 emparejamientos se produjeron dos gráficos, examinamos un total de 110 gráficos obtenidos con Docuscope y otros 110 generados con las palabras más frecuentes. La técnica utilizada en las figuras 7.3 y 7.4 para resaltar las características teniendo en cuenta la distribución de los datos, se describe en Mick Alt, *Exploring Hyperspace: A Non-Mathematical Explanation of Multivariate Analysis*, McGraw-Hill, Londres-Nueva York, 1990, capítulo 4.

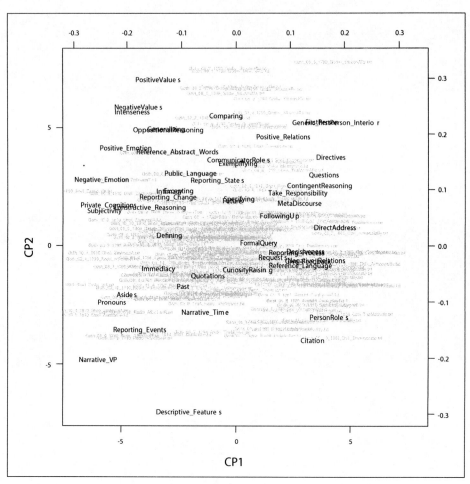

Figura 7.4 Gráfico de dispersión generado con Docuscope. Títulos en gris claro; componentes en negro.

misas que distan bastante de la teoría literaria actual: por un lado, nuestros gráficos nunca tenían en cuenta el género literario *per se*, de manera aislada, sino en relación siempre con otro género; por el otro lado, no estábamos interesados en identificar las características que permiten definir un tipo genérico ideal, sino en lo que *diferenciaba* un género de otro. El aspecto relacional-diferencial pone el énfasis en una aproximación muy «realista», que, a nuestro juicio, evoca la noción de Bourdieu conocida como «toma de posición»: como los autores y las escuelas, los géneros literarios forman parte de una lucha por el reconocimiento. De hecho, más que una diferencia, se puede observar un *conflicto* de formas en las características que arrastran los tex-

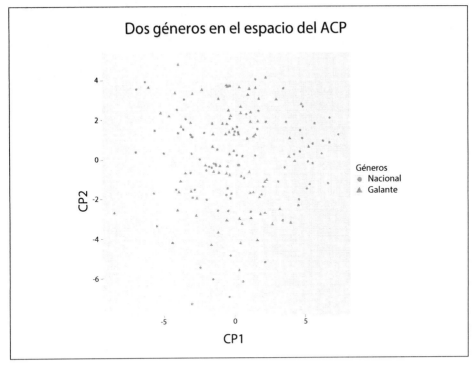

Figura 7.5 Gráfico de dispersión generado con las palabras más frecuentes de dos géneros a partir de los dos primeros componentes principales.

tos hacia una dirección u otra. No obstante, esta concepción del género literario sigue siendo incompleta, porque las características diferenciales quizás expliquen lo que necesitamos saber para delimitar una forma en oposición a otra, pero nos dicen poco sobre la estructura interna de la obra. Si todos los hombres del público vistieran de color rosa y todas las mujeres de color azul, sería posible diferenciarlos sin dificultades, pero seguiríamos sin saber nada sobre ellos. Volveremos sobre este asunto al final del capítulo.

Un rasgo que los gráficos pusieron de manifiesto es la variabilidad de los marcadores de género: en las figuras 7.1 y 7.2, por ejemplo, son muy fuertes, pero en un cuarto de los casos son muy débiles —como en las figuras 7.5 y 7.6 en donde ni las palabras más frecuentes ni Docuscope fueron capaces de separar los cuentos nacionales de las novelas galantes (*silver-fork*). ¿Por qué algunos géneros literarios —como en este caso concreto, en el que se intuye *a priori* una diferencia vívida— son tan difíciles de delimitar? La pregunta no deja de intrigarnos, pero deci-

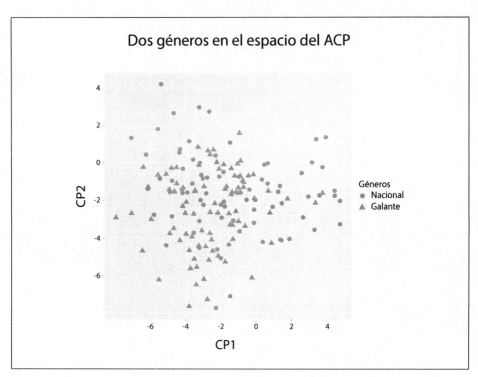

Figura 7.6 Gráfico de dispersión generado con Docuscope a partir de los dos primeros componentes principales.

dimos dejarla para otra investigación y concentrarnos en un grupo de gráficos en los que la separación es suficientemente nítida y descansa sobre un número recurrente de características: el emparejamiento de las novelas góticas con tres géneros ideológicos —novela jacobina, antijacobina y evangélica—, con los que convivió durante un período breve de tiempo.[23] Dado que los gráficos son similares, reproducimos aquí únicamente el emparejamiento de la novela gótica/jacobina. Véanse las figuras 7.7

---

23. Uno de los problemas con lo que nos encontramos se debe a que automatizamos las comparaciones y nos servimos únicamente de los dos primeros (y, por tanto, los más significativos) componentes principales para separar los géneros. Es cierto que el Análisis de Componentes Principales genera múltiples componentes y que hay maneras —por ejemplo, utilizando el test de Tukey— de establecer si un componente discrimina ambos grupos; pero buscábamos una medida que nos permitiera discriminar entre pares, lo cual nos condujo a utilizar simplemente los dos primeros componentes y dejar de lado los otros —aunque también sean significativos, al menos, en potencia—.

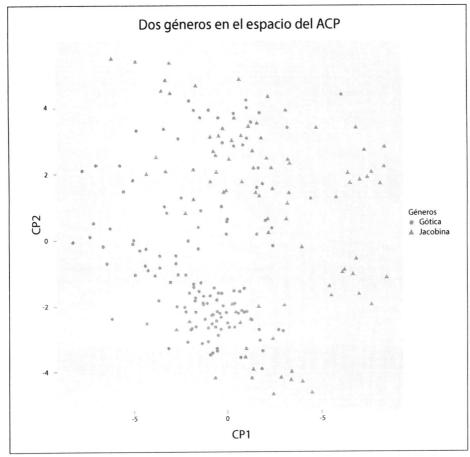

Figura 7.7 Gráfico de dispersión generado con las palabras más frecuentes de dos géneros distribuidos a partir de los dos primeros componentes principales.

y 7.8, basadas en las palabras más frecuentes, y las figuras 7.9 y 7.10, generadas con Docuscope y sus dimensiones.

Para comprender mejor la relación entre los dos géneros —y así empezar a traducir los diagramas en palabras— examinamos de cerca las características que eran particularmente efectivas para separar la novela gótica de la jacobina a partir del primer componente principal (ACP1: el eje x en las figuras 7.7, 7.8, 7.9 y 7.10). Un componente principal clasifica las características con una puntuación —test de *likelihood*— en función de la probabilidad de aparecer en un texto; de esta manera, los textos se ordenan en base a las características que poseen o que carecen.

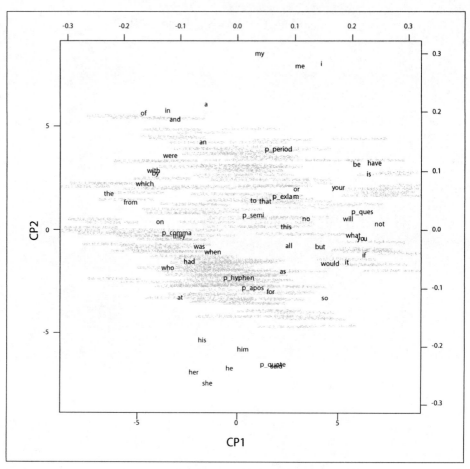

Figura 7.8 Gráfico de dispersión generado con las palabras más frecuentes. Títulos en gris claro; componentes en negro.

En términos generales, constatamos que la novela gótica contiene en promedio menos diálogo y más acción que la novela jacobina. Las palabras y las frases que caracterizan a los textos góticos manifiestan una marcada predilección por la narración: tiempos verbales en pasado, pronombres, preposiciones espaciales y palabras etiquetadas por Docuscope como *NarrativeTime* ('TiempoNarrativo') —*whilst* ('mientras'), *when he* ('cuando él') o bien *as he* ('en cuanto él')—. Véanse las palabras que aparecen en el lado izquierdo del gráfico 7.8: *was* ('era'), *had* ('tenía'), *who* ('quien'), *she* ('ella'), *her* ('a ella'), *his* ('su'), *they* ('ellos'), el ubicuo *the* ('el/la') y un grupo extenso de preposiciones espaciales como *from* ('desde'), *on* ('sobre'), *in* ('dentro') y *at* ('en'); en Docuscope,

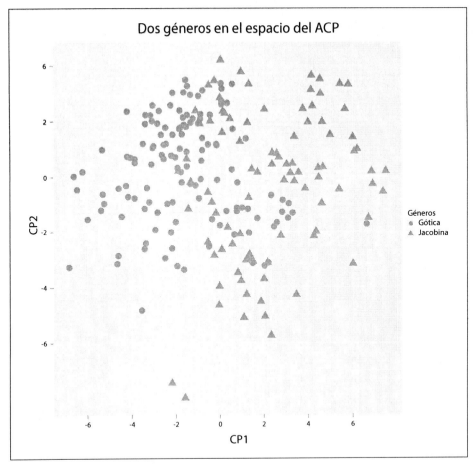

Figura 7.9 Gráfico de dispersión con información sobre dos géneros creado con Docuscope a partir de los dos primeros componentes principales.

véanse en la parte izquierda de la figura 7.10, las categorías *Narrative VP* (Verbo + Pronombre de orden Narrativo) —por ejemplo, *heard of, reached the, commanded the* ('oyó el', 'alcanzó la', 'ordenó el')— y *Pronouns* ('pronombres'). Por el contrario, las marcas asociadas con el discurso oral son menos frecuentes en la novela gótica: las interpelaciones a un destinatario (*'you'*, *'your'* —tú, tu—), las preguntas, los marcadores que denotan un debate o argumentación (*but, however* —'pero', 'sin embargo'—) y los verbos conjugados en presente, futuro y condicional. Así, en el gráfico generado con las palabras más frecuentes (figura 7.8), en la parte derecha se agrupan característica como *you* ('tú'), *p_ques* ('p_interrog'), *but* ('pero'), *if* ('si'), *not* ('no'), *is* ('es'), *will*

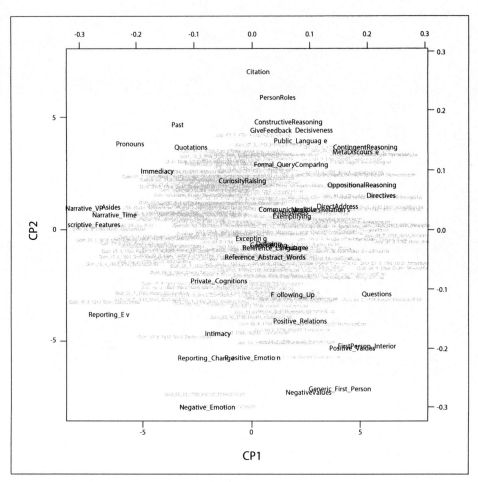

Figura 7.10 Gráfico de dispersión generado con Docuscope. Títulos en gris claro; componentes en negro.

(auxiliar de futuro) y *would* (auxiliar de condicional). Además, en la parte derecha del gráfico basado en Docuscope (figura 7.10) se perciben marcadores como *Questions* ('Preguntas'), *Oppositional Reasoning* ('Razonamiento antagónico') —*not* ('no'), *but* ('pero') y *however* ('sin embargo')—, y, justo debajo, *Directives* ('Recomendaciones') —*should* ('tener que'), *must* ('deber'), *you will soon* ('pronto deberás'). Aunque la novela jacobina tiende a situarse en esta parte del gráfico, conviene señalar que su dispersión es mayor. Lo que separa un género de otro, al parecer, no es tanto la ausencia de acción en los textos jacobinos, sino la presencia del discurso oral, una especie de estilo argumentativo.

He aquí, pues, los datos obtenidos con nuestras técnicas de análisis. Ahora bien, ¿bastan para que podamos plantear alguna pregunta de orden interpretativo? Teniendo en cuenta la alta frecuencia de partículas condicionales en los géneros con una carga ideológica relevante —en los que la posibilidad juega un rol esencial—, Jockers y Moretti reunieron en una lista unas 13.000 frases que incluían la palabra *would* (auxiliar de condicional); a continuación, examinaron el contexto en que aparecía, buscando pronombres, adjetivos, adverbios, la clase de verbos utilizados, las formas negativas, los verbos en pasado, etc. El experimento dio lugar a algunos descubrimientos interesantes: por un lado, la combinación *would+never* aparecía dos veces más en las novelas evangélicas que en cualquier otro género; por el otro, el pronombre impersonal *it* era un 50% más frecuente en los textos jacobinos y antijacobinos —preñados de debates abstractos— que en el resto. Ambos descubrimientos tenían sentido. ¿Pero acaso eran inesperados? Corroboraron y enriquecieron lo que ya sabíamos sobre los géneros en cuestión; ¿pero *modificaron* nuestro conocimiento?

8. Marzo de 2010: experimentos, exploraciones e hipótesis

En marzo nos reunimos para recapitular qué habíamos conseguido durante un año de trabajo. ¿Por qué habíamos escogido trabajar con Docuscope y las palabras más frecuentes? Porque queríamos encontrar una manera explícita y mensurable de asignar los textos a un determinado género. En parte, se trataba de un problema de atribución. Sobre esta cuestión, Carlo Ginzburg escribió:

> Para identificar cada pieza con su autor verdadero, no deberíamos tener en cuenta los rasgos más evidentes de cada pintor —la mirada que se dirige hacia el cielo de los personajes pintados por Perugino, la sonrisa típica de las figuras de Leonardo, etc.—, pues resultan los más fáciles de imitar. Al contrario, deberíamos examinar los detalles más triviales —los lóbulos de las orejas, las uñas, la forma de los dedos de los pies— que no han recibido la influencia de la escuela a la que el pintor pertenecía.

Los lóbulos de las orejas, las uñas... según Ginzburg, estos «signos involuntarios» son los más relevantes:

> Los «signos involuntarios», los «detalles nimios», que un experto en caligrafía llamaría «florituras», son comparables a las «palabras y frases favoritas» que la mayoría de personas introduce en su forma de hablar y de escribir de manera inintencionada, a menudo sin darse cuenta de ello»; esto es precisamente lo que Morelli identifica como la pista más segura para reconocer la identidad del artista.[24]

Signos involuntarios: una buena manera de definir las palabras más frecuentes y las categorías TAL utilizadas por Docuscope. ¿Pero son *sólo* eso? Sin duda, este tipo de signos plantea un gran problema; aunque los lóbulos de las orejas y las uñas sirvan para identificar al autor de una pintura, no nos valen para explicar su significado. De hecho, cumplen la primera función, precisamente, *porque* son incapaces de cumplir la segunda. Puesto que las «nimiedades» no tienen una función estructural, el autor no se preocupa por ejercer un control y las «escribe de manera inintencionada, sin darse cuenta» —como si fuera una traición hacia sí mismo—. Si este tipo de palabras fueran importantes, los autores les prestarían mucha más atención.

Hay algo paradójico en los rasgos que sí sirven para clasificar pero que no nos ayudan a explicar los textos. Esta observación cobra aún más importancia en nuestra investigación, porque las palabras más frecuentes y las TAL son, al menos en cierto sentido, lo opuesto a los lóbulos de las orejas y a las uñas de las que habla Ginzburg. En efecto, lejos de ser raros o marginales, estos rasgos son muy frecuentes, se encuentran por todas partes. ¿Cómo es posible, pues, que unos rasgos que tienen una naturaleza ubicua nos expliquen algo sobre la estructura de un género? Es posible que la culpa sea de los datos obtenidos: aun siendo capaces de aislarlos y aun siendo los primeros en «verlos», quizás no supimos interpretarlos de manera adecuada. Quizás. Por eso estamos dispuestos a publicarlos; quizás otros investigadores obtengan mejores resultados.

---

24. Carlo Ginzburg, «Clues», en *Clues, Myths, and the Historical Method*, Hopkins UP, 1989, págs. 96-97, 118. Traducción española: *Mitos, emblemas e indicios: morfología e historia*, Barcelona, Gedisa, 2008.

Pero también hay una explicación más sencilla. Estos rasgos, que son tan eficientes para diferenciar géneros y que se entrelazan en el conjunto formando una textura, no pueden iluminar la estructura *porque no son rasgos independientes, sino efectos de unas elecciones de orden superior*. ¿Quieres escribir una historia en que una sorpresa aguarde en cada habitación? Entonces utiliza preposiciones espaciales, artículos y verbos en pasado. Las palabras son *efectos* derivados de la elección de una estructura narrativa. Docuscope y las MFW pusieron estas palabras en un primer plano, nos hicieron conscientes de su presencia y nuestro conocimiento se vio enriquecido; ahora «vemos» con *mayor* claridad el espacio en que se desarrolla el gótico o bien el nexo entre los verbos de acción y los objetos, que la frecuencia de artículos puso de relieve. Pero, de momento, el conocimiento que hemos ganado es más comparativo que cualitativo; hemos obtenido mayor claridad, pero no una claridad de otra naturaleza.

Nuestra investigación comenzó con un experimento: queríamos comprobar el poder clasificatorio de Docuscope en un escenario nuevo y controlado. El experimento se convirtió en una exploración. En efecto, Docuscope y las Palabras Más Frecuentes nos sirvieron para cartografiar los géneros novelísticos y su composición intrínseca. El resultado fue, en palabras de John Tukey, un «análisis exploratorio de datos», es decir, una especie de trabajo detectivesco en el que una serie de pistas nos condujeron a preguntas nuevas y a un conocimiento más profundo acerca de los datos. Nuestros descubrimientos, según uno de los autores de este trabajo —Ryan Heuser—, nos obligaron a ver los géneros como icebergs: ambas entidades tienen una parte visible que flota sobre el agua y otra mucho mayor que permanece escondida y que se adentra en las profundidades desconocidas. Estas profundidades existen y pueden explorarse de manera sistemática. Y quizás también nos hayan ayudado a alcanzar una nueva forma de pensar los géneros literarios desde distintos puntos de vista; éste es, nos parece, el principal descubrimiento que hemos realizado. Tras esta constatación, ante nosotros se abren nuevos horizontes: pasar del análisis no supervisado al análisis supervisado; o bien incluir de manera explícita datos semánticos, algo que hemos evitado hasta el momento. Y, por último, el reto más difícil de cualquier trabajo experimental: la construcción de hipótesis y modelos con los que explicar datos; esta investigación es un paso en esa dirección.

El estilo a la escala de la frase

*Sarah Allison, Marissa Gemma[1],
Ryan Heuser, Franco Moretti, Amir Tevel[2],
Irena Yamboliev[3]*

1. Un debate sobre el estilo (abril de 2011)

En abril de 2011, organizamos un largo debate para recapitular el primer año de trabajo desarrollado en el Literary Lab. Entre otros asuntos, hablamos sobre la primera investigación realizada —«Formalismo cuantitativo»— y nos preguntamos si nuestro objeto de estudio había sido el estilo, como afirmábamos de manera esporádica, o bien si el método empleado era demasiado reduccionista como para capturar un fenómeno tan elusivo. Un gráfico procedente del capítulo «Formalismo cuantitativo» nos servirá para esclarecer la cuestión; en la Figura 1.1, las novelas jacobinas (en la parte derecha del diagrama) se separan de las novelas góticas (en la parte izquierda) debido a la distinta frecuencia de palabras como *you* ('tú'), *if* ('si'), *not* ('no'), *she*

---

1. Marissa Gemma tiene un doctorado en literatura inglesa por la Universidad de Stanford.
2. Amir Tevel es graduado por la Universidad Ben Gurion. Actualmente, cursa estudios de doctorado en la Universidad de Stanford.
3. Irena Yamboliev tiene un doctorado en literatura inglesa por la Universidad de Stanford, en donde actualmente trabaja como profesora de Escritura Creativa y Retórica.

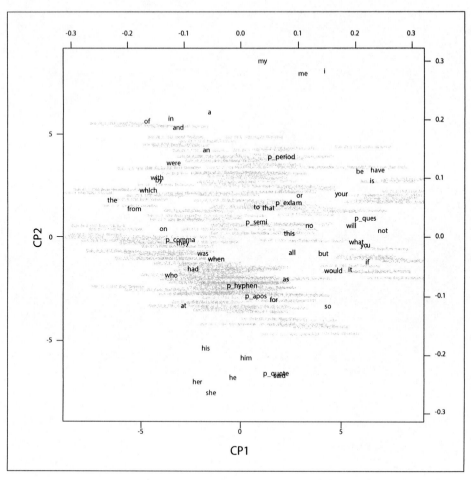

Figura 1.1 Gráfico de dispersión generado con las palabras más frecuentes. Títulos en gris claro; componentes en negro. Extraído del capítulo 1 («Formalismo cuantitativo: un experimento»).

('ella'), *were* ('eran'), *the* ('el'), entre otras, que denominamos *Most Frequent Words* ('palabras más frecuentes' o 'MFW', por las siglas en inglés), identificadas por el programa diseñado por Matt Jockers. Las palabras más frecuentes características de la novela gótica eran pronombres personales en tercera persona, verbos en tiempo pasado, preposiciones espaciales, artículos, etc.; en cambio, las de la novela jacobina eran pronombres personales en segunda persona, conjunciones que denotan incerteza (*if*: 'si') y el auxiliar de condicional *would*.

Las unidades que forman la lista de palabras más frecuentes (artículos, pronombres, preposiciones, etc.) cumplen una función central en ambos géneros literarios; de hecho, es precisamente *porque* son imprescindibles para construir narrativas de suspense (novela gótica) y argumentaciones (novela jacobina) que nos sirvieron para distinguir de manera eficaz los dos géneros. Pero ¿acaso las distintas frecuencias de palabras como *she* ('ella'), *you* ('tú') y *the* ('el') constituyen un estilo? Sobre este aspecto, los miembros del equipo se mostraron en desacuerdo. Algunos defendían que, pese a que un estilo determinado implica una elección lingüística, no todas las elecciones lingüísticas constituyen un estilo; otros argumentaban que el estilo se fundamenta, de manera necesaria, en dicho nivel y que, por tanto, no debíamos más que analizar el conjunto de elecciones lingüísticas de un autor o de un género literario. Aunque el segundo punto de vista es innegablemente reduccionista —el estilo equivale a sus componentes—, también es el más consistente y lógico, pues el primero renuncia a determinar con exactitud en qué radica la distinción y el momento exacto en que una «elección lingüística» se convierte en «estilo». No obstante, nos advierte del peligro de reducir el estilo a su dimensión funcional, pues supone perder de vista la esencia del concepto: su capacidad de sugerir con indicios algo que sobrepasa, precisamente, lo funcional. Nuestro trabajo, pues, debía consistir en aclarar esta confusión sin ignorar dichos indicios.

Al final de este capítulo, volveremos sobre la *naturaleza no funcional del estilo*; de momento, puesto que el punto de vista antireduccionista era defendido por más investigadores, decidimos que sería nuestra premisa; a partir de entonces desarrollamos la fase siguiente de nuestro experimento: analizar estructuras lingüísticas de complejidad creciente con el objetivo de captar el momento en que el estilo deviene visible. Las estructuras que queríamos estudiar eran las siguientes: por un lado, la frecuencia de las preposiciones espaciales en las novelas góticas es elevada; sin embargo, un millar de ocurrencias de términos como *from* ('desde'), *on* ('sobre'), *in* ('dentro') o *at* ('en') no se consideran manifestaciones del estilo, por mucho que el sentido que otorgamos a dicho término varíe. Por el otro, en la novela jacobina la frecuencia de partículas condicionales es muy alta; este rasgo quizás sea más relevante, pero no es suficiente. De repente, nos acordamos de la fórmula *the x of y* ('el x de y') analizada en «Style, Inc.» por Franco Moretti años atrás, una fórmula que suele encontrarse en los títulos de novelas góticas como *The Castle of Otranto* o *The Rock of Glotzden*. Dicha fórmula ejemplifica a la perfección la obsesión gótica por el espacio; pero, de nuevo, estábamos ante una función, más que ante un rasgo de estilo. A continuación, recalamos en otra fórmula, identificada y analizada por Marissa Gemma en su tesis sobre Poe: *the x of y of z* ('el x de y de z'), presente en secuencias como *The Fall of the House of Usher* y «*the gray stones of the home of his forefathers*» ('las rocas grises del hogar de sus antepasados'). Esta exageración de un rasgo genérico, que desafía la mera funcionalidad, fue el hallazgo que andábamos buscando; no estábamos seguros de que fuera estilo, pero se aproximaba. Por último, con el íncipit de *Middlemarch —Miss Brooke had the kind of beauty which seems to be thrown into relief by poor dress* ('Miss Brooke tenía ese tipo de belleza que queda realzado por el atuendo austero')— el acuerdo fue unánime: nos habíamos adentrado en el territorio del estilo en sentido estricto. Tal y como Sarah Allison había demostrado con su tesis, este tipo de frase aglutina toda una serie de conexiones y transformaciones en torno al pronombre relativo *which* ('que'): a medida que el presente de la oración principal se convierte en el pasado de la oración subordinada, la distancia narrativa se transforma en juicio valorativo y la descripción del personaje ('Miss Brooke tenía ese tipo de belleza') deviene una calificación del tipo de belleza y de su significado.[4] Cuando leemos la frase, es fácil adivinar que la obra adquirirá modulaciones que van desde la forma narrativa a la ensayística y de una relativa sencillez argumental a las reflexiones más sutiles. La frase, pues, cumple su función en tanto que íncipit —pero también posee muchas otras capas de sentido interconectadas—. He aquí un ejemplo de estilo.

Por fin, encontramos un punto de partida; seguidamente, decidimos estudiar no el estilo como tal, sino el estilo a la escala de la frase: el nivel más bajo, a nuestro juicio, en que el estilo deviene visible como fenómeno distintivo. De manera implícita, definimos el estilo como una combinación de unidades lingüísticas menores; entendido así, el estilo se vuelve particularmente sensible a los cambios de escala —de las palabras, pasando por las oraciones, hasta el enunciado completo—. No obstante, segui-

---

4. Véase Sarah Allison, «Discerning Syntax: George Eliot's Relative Clauses», *ELH* 81, 4, 2014, págs. 1275-1297.

mos dudando acerca de nuestro método porque el análisis estilístico de oraciones no es una aproximación muy común en los estudios literarios. Por ejemplo, Auerbach en *Mímesis*[5] o Watt en su ensayo sobre *The Ambassadors* analizaron el estilo a la escala del párrafo: diez, veinte, treinta líneas, que incluyen una variedad más amplia de rasgos lingüísticos, y que, por tanto, pueden percibirse —de manera más evidente en *Mímesis*— como un modelo o bien como una miniatura de la obra en su totalidad. Las oraciones parecían demasiado cortas como para cumplir la misma función. ¿Pero acaso cumplirían otra función? Dicho de otro modo, ¿ocurre algo a la escala de la frase *que no pueda ocurrir a ninguna otra*?

2. Tipos de oraciones: primera selección (octubre de 2011-enero de 2012)

Nuestro objeto de estudio, pues, serían las frases. Dado que una larga tradición sobre teoría narrativa —*Problemas de lingüística general* de Benveniste, *El grado cero de la escritura* de Barthes o *Tempus* de Weinrich— distingue de manera categórica entre historia y discurso, comenzamos nuestra investigación separando las frases pertenecientes al diálogo entre personajes de las frases emitidas por la instancia narrativa. Precisábamos textos en los que el diálogo estuviera delimitado con claridad y consistencia con el propósito de que el programa utilizado para etiquetar pudiera reconocerlo; en consecuencia, acudimos de nuevo a la base de datos Chadwyck-Healey con textos del siglo XIX —una colección menor que la de nuestro laboratorio, pero más «limpia», con unas 250 novelas codificadas adecuadamente—. A continuación, separamos las frases en tres tipos: en primer lugar, frases correspondientes a intervenciones dialogadas; en segundo lugar, frases con una mezcla de diálogo y de narración; en tercer lugar, frases correspondientes a la instancia narrativa. Allison y Moretti se concentraron en las frases con «contenido mixto», en las que la intersección de diálogo y narrativa —un fenómeno poco estudiado en narratología— prometía efectos es-

---

5. Traducción española: *Mímesis: la representación de la realidad en la literatura occidental*, México D.F., Fondo de Cultura Económica, 2014.

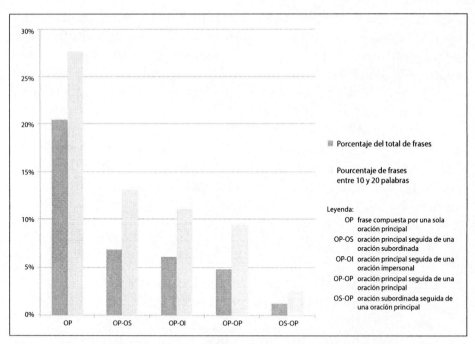

Figura 2.1 Distribución de tipos de frases según la combinación de oraciones en un corpus de novelas del siglo XIX. Como se percibe en el gráfico, estos cinco tipos de enunciados representan el 40% del total de frases narrativas y el 65% de todas las frases de entre 10 y 20 palabras.

tilísticos interesantes. Sin embargo, pronto nos dimos cuenta de que esta línea de investigación era demasiado específica y de que requería un estudio independiente. Mientras, Gemma, Heuser, Tevel y Yamboliev analizaron únicamente los enunciados del narrador, así como en un puñado de combinaciones de oraciones definidas previamente. La Figura 2.1 muestra los dos tipos de frases que prevalecen sobre el resto en nuestro corpus de textos.

Al principio, el grupo entero se concentró en tres tipos de frases: las frases OP-OP, compuestas por una oración principal seguida de otra oración principal; las frases OP-OS, compuestas de una oración principal seguida de una subordinada; y las frases OS-OP, en las que una oración subordinada precede a la oración principal. Las frases compuestas de dos oraciones establecen una relación en la que —de acuerdo con nuestro plan inicial— era posible percibir la emergencia del estilo; al mismo tiempo, el tamaño seguía siendo reducido por lo que resultaba fácil captar la lógica narrativa o semántica del conjunto. Fue en este momento en que el proyecto tomó un cariz decisivo: Allison sugirió estudiar primero las conjunciones, ya que proporcionan de manera condensada una relación lógico-semántica —oposición, causa, coordinación, correlación, definición, predicado, etc.—; por tanto, era el lugar idóneo por el que empezar.[6] En general, esperábamos que la *distribución* de las relaciones lógico-semánticas fuera muy variable —en otras palabras, que los textos tendieran hacia el registro causal o predicativo o coordinado— y que el *orden* de las oraciones, por lo común, no estuviera ligado al contenido lógico. Así, por ejemplo, creíamos que un texto con predominio de una «secuencia narrativa»[7] podía expresar relaciones tanto con frases OP-OP como con frases OS-OP.[8] Sin embargo, los resultados de nuestro experimento —resumidos en la Figura 2.2— refutaron nuestras expectativas.

6. No hace falta decir que, en la actualidad, la nomenclatura gramatical es muy variada; a grandes rasgos, seguimos las categorías de Rodney Huddleston y George K. Pullum, *The Cambridge Grammar of the English Language*, Cambridge UP, 2002, págs. 1293-1321.

7. Nuestro concepto de «secuencia» establecida entre oraciones se basa en la discusión sobre la «secuencia temporal» contenida en *The Cambridge Grammar* (Huddleston y Pullum 1300); puesto que nuestro objetivo era cubrir todo el espectro de secuencias temporales que las conjunciones implican, decidimos expandir el concepto incluyendo las relaciones coordinadas y subordinadas. Para nosotros, pues, las relaciones de «secuencia» son todas aquellas en las que una conjunción crea un orden temporal de cualquier clase —lineal, no-lineal o simultáneo—. En consecuencia, frases como *Before the shades of evening had closed around us, I had a dozen awakening letter for my aunt, instead of a dozen of awakening books* ('Antes de que las sombras del anochecer cayeran sobre nosotros, ya tenía una docena de cartas para despertar a mi tía, en lugar de una docena de libros') (Collins) y *While I was anticipating the terrors of a heroine, he introduced me to his Cardinal* ('Mientras anticipaba los horrores de una heroína, me presentó a su Cardenal') (Disraeli) fueron ambas etiquetadas como «secuencias narrativas».

8. Por lo demás, *no* esperábamos que el orden de las oraciones fuera independiente de la función en el caso de las frases que implican una relación definitoria. Como en la categoría «secuencia», nos basamos en la relación de «definición» tal y como se conoce en los estudios gramaticales: una oración definitoria es aquella en la que la oración subordinada define o caracteriza —mediante el uso de *which* ('el cual'), *who* ('quien o que') o *that* ('que')— la oración principal. Por ejemplo: This was Mrs. Finn, the wife of Phineas Finn, *who had been one of the Duke's colleagues when in office* ('Se trataba de la señora Finn, la esposa de Phineas Finn, que había sido amigo del Duque cuando estaba en el poder') (Trollope). Puesto que es casi imposible situar una oración subordinada con función «definición» antes de la oración que determina, es lógico que los resultados obtenidos sobre este tipo de enunciado sean conformes con las reglas gramaticales; este descubrimiento fue confirmado por nuestro análisis semántico de las frases OP-OS.

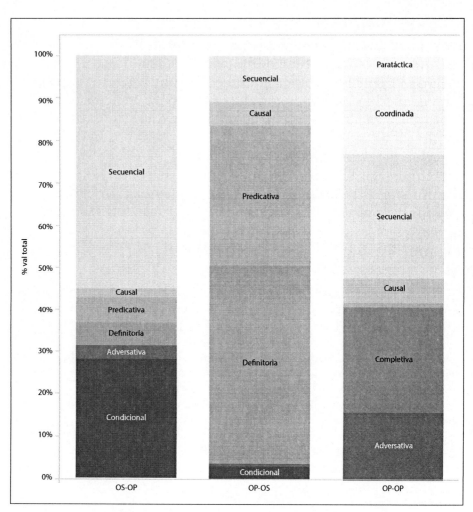

Figura 2.2 Distribución de las principales relaciones lógicas entre oraciones por tipo de frase. Obsérvese la casi perfecta inversión entre las frases OS-OP, dominadas por las relaciones de «secuencia» y «condición», y las frases OP-OI, que se reducen casi por completo a las relaciones de tipo «predicativa» o «definición». Por su parte, a diferencia de los dos tipos de frases anteriores, las OP-OP implican relaciones de coordinación y, en menor medida, parataxis.

A nuestro juicio, el aspecto más sorprendente del gráfico es la asimetría radical que existe entre dos relaciones lógico-semánticas y dos tipos de frase: por un lado, la relación de «secuencia» aparece en un 51% de las frases OS-OP y solo en un 13% de las frases OP-OS; por el otro, la relación de «definición» aparece en un 41% de las frases OP-OS y apenas en un 5% de las frases OS-OP. La asimetría es tan marcada que, cuando presentamos los resultados por primera vez, suscitó reacciones de lo más ambivalentes: los datos sobre las frases OP-OS se pueden explicar recurriendo a las reglas gramaticales, pero ¿cómo explicar lo que sucede con las frases OS-OP? Queríamos encontrar la emergencia del estilo —*Miss Brooke had that kind of beauty...*—, pero la estructura OS-OP parecía advertir al lector de que estaba ante un desarrollo narrativo. Desde la primera palabra, la forma interna implica una preparación, seguida por una pausa —*When the day came round for my return to the scene of the deed of violence* ('Cuando llegó el día de mi visita al lugar en que había perpetrado los actos de violencia')— y, entonces, tras una coma y de manera súbita, la mini secuencia termina —*... my terrors reached their height* ('... mis miedos se desataron sin control') (Dickens)—. Posteriormente, al observar que —tal y como se muestra en la Figura 2.3— el 88% de las frases OS-OP de las novelas de Radcliffe tenían una función de «secuencia», nos pareció encontrar una forma significativa de medir la «narratividad» —sobre todo si comparamos los datos con un texto no narrativo, como *The Origin of Species* de Darwin, en el que esta modalidad brilla por su ausencia (2%)—. Ahora bien, esta medida tenía poco que ver con el estilo. Algunas semanas más tarde, Amir Tevel encontró de manera inesperada otros rasgos narrativos en las frases OP-OS; fue entonces cuando decidimos cambiar el enfoque del experimento y pasar de un estudio estilístico a un análisis de la narración.

3. Hacia una tipología de frases narrativas (febrero de 2012)

Mientras trabajábamos en la estructura de las frases de tipo OP-OS, que por lo común implican una relación predicativa o definitoria, Tevel percibió que éstas también contenían un esquema narrativo. Por ejemplo:

3.a

Her extreme beauty softened the inquisitor who had spoken last. — P. B. Shelley.

But no matter; I will be the friend, the brother, the protector of the girl who has thrown herself into my arms. — C. Dacre.

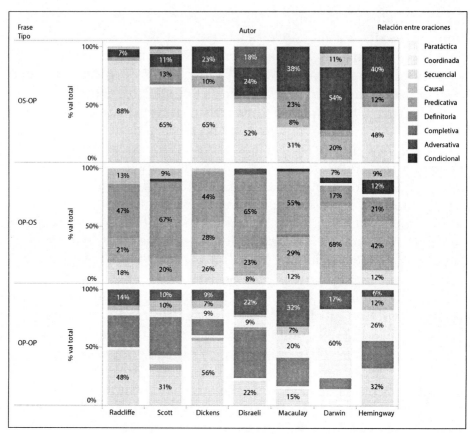

Figura 2.3 Tipo de frases: el espectro de posibilidades. Algunos autores de nuestro corpus (como Dickens y Radcliffe) preferían de manera incontestable las relaciones de secuencia por encima de otras posibilidades, mientras que autores como Scott y Disraeli eran más moderados. Es sorprendente descubrir que Darwin apenas utiliza frases que sugieren una relación secuencial (2%) en comparación con la puntuación obtenida por Radcliffe (88%).

> *It was then offered to the Palmer, who, after a low obeisance, tasted a few drops.* — W. Scott.
>
> *He uttered an involuntary exclamation, and called to the driver, who brought the horses to a stop with all speed.* — C. Dickens.
>
> *Fanny called the post-boy to the window of the chaise, and gave him directions, at which he a little stared, but said nothing.* — M. Shelley.[9]

9. «Su extrema belleza enterneció al inquisidor, que había hablado por último»; «No importa; me convertiré en el amigo, el hermano, el protector de la joven que se ha entregado a mis brazos»; «Fue entonces cuando le ofrecieron beber

Al examinar estas frases, Tevel descubrió que la oración subordinada realiza dos acciones al mismo tiempo: por un lado, presenta un *personaje distinto* del sujeto de la oración principal —el joven del correo, el conductor, el inquisidor, el peregrino, la joven en apuros—; por el otro, otorga a dicho personaje *un rol muy limitado* —el joven del correo mira sin pronunciar palabra, el conductor detiene los caballos, el peregrino prueba la bebida—. Se trata de un mecanismo que sirve para abrir la historia a la Multitud —«*to the Many*», en palabras de Alex Woloch—, aunque, en realidad, estos personajes secundarios consigan hacer muy poco. En efecto, la oración subordinada no hace más que completar una acción ya iniciada —en lugar de comenzar otra acción independiente—. La misma estructura sintáctica empuja a los escritores hacia esta dirección: puesto que es difícil de imaginar una oración subordinada que aporte información nueva, este tipo de (semi-)oraciones devienen de manera casi «natural» en una *atenuación narrativa*: contienen una narración, pero sólo cubren episodios menores. Así, Conan Doyle se sirve a la perfección de esta expectativa inconsciente —surgida de la estructura gramatical— para proporcionar pistas en oraciones subordinadas; las pistas están ahí, son visibles, pero, al mismo tiempo, parece que no se ha dicho nada relevante.[10] En el siguiente ejemplo, el olor del cigarro —la pieza de información decisiva— aparece únicamente como el tercer eslabón de una cadena de oraciones subordinadas y, además, se orienta hacia una forma no narrativa por el efecto de la siguiente proposición:

---

al peregrino, que, tras una profunda reverencia, probó unas pocas gotas»; «Lanzó una exclamación de manera involuntaria y llamó al conductor, que trajo los caballos tan rápido como pudo hasta la parada»; «Fanny lo llamó para que se acercara a la ventana del carruaje y dio instrucciones al joven del correo, que la miró fijamente sin decir palabra».

10. Como de costumbre, Viktor Shklovski percibió este fenómeno a inicios del siglo pasado: «[En las historias de Sherlock Holmes], las instrucciones no se dan de manera directa sino de pasada (por ejemplo, en las oraciones subordinadas, en las que el narrador no se extiende en pormenores, pero resultan de gran importancia) [...] las pistas se proporcionan intencionadamente de manera oblicua por medio de oraciones subordinadas». Viktor Shklovsky, *Theory of Prose*, 1929, Dalkey Press, Champaign, IL 1991, pág. 106. Traducción española: *Sobre la prosa literaria: reflexiones y análisis*, Barcelona, Planeta, 1971.

«*That fatal night Dr Roylott had gone to his room early, though we knew that he had not retired to rest, for my sister was troubled by the smell of the strong Indian cigars which it was his custom to smoke*» (*The Adventure of the Speckled Band*).[11]

Habíamos identificado, pues, la función narrativa característica de las frases OP-OS. A continuación, cuando volvimos sobre los enunciados de tipo OS-OP, pudimos observar una configuración simétrica; en este caso, la oración subordinada —que, por supuesto, precede a la oración principal— tiende a relatar una acción preliminar discreta, mientras que la oración principal presenta una acción más sorprendente:

3.b

While she looked on him, his feature changed and seemed convulsed in the agonies of death. — A. Radcliffe.

When it was once fairly put before her, the effect was appalling. — B. Disraeli.

When she awoke, it was to the sound of guns. — G. Eliot.[12]

En todos los ejemplos, el cambio de sujeto de la oración —*she/his features*; *it/the effect*; *she/it*— coincide con un incremento de la intensidad narrativa: un *crescendo* semántico —agonías, efectos devastadores, explosiones— parejo al *diminuendo* que encontramos en las frases OP-OS, como si estos dos tipos de enunciados encarnasen en el sistema narrativo los movimientos de sístole y diástole: contracción-atenuación en las frases OP-OS y expansión-intensificación en las frases OS-OP. Dado que ambas funciones son indispensables para narrar, decidimos averiguar si en la novela las expansiones y las contracciones se alternan con regularidad al modo en que estos movimientos animan los organismos vivos; así que empezamos a buscar patrones diástole-sístole en los tres otros tipos de oraciones (OP, OP-OP y OP-

---

11. «Aquella noche fatal, el Dr. Roylott se retiró temprano a su habitación, aunque sabíamos que no descansaba, pues a mi hermana le molestaba el fuerte olor de los cigarros indios que fumaba».

12. «Mientras ella lo miraba, sus rasgos cambiaron y se convulsionaron con la agonía de la muerte»; «Cuando se le hizo evidente, el efecto fue devastador»; «Al despertarse, se produjeron los disparos».

OI). Yamboliev realizó el descubrimiento más interesante: en un grupo de frases OP-OP, relativamente pequeño, la relación establecida entre las dos oraciones corresponde a una ligera reelaboración, reiteración o bien reafirmación; en otras palabras, se trata fundamentalmente de un momento de estabilidad o *estasis*:

3.c

Perseverance alone was requisite, and I could persevere. — T. Holcroft.

She raised her head; she lifted her hand and pointed steadily to the envelopes. — W. W. Collins.

Oh she looked very pretty, she looked very, very pretty! — C. Dickens.

Will Ladislaw, meanwhile, was mortified, and knew the reason of it clearly enough. — G. Eliot.

He showed no sign of displeasure; he hardly noticed. — W. F. Barry.[13]

Intuimos que el descubrimiento de Yamboliev era correcto porque las historias tienen momentos de intensidad, atenuación y estabilidad. A continuación, descubrimos que un grupo amplio de frases OP-OI —con gerundios en la oración subordinada— añadían un matiz: acciones que se desarrollan en paralelo y que se yuxtaponen en algún momento del proceso. De esta manera, obtuvimos una verdadera tipología de frases narrativas y cobramos conciencia de la posibilidad de «secuenciar» por completo un conjunto de novelas con el propósito de cartografiar la distribución de la intensidad a lo largo del texto.

Pero en el camino hacia el genoma narrativo, nos topamos con dos obstáculos: por un lado, para identificar los signos que reflejan la intensidad narrativa en los miles de frases contenidas en una novela o incluso en los millones de frases que componen un corpus de textos, necesitábamos un programa que automatizara la recolección de datos; el analizador sintáctico —*parser*, en inglés— que habíamos utilizado para detectar los cinco tipos

---

13. «Sólo la perseverancia era un requisito y yo, sin duda, podía ser perseverante»; «Alzó la cabeza; levantó una mano y señaló con firmeza los sobres»; «¡Cuánta belleza, la joven era verdaderamente atractiva!»; «Mientras, Will Ladislaw se mortificaba: sabía de sobras el motivo»; «No mostró ninguna señal de desagrado; a duras penas mostró señal alguna».

de frases no había generado resultados perfectos, por lo que nuestro intento de identificar fenómenos más complejos y detallados —como expansiones, contracciones y estasis— daría lugar a un conjunto de datos poco fiable. Por el otro lado, las frases que conseguimos aislar con dos oraciones correspondientes a una «secuencia» sólo representaban una pequeña parte de las frases narrativas de una novela —aún más pequeña, si tenemos en cuenta los fragmentos mixtos en los que se combina diálogo y narración—.[14] En resumen, si pretendíamos cartografiar el ritmo narrativo a escala de la novela entendida como un todo, debíamos encontrar el modo de integrar de manera sistemática nuestro reducido sub-conjunto de frases en el sistema novelístico integral.

Fue entonces cuando nos dimos cuenta de que la ambición y la paciencia debían ir de la mano. Una tipología general de las frases narrativas, definida con suficiente precisión como para que el ordenador sea capaz de reconocer los distintos tipos de frase, requería un proyecto de investigación independiente.

4. Vectores semánticos (marzo-abril de 2012)

Hasta el momento habíamos identificado correlaciones inusitadas entre algunas estructuras sintácticas y dos dominios, en apariencia, sin conexión —las relaciones lógicas de tipo «causal» o «secuencial» y los efectos del ritmo narrativo como los momentos de «atenuación» y «estabilidad»—. ¿Hasta qué punto estas correlaciones se extienden? ¿Acaso la estructura de la frase es tan importante que determina la probabilidad de que una palabra aparezca en determinados contextos? Y si es así, ¿es posible establecer una relación entre sintaxis y semántica? Esta correlación suplementaria parecía demasiado improbable, sin embargo, merecía ser explorada. Además, a diferencia de otros dominios de orden superior, como la lógica o el estudio del ritmo narrativo, que requieren anotación humana, la probabilidad de que una palabra aparezca en un texto puede ser cuantificada de manera

14. Si sólo tenemos en cuenta las frases compuestas por dos oraciones, en total las frases de tipo «secuencial» alcanzan un 9% de todas las frases narrativas. Si se incluyen también las frases de una oración (OP), que narran un cambio de estado o un evento con una sola oración, el total sumaría un 28%.

automática gracias al uso del ordenador. Así pues, tuvimos en cuenta todas las palabras de nuestro corpus y calculamos su frecuencia media —es decir, la frecuencia «esperable»—; a continuación, calculamos la aparición real —u «observada»— de cada palabra en cada tipo de frase; finalmente, nos concentramos en aquellas frases que presentaban una desviación significativa entre la frecuencia «observada» y la frecuencia «esperada». Dicha metodología, que llamamos *Most Distinctive Words* (o 'Palabras Más Distintivas'), había sido desarrollada en un trabajo previo sobre teatro.

Nos pareció haber encontrado un método eficaz de medir la importancia de las palabras que forman cada tipo de frase. También vimos cómo emergían algunos grupos de tamaño reducido, pero con carga semántica, como *knew-felt-thought* ('supo-sintió-pensó') en las frases OP-OS, en donde el acento sobre el conocimiento y la percepción es evidente. Pero nuestro análisis era, en esencia, muy fragmentario en la medida en que procedía palabras tras palabra. En cambio, el análisis de componentes principales —explicado en el capítulo «Formalismo cuantitativo»— nos ofrecía en un solo gráfico una visión sintética de toda la distribución semántica de nuestra tipología de frases narrativas (figuras 4.1 y 4.2).

Tras examinar la distribución semántica de las figuras 4.1 y 4.2, la diferenciación entre los cuatro tipos de frase —o, mejor dicho, tres tipos, porque las frases OP y OP-OP ocupan el mismo espacio— adquirió contornos más nítidos. En algunos casos, sin embargo, los resultados provocaron desconcierto. Por ejemplo, las palabras *home* ('hogar'), *door* ('puerta') y *change* ('cambio') aparecen en la parte derecha del gráfico, lo que quiere decir que son muy típicas de las frases OS-OP, pero ¿qué pueden tener en común entre sí las dos primeras palabras con la tercera? Entonces nos dimos cuenta de que podíamos llevar el experimento un paso más allá si eliminábamos las frases OP y OP-OP y empleábamos el análisis de componentes principales para diferenciar, por un lado, los distintos tipos de *frases* y, por el otro, las *oraciones* que las componen. Creíamos que, si las diferencias emergían *entre* frases, quizás también era posible que emergieran *en* una misma frase, es decir, entre la oración subordinada y la oración principal en el caso de las frases OS-OP; o bien entre la oración principal de las frases OS-OP y la principal de las frases OP-OS.

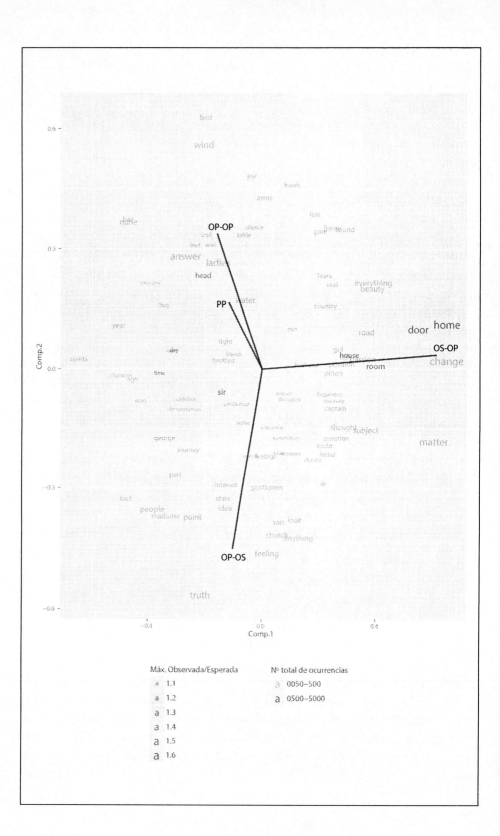

◄ **Figura 4.1** Tipos de frases y sus espacios semánticos (todas las clases de palabras).

En estos gráficos el tamaño de la fuente indica el grado de «distinción», es decir, la diferencia existente entre la frecuencia observada y la frecuencia esperada: en la parte superior de la Figura 4.2 se percibe que el tamaño del término *having* (teniendo) es mayor que el del resto porque tiene una aparición 2,4 veces mayor de lo esperado; para que se entienda mejor, en la parte inferior derecha se puede observar que el tamaño del término *came* (vino) es ligeramente inferior; esto es así porque tiene una ratio de sólo 1,6. Por su parte, el contraste indica la frecuencia absoluta de cada aparición: el color gris oscuro de la palabra *came* expresa que el término aparece entre 1.000 y 10.000 veces en el corpus; en cambio, *having*, en gris más claro, aparece sólo entre 100 y 1.000 veces. En otras palabras, aunque es un término *menos distintivo* que *having*, *came* es *más frecuente* en el corpus.

Además del tamaño de la fuente y del color —que corresponden a las frecuencias relativa y absoluta—, lo más relevante del gráfico es la posición espacial que ocupan varias palabras: *came* se sitúa en el lado derecho y *having* se sitúa en la parte superior porque están en correlación con las líneas negras (los «vectores») que representan, respectivamente, los tipos de frases OS-OP y OP-OP; por el contrario, los términos *knew*, *felt* y *thought* aparecen del lado izquierdo porque se correlacionan con las frases de tipo OP-OS. Los datos se visualizan aquí de modo que la diferenciación entre los cuatro tipos de frases se expresa por medio de más de una palabra al mismo tiempo. También se hace manifiesto de manera más clara que, pese a que contamos con cuatro tipos de frases narrativas, en realidad sólo hay tres posiciones relevantes desde un punto de vista semántico; en efecto, las frases OP y OP-OP comparten los mismos rasgos y, por tanto, el mismo espacio en el diagrama. Este fenómeno revela que, si bien la introducción de una oración subordinada produce un espacio semántico distinto, una segunda oración principal genera, en su mayoría, redundancia y repetición.

En efecto, tal y como muestra la Figura 4.3, la separación semántica también ocurre a una escala menor: la extraña tríada formada por *home* ('hogar'), *door* ('puerta') y *change* ('cambio') —cuya coexistencia en el vector OS-OP de la Figura 4.3 nos parecía anómala— aquí se disgrega en dos campos semánticos muy distintos. Así, las palabras *home* y *door* —junto con términos espaciales como *drawing-room*, *hall*, *church*, *gate*, *carriage* y *road* ('salón', 'vestíbulo', 'iglesia', 'puerta', 'carruaje' y 'carretera')— se sitúan ahora en el cuadrante superior derecho y son identificadas como típicas de las oraciones subordinadas. Por su parte, el término *change* ('cambio') ahora aparece rodeado por

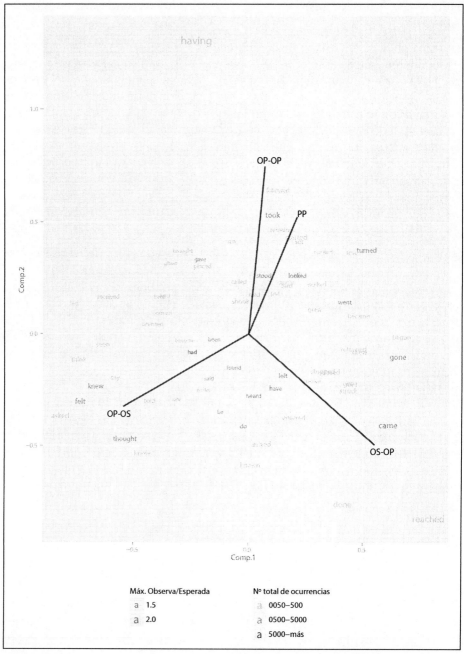

Figura 4.2 Tipos de frases y sus espacios semánticos (verbos).

otros como *matter*, *feelings*, *indignation*, *despair*, *admiration* y *tears* ('problema', 'sentimientos', 'indignación', 'desesperación', 'admiración', 'lágrimas') en el cuadrante superior izquierdo, en

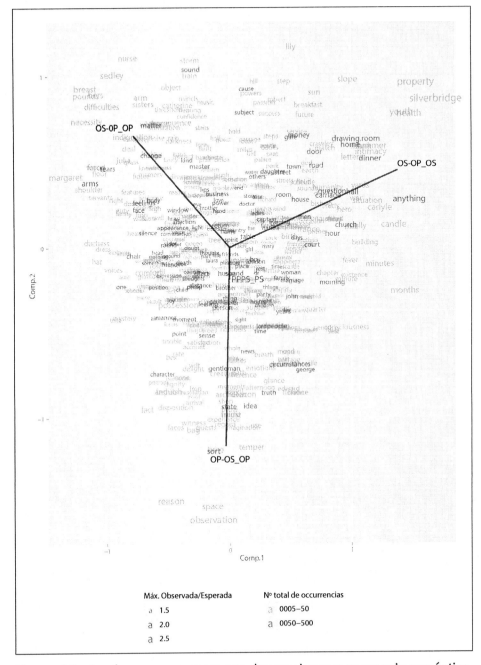

Figura 4.3 Las frases compuestas por dos oraciones y su espacio semántico.

donde se sitúan las palabras típicas de las oraciones principales. Cuanto más examinábamos el gráfico, la distancia semántica entre las oraciones subordinadas y principales de las frases

OS-OP más ganaba en claridad.[15] Una correlación entre gramática y semántica, pues, empezaba a emerger. No se trata, por supuesto, de una correlación *necesaria*, sino de una «línea de resistencia mínima» —expresión utilizada por Jakobson al hablar de las metáforas en la poesía y de las metonimias en la prosa—; es decir, se trata de una «preferencia» según la cual los términos espaciales son atraídos por las oraciones subordinadas y los términos que forman parte del campo semántico de las emociones intensas son atraídos por las oraciones principales. En adelante, nos centramos en esta extraña afinidad selectiva, que emergía de las frases de carácter más «narrativo».

5. «Cuando la procesión llegó a la tumba» (mayo de 2012)

5.a

*When the procession **came to the grave** the music ceased.* — A. Radcliffe.

***As they landed**, a low growl of thunder was heart at a distance.* — W. Scott.

*As she **came out of church**, she was joined by Mr. Bellingham.* — E. Gaskell

*As **I passed the steps of the portico**, I encountered, at the corner, a woman's face.* — C. Dickens

*When they **were in the streets** Esther hardly spoke.* — G. Eliot.[16]

---

15. Las frases OP-OS se comportaban de manera distinta: la oración principal poseía su propio polo semántico (*idea, reason, observation, imagination, hate* —'idea', 'razón', 'observación', 'imaginación', 'odio'—), pero el vector de la oración subordinada era de lejos mucho menos específico que los otros tres; de ahí que los términos graviten en torno al centro del diagrama. Dado que estas oraciones subordinadas son a menudo relativas, cuya carga semántica puede variar de manera significativa, nos parece normal que no se correspondan con un campo semántico en particular.

16. «Cuando la procesión llegó a la tumba, la música cesó»; «Apenas aterrizaron, el ruido de un trueno se oyó a lo lejos»; «Al salir de la iglesia, se reencontró con Mr. Bellingham»; «Mientras caminaba por el pórtico, pude ver el rostro de una mujer que asomaba por una esquina»; «Mientras andaban por la calle, Esther apenas podía hablar».

Estas cinco frases de tipo OS-OP fueron extraídas de una muestra que incluye autores muy diversos, pero en ellas encontramos siempre el mismo patrón. Cuando un movimiento espacial —marcado en negrita— tiene lugar, *seguidamente, sucede otra acción*: el cielo truena, Mr. Bellingham se encuentra con la protagonista de la novela, la cara de una joven asoma por una esquina. Así pues, si las frases OS-OP tienen como función expandir la narración, como se ha visto, estos ejemplos añaden un matiz: *el movimiento espacial contenido en las oraciones subordinadas es, a menudo, el desencadenante de la acción*. En otras palabras, Ruth debe salir de la iglesia para que se encuentre con el hombre que acabará seduciéndola. En el siglo XIX el *ambiente social* entra de lleno en la narrativa europea y, como es lógico, el espacio cobra una presencia tangible; según señaló Auerbach en *Mímesis*, las *descripciones* son el lugar por excelencia en donde representar el espacio y el ambiente. Sin embargo, nosotros fuimos capaces de encontrarlos en la fuente —una fuente *microscópica* acaso— de la que emana la misma narración.

El fenómeno era inesperado, pero cuando empezamos a estudiar las oraciones principales de las frases OS-OP, se produjo otra sorpresa similar. Dado que este tipo de frases se encargan de intensificar o, incluso, acelerar la narración, creíamos que la oración principal —en donde la intensidad se incrementa— se parecería a la frase de Radcliffe citada en la lista 5.b (While she looked on him, *his features changed and seemed convulsed in the agonies of death*) o bien a esta otra de Dickens: As I watched him in silence, he put his hand into the corner at his side, *and took up a gun* ('Mientras lo examinaba en silencio, se echó la mano al costado *y sacó una pistola*'). En cambio, encontramos frases como las siguientes:

5.b

When the ceremony was over <u>he blessed and embraced the mall with tears of fatherly affection.</u> — A. Radcliffe.

As he recovered from a sort of half swoon, <u>he cast his eyes eagerly around.</u> — W. Scott.

While he listened, <u>she ended her grateful prayers.</u> — E. Gaskell.

When Miss Dartle spoke again, <u>it was through her set teeth, and with a stamp upon the ground.</u> — C. Dickens.

When Esther looked at him <u>she relented, and felt ashamed of her gratuitous impatience.</u> — G. Eliot.[17]

En todos estos casos, el centro de gravedad semántico de la oración principal tiene que ver más con las emociones (tristeza, gratitud, vergüenza, ira...) que con pistolas o con los últimos estertores de un personaje moribundo. De los ejemplos citados se puede deducir que cuando la narración se intensifica, los sentimientos importan mucho más que las acciones o sucesos; en otras palabras, la intensidad emocional se convierte en *el evento*. Segunda sorpresa, seguida de una tercera que se produjo al dejar de analizar las oraciones por separado y empezar a tener en cuenta el conjunto. Puesto que el centro de gravedad semántico de las dos oraciones es tan distinto —movimiento espacial en la oración subordinada y expresión de las emociones en la oración principal— nos pareció lógico que, en la mayoría de ocasiones, un fenómeno apareciera en detrimento de otro. No obstante, encontramos algunos ejemplos en los que las dos unidades semánticas se activan de manera simultánea:

5.c

*When Peter **perceived the village**, he burst <u>into a shout of joy</u>.* — A. Radcliffe.

*When he **came up to Butler again**, he found him with his eyex fixed on the entrance of the Tolbooth, and <u>apparently in deep thought</u>.* — W. Scott.

*When she had got **behind the curtain**, she <u>jumped on her father's neck, and burst into tears</u>.* — B. Disraeli.

*When the day came round **for my return to the scene of the deed of violence**, <u>my terrors reached their height</u>.* — C. Dickens.

*When she **had once got the seat** she <u>broke out with suppressed passion of grief</u>.* — E. Gaskell.

17. «Cuando la ceremonia terminó, les dio su bendición y los abrazó con lágrimas de amor paternal»; «Cuando se recobró de una suerte de desmayo leve, echó una mirada impaciente a su alrededor»; «Mientras él escuchaba, ella acabó sus plegarias de agradecimiento»; «Cuando Miss Dartle habló otra vez, lo hizo apretando sus dientes y dando un golpe con un pie en el suelo»; «Al mirarlo, se ablandó y se sintió avergonzada por su impaciencia injustificada».

*When she **reached home** she found Mrs Pettifer there, <u>anxious for her return</u>.* — G. Eliot.[18]

Al leer estas frases, experimentamos una mezcla de perplejidad y decepción, pues nos parecieron carentes de ingenio. Quizá fuera un efecto inevitable ya que el espacio y las emociones —que expresan, respectivamente, el poder del ambiente y el trasfondo melodramático de la época— son entidades tan heterogéneas que resulta imposible combinarlas en una frase corta. Sin embargo, en algunos ejemplos, la asociación era más convincente:

5.d

*When Deronda **met Gwendolen and Grandcourt on the staircase**, his <u>mind was seriously preoccupied</u>.* — G. Eliot.

*But when he **came in**, she <u>started up</u>.* — E. Gaskell.

*Yet when he arrived **at Stone Court** he could not see <u>the change in Raffles without a shock</u>.* — G. Eliot.

*When **their hands fell again**, their eyes were <u>bright with tears</u>.* — G. Eliot.[19]

Estas frases son mucho más evocadoras. La asociación entre espacio y emoción no resulta mecánica o poco inspirada, sino aguda y dinámica; el «realismo» del lugar y el «melodrama» de los sentimientos se insuflan vida mutuamente con una energía propia del mejor Balzac. Este fenómeno, en donde convergen los dos ejes de la imaginación decimonónica, nos pareció un descu-

---

18. «Cuando Peter percibió el pueblo, lanzó una exclamación de alegría»; «Cuando se reencontró con Bulter, este clavaba su mirada en la entrada de la prisión y parecía sumido en pensamientos profundos»; «Tras atravesar las cortinas, la joven se arrojó al cuello de su padre y rompió a llorar»; «Cuando llegó el día de mi visita al lugar en que había perpetrado los actos de violencia, mis miedos se desataron sin control»; «Al volver a su asiento, la joven dejó de reprimir su aflicción y estalló en llantos»; «Al llegar a casa, encontró a Mrs Pettifer, que esperaba ansiosa su regreso».

19. «Cuando Deronda se cruzó con Gwendolen y Grandcourt en la escalera, estaba profundamente preocupado»; «Pero cuando él llegó, la joven se levantó de golpe»; «Sin embargo, cuando llegó a Stone Court, percibió con sorpresa el cambio experimentado por Raffles»; «Al posar las manos otra vez, sus ojos estaban inundados de lágrimas».

brimiento apasionante. La fuerza y la elegancia de estas frases excedía las peculiaridades semánticas que inicialmente pretendíamos analizar, por lo que nos preguntamos si debíamos modificar el objetivo del experimento nuevamente.

6. Verbos y géneros (mayo de 2012)

Sí, en parte, sí. Habíamos conseguido cuantificar varios rasgos a la escala de la frase —número y tipo de oraciones, extensión de la frase, relaciones lógicas—, por lo que decidimos hacer una conexión explícita con la investigación realizada dos años atrás; en «Formalismo cuantitativo» demostramos que el uso de algunas de las palabras más frecuentes en inglés (MFW), como *the* ('el/la/los/las') u *of* ('de'), puede servir para diferenciar géneros literarios de manera efectiva. Ahora bien, ¿pueden las elecciones a la escala de la frase reflejar una diferencia entre géneros? En otras palabras, ¿acaso a cada género le corresponde un tipo de frase? Para responder a estas preguntas, probamos qué rasgos de los que habíamos identificado (extensión, tipo de oraciones y número, tiempo verbal, tonalidad) eran útiles para clasificar textos por género. Entre todos, descubrimos que el tiempo verbal y la tonalidad eran los más eficaces. Las figuras 6.1 y 6.2 representan dos Análisis de Componentes Principales (ACP) realizados durante esta fase del experimento con datos procedentes de la novela de formación, la novela gótica y la novela jacobina.

A medida que obteníamos más gráficos, nos dábamos cuenta de que los resultados se parecían bastante a los que habíamos obtenido en «Formalismo cuantitativo»; en la mayoría de casos, la clasificación genérica era correcta, en otros no tanto. Pero ninguno de los gráficos era, realmente, sorprendente, con la excepción de un pequeño detalle que se repetía en todos los gráficos (incluso en un mega-diagrama, con el que representamos por curiosidad los once géneros novelísticos a la vez: Figura 6.3): el segmento 1 de *Middlemarch* se distingue radicalmente, casi de manera risible, del resto. Así pues, decidimos leer con atención las 200 frases contenidas en ese segmento.[20] El ACP nos había advertido ya de

---

20. De hecho, con mucha atención. ¿Realizamos entonces un análisis textual de *Middlemarch*? En realidad, no, por la simple razón de que no estábamos

que encontraríamos un gran número de verbos modales y de formas en gerundio. La pregunta que debíamos formularnos entonces era la siguiente: ¿modificarían estos resultados generados con ordenador el modo en que percibíamos el estilo de *Middlemarch* o de la novela de formación en tanto que género literario? De lo contrario, ¿qué sentido tenía todo el experimento?

Comencemos por unos algunos ejemplos de frases con formas verbales progresivas:

6.a

*Mary was in her usual corner, **laughing** over Mrs Piozzi's recollections of Johnson, and looked up with the fun still in her face. It gradually faded as she saw Fred approach her without **speaking**, and stand before her with his elbow on the mantelpiece, **looking** ill. [...] She looked straight before her and took no notice of Fred, all the consequences at home **becoming** present to her. [...] Fred followed her with his eyes, **hoping** that they would meet hers, and in that way find access for his **imploring** penitence. [...] And when, looking up, her eyes met his dull **despairing** glance, her pity for him surmounted her anger and all her other anxieties.*[21]

---

leyendo la novela, sino una serie de frases que, como tal, no existían en el texto original. Es decir, se trataba de un texto construido por completo por nuestra metodología, un objeto «artificial» que «nunca nadie había visto o *podía* ver» —según la expresión utilizada por Krysztof Pomian en *L'Ordre du Temps*—. Aunque intentamos prestar atención a los detalles y a las propiedades formales de las frases, la diferencia entre los objetos de análisis —un texto *versus* una serie artificial— es tan grande que llamar a ambas actividades con el mismo nombre resulta equívoco; «Formalismo cuantitativo» describe mejor nuestra metodología.

21. El comienzo del capítulo 25 de *Middlemarch*, en el que aparecen las citas, contiene muchas formas terminadas en *-ing*: *Fred Vincy wanted to arrive at Stone Court when Mary could not expect him, and when his uncle was not downstairs in that case she might be **sitting** alone in the wainscoted parlor. He left his horse in the yard to avoid **making** a noise on the gravel in front, and entered the parlor without other notice than the noise of the door-handle. Mary was in her usual corner, **laughing** over Mrs. Piozzi's recollections of Johnson, and looked up with the fun still in her face. It gradually faded as she saw Fred approach her without **speaking**, and stand before her with his elbow on the mantel-piece, **looking** ill. She too was silent, only **raising** her eyes to him inquiringly* ('Fred Vincy quería llegar a Stone Court en un momento en que Mary no le esperara y que su tío no estuviera abajo, en cuyo caso quizá pudiera encontrarla sentada sola en el gabinete de paredes de madera. Dejó en el patio el caballo para evitar hacer ruido con la gravilla de la puerta principal y entró en la habitación sin otro aviso que el ruido del

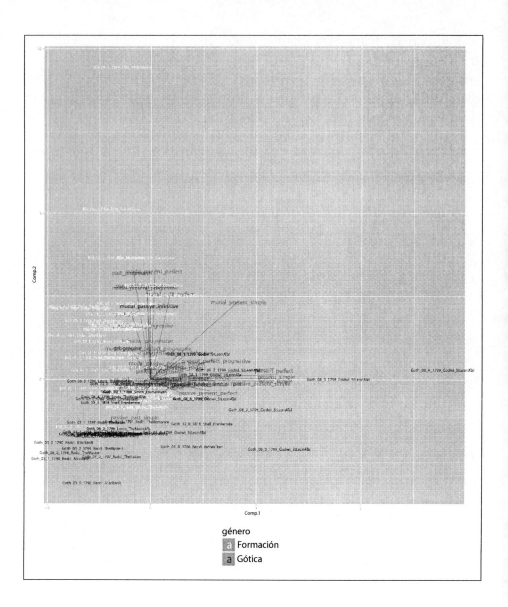

6.b

*Lydgate, naturally, never thought of **staying** long with her, yet it seemed that the brief impersonal conversations they had together*

---

picaporte. Mary se hallaba en su habitual rincón riéndose con los comentarios de la señora Piozzi sobre Johnson y levantó la vista del libro con la sonrisa aún en los labios. La sonrisa fue desapareciendo cuando vio que Fred se acercaba a ella en silencio, deteniéndose ante ella y apoyando el codo en la repisa de la chimenea con aspecto enfermo. Ella también permaneció en silencio, interrogándole con la mirada').

Figura 6.1 Las formas verbales como rasgos distintivos: novela gótica y novela de formación.

La Figura 6.1 muestra las novelas góticas en negro, agrupadas en la parte inferior izquierda, y las novelas de formación en blanco, en la parte superior izquierda. En la Figura 6.2, las novelas jacobinas aparecen en negro, distribuidas horizontalmente de izquierda a derecha, mientras que las novelas de formación se sitúan en la misma posición que en 6.1. Las unidades del diagrama (*Goth_03_0_1790_Radcl_ASicilianR*) en el ángulo inferior izquierdo o bien en el ángulo superior (*Bild_06_1_1874_Eliot_Middlemarc*) corresponden a las secciones (de un tamaño de 200 frases narrativas) de las novelas contenidas en nuestra base de datos. La distinción entre ambos géneros es evidente en ambos gráficos, pero los tiempos verbales que actúan como factores de diferenciación no son los mismos en cada caso: en la novela gótica, influyen el pretérito perfecto simple y la voz pasiva en pasado; en cambio, en la novela jacobina los tiempos verbales que predominan son el presente y el futuro; por último, en ambos gráficos se percibe que para distinguir la novela de formación del resto de textos resultan determinantes los verbos modales y las formas progresivas compuestas con gerundios.

> *were **creating** that peculiar intimacy which consists in shyness. [...] They were obliged to look at each other in **speaking**, and somehow the **looking** could not be carried through as the matter of course which it really was.*

6.c

> *And by a sad contradiction Dorothea's ideas and resolves seemed like **melting** ice **floating** and lost in the warm flood of which they had been but another form.*[22]

---

22. «Mary se hallaba en su habitual rincón riéndose con los comentarios de la señora Piozzi sobre Johnson y levantó la vista del libro con la sonrisa aún en los labios. La sonrisa fue desapareciendo cuando vio que Fred se le acercaba en silencio, deteniéndose ante ella y apoyando el codo en la repisa de la chimenea con aspecto enfermo. [...] Miraba al frente, sin prestar atención a Fred, haciéndose cargo de la situación en su hogar. [...] Fred la siguió con la vista, con la esperanza de que sus miradas se encontraran y poder así hallar un acceso a su implorante penitencia. [...] Y cuando al levantar los ojos su mirada encontró la de Fred, taciturna y deprimida, su compasión por él se impuso a la rabia y a sus demás preocupaciones»; «Naturalmente, a Lydgate no se le ocurriría quedarse mucho tiempo con ella, y sin embargo parecía como si las breves e impersonales conversaciones que mantenían crearan esa peculiar intimidad consistente en la timidez. Estaban obligados a mirarse cuando se hablaban, y de alguna manera ese mirarse no podía llevarse a cabo con normalidad»; «Y debido a una triste contradicción, las ideas

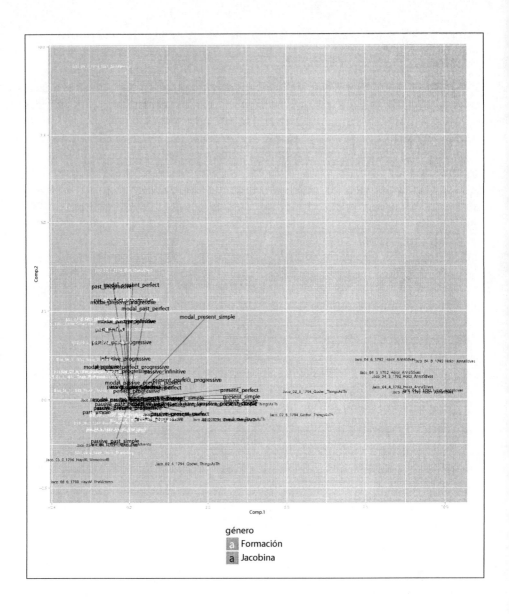

El fragmento 6.a corresponde al momento en que Fred Vincy está a punto de confesar a Mary Garth que ha perdido mucho dinero y, por tanto, que es el responsable de los problemas financieros de su familia; el fragmento 6.b forma parte del pasaje en que Rosamond y Lydgate cobran conciencia de que quizás se estén enamorando; por último, el fragmento 6.c pertenece al mo-

---

y los propósitos de Dorothea eran como el hielo derretido que flota y se deshace en la cálida corriente de la que no es más que otra forma».

◂ **Figura 6.2** Las formas verbales como rasgos distintivos: novela jacobina y novela de formación.

En un primer momento nos sorprendió que el pretérito perfecto simple, considerado como el tiempo verbal fundamental de la narración —según una larga tradición teórica que va desde Benveniste a Barthes o Weinrich—, tuviera un rol insignificante en muchos de nuestros gráficos. Situado ligeramente a la izquierda del núcleo de los vectores y disperso sobre un eje de variación poco importante, este tiempo verbal resulta casi irrelevante para separar la novela de formación de la novela gótica, que se distingue de manera acentuada sobre el eje vertical. Sin embargo, tras pensarlo de manera detenida, esta falta de distinción tenía sentido: *precisamente* porque el pretérito perfecto simple es el tiempo de la narración por excelencia, está presente en todas las novelas. Por tanto, su frecuencia elevada no permite percibir una variación significativa entre un género y otro. Aunque sería útil para distinguir una novela de un ensayo o un texto científico, el pretérito perfecto simple es, a menudo, irrelevante para distinguir géneros novelísticos. (Con todo, sí juega un papel importante en el caso de las novelas jacobinas debido a su tendencia a la forma dialogada en detrimento de la narración).

mento en que lo que Dorothea conoce sobre Casandra comienza a desmoronarse. Se trata, pues, de tres situaciones muy diferentes, pero que tienen algo en común: un hecho importante está a punto de suceder —pero aún no ha cristalizado—. De ahí el uso de las formas progresivas (y del gerundio) para presentar hechos que están tomando cuerpo, que se yuxtaponen unos con otros, que aún no están dispuestos en una narración lineal; es decir, estamos ante procesos y no ante resultados. No es extraño que estas formas verbales sean idóneas para describir la juventud, un momento vital cuya esencia es, precisamente, el desarrollo y el cambio, el *devenir*.

A continuación, algunos ejemplos de verbos modales, también muy frecuentes en *Middlemarch*:

6.d

If a man <u>could not love and be wise</u>, surely he <u>could flirt and be wise</u> at the same time? [...] Now Lydgate <u>might have called</u> at the warehouse, or <u>might have written</u> a message on a leaf of his pocket-book and left it at the door. [...] A man <u>may</u>, from various motives, <u>decline</u> to give his company, but perhaps not even a sage <u>would be gratified</u> that nobody missed him.

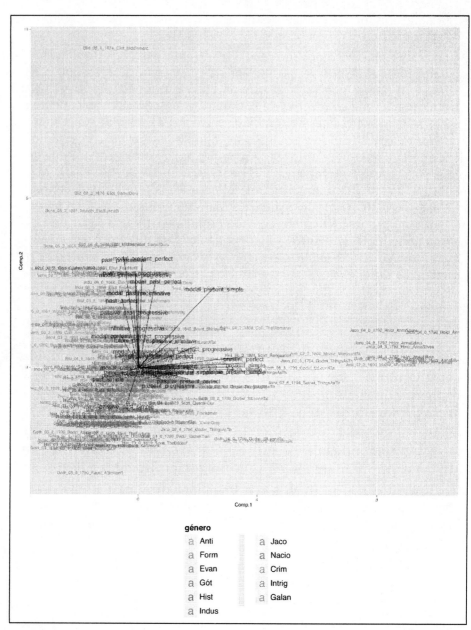

Figura 6.3 Las formas verbales como rasgos distintivos en once géneros novelísticos.

6.e

In this solemnly-pledged union of her life, duty <u>would present</u> itself in some new form of inspiration and <u>give</u> a new meaning to wifely love. [...] She felt a new companionship with it, as if it had an ear for her *and <u>could see</u> how she was looking at it. [...] She felt as if all her morning's gloom <u>would vanish</u> if she <u>could see</u> her husband glad because of her presence.*[23]

No nos encontramos ya en el universo fluido, compuesto por procesos y transformaciones, sino en el universo de las incertidumbres, la formalidad y las emociones reprimidas. Por ejemplo, en el fragmento 6.d, los verbos modales expresan el deseo erótico de Lydgate hacia Rosamund, pero lo hacen de manera impersonal y, en cierta medida, irónica; esto es indicativo de que Lydgate no se toma demasiado en serio sus propios deseos, pero también de que está dispuesto a seguir la visión decorosa de la sexualidad vigente en *Middlemarch*. Por el contrario, las ideas de Dorothea sobre su matrimonio, en el fragmento 6.e, transmiten una versión juvenil del deseo: el tamaño de su esperanza es tan grande que no puede expresarse en modo indicativo (*duty would present itself...*), de modo que da lugar a la «tristeza de la mañana», para renacer más tarde en una humilde e hipotética consolación (*would vanish if she could see*). En ambos casos, los verbos modales operan de una manera similar: reflejar la potencialidad vivida por los protagonistas —la juventud, el devenir— para acabar ahogándola bajo el peso de la interpretación dubitativa o de la conformidad con las convenciones sociales.

¿El estudio de estas series modificó nuestra compresión de *Middlemarch* o el estilo de la novela de formación? Nuestro primer impulso nos obligaría a contestar de manera negativa. La importancia de los procesos por encima de los eventos puntuales, así como el conflicto entre posibilidad y convenciones sociales son dos elementos de sobra conocidos por los estudios de la novela de formación y, por consiguiente, es lógico que se puedan

---

23. «Si los hombres no podían amar y ser prudentes, ¿podría él seducirla y ser precavido a la vez? [...] Lydgate podía haber ido al almacén, o podía haber escrito un mensaje en la hoja de su cuaderno de bolsillo y dejarla en la puerta. [...] Un hombre puede, por diversos motivos, negarse a dispensar su compañía, pero tal vez ni siquiera un sabio se sentiría complacido ante el hecho de que nadie le echara de menos»; «En esta unión de su vida solemnemente contraída, el deber se presentaría bajo una nueva forma de inspiración y dotaría de un significado nuevo el amor de casada. [...] Sentía una nueva compañía, como si compartieran un mismo oído y pudiera ver con sus mismos ojos. [...] Sintió como si la tristeza matutina de siempre pudiera desvanecerse si percibía que su marido era feliz con su sola presencia».

percibir en el plano de la dicción. Pero la comparación de estos resultados con los obtenidos en «Formalismo cuantitativo» aporta una visión distinta. En el capítulo 2, defendimos que el uso de preposiciones espaciales en la novela gótica era «consecuencia de decisiones de orden superior», es decir, «efectos derivados de la estructura narrativa» —que reflejan la voluntad de escribir «una historia en la que una sorpresa aguarde en cada habitación»—. En resumen, nadie en su sano juicio afirmaría que las preposiciones espaciales son la *esencia* de la novela gótica. ¿Pero los tiempos verbales progresivos y los verbos modales conforman lo que conocemos como «novela de formación»? Quizás sí, quizás no; en cualquier caso, se trata de una pregunta relevante porque estas elecciones al nivel de la frase no *descienden* de los imperativos de orden superior relacionados con el género; es posible que estas elecciones sean las responsables de la atmósfera de la novela y de formar una sensibilidad lingüística de tal modo que los lectores entiendan de manera intuitiva el «sentido» de la forma como un todo. Los tiempos verbales progresivos —decíamos— son idóneos para la novela de formación; idóneos, sí, pero no son elecciones obvias porque, en teoría, la juventud podría reflejarse igualmente por medio de formas verbales en futuro. Tan pronto como una escritora como Eliot comienza a utilizar construcciones verbales progresivas, su decisión tiene implicaciones en un orden superior, pues enfatiza de manera obvia la inestabilidad (presente) de la juventud por encima de las aspiraciones (futuras). Asimismo, desplaza el centro de gravedad desde el desenlace de la novela (marcado en exceso por el uso frecuente de verbos en futuro) hacia el nudo de la trama, en donde tienen lugar las transformaciones. La escala de la frase, pues, tiene una naturaleza mucho más «constructiva» que cualesquiera de los rasgos que encontramos en «Formalismo cuantitativo».

Y entonces descubrimos algo más. Aunque ambos elementos distinguen la novela de formación del resto de géneros novelísticos, los verbos modales y las formas verbales progresivas funcionan de distinta manera: por un lado, las construcciones con gerundio reflejan un proceso lento y a veces inconcluso, pero que forma parte de la «realidad» de la trama. Así, en 6.a, Fred permanece callado, la causa de que parezca enfermo nos es desconocida y las consecuencias del acto no se pueden predecir; pese a su naturaleza indeterminada, estos hechos *están pasando*. Por el otro lado, los verbos modales representan hechos que se reducen a la imaginación de los personajes, a menudo a salvaguarda del escrutinio público. Las dos elecciones verbales encarnan el conflicto entre el «mundo» y el «alma» típico de la novela de formación; no se trata de dimensiones distintas, sino *opuestas*. Y, sin embargo, hay momentos en que, de repente, convergen:

6.f

*His obligations to Mr Casaubon were not known to his hearer, but Will himself was **thinking** of them, and **wishing** that he <u>could discharge</u> them all by a cheque. [...] The allusion to Mr Casaubon <u>would have spoiled</u> all if anything at that moment <u>could have spoiled</u> the **subduing** power, the sweet dignity, of her noble unsuspicious inexperience. [...] If he never said a cutting word about Mr Casaubon again and left off **receiving** favors from him, it <u>would clearly be permissible</u> to hate him the more.*

6.g

*Moreover, Lydgate did not like the consciousness that in **voting** for Tyke he <u>should be voting</u> on the side obviously convenient for himself. [...] Other people <u>would say</u> so, and <u>would allege</u> that he was **currying** favor with Bulstrode for the sake of **making** himself important and **getting** on in the world.*[24]

El fragmento 6.f refiere el intento de Will Ladislaw de encontrar un equilibrio entre su reciente deseo por Dorothea y su lealtad, que se remonta a años atrás, para con el marido; el fragmento 6.g refiere el voto de Lydgate en las elecciones de la capellanía del hospital, momento en que el personaje se siente dividido entre la afirmación de su autonomía y la toma de conciencia de sus circunstancias. En ambos episodios, la fricción entre realidad, deseo y normas sociales es particularmente acentuada.

---

24. «Su lealtad hacia Casaubon no era conocida por su interlocutor, pero Will las tenía en mente y deseaba que pudiera dispensarlo con un cheque. [...] La alusión a Casaubon lo habría estropeado todo, si algo pudiera estropear su poder moderado, su dócil dignidad y su noble falta de experiencia. [...] Si no tuviera que intervenir más sobre Casaubon y pudiera rechazar sus favores, sería legítimo odiarlo con todas sus fuerzas»; «Además, a Lydgate le disgustaba saber que al votar por Tyke estaría votando del lado que más le convenía a él mismo. Pero ¿sería el resultado realmente conveniente para él? La gente opinaría que sí, alegando que se granjeaba el favor de Bulstrode para hacerse importante y prosperar».

Además, la tensión es realzada por el hábil uso del estilo indirecto libre por parte de la autora, que dificulta la distinción entre la voz del personaje, lo que dicta la opinión pública (la *doxa*) y el juicio del narrador.[25] En tanto que la novela de formación presenta un enredo creciente —una «red», según la famosa metáfora utilizada por Eliot— compuesto por procesos reales, esperanzas subjetivas y normas simbólicas, estas frases ofrecen un verdadero resumen de *Middlemarch*. La novela reducida a una frase, diríamos.

7. El estilo a la escala de la frase (invierno de 2012-verano de 2013)

El momento de recapitular había llegado. Nuestra ambición inicial era estudiar el estilo, pero los resultados preliminares nos incitaron a desplazar la atención hacia la narrativa y,

---

25. El pasaje oscila continuamente entre un registro y otro hasta llegar al episodio más famoso de la novela: *For the first time Lydgate was feeling the hampering threadlike pressure of small social conditions, and their frustrating complexity. At the end of his inward debate, when he set out for the hospital, his hope was really in the chance that discussion might somehow give a new aspect to the question, and make the scale dip so as to exclude the necessity for voting. I think he trusted a little also to the energy which is begotten by circumstances—some feeling rushing warmly and making resolve easy, while debate in cool blood had only made it more difficult. However it was, he did not distinctly say to himself on which side he would vote; and all the while he was inwardly resenting the subjection which had been forced upon him. It would have seemed beforehand like a ridiculous piece of bad logic that he, with his unmixed resolutions of independence and his select purposes, would find himself at the very outset in the grasp of petty alternatives, each of which was repugnant to him* ('Al término de su debate interno, cuando se disponía a salir camino del hospital, su esperanza yacía en la posibilidad de que la argumentación pudiera de alguna manera arrojar un nuevo aspecto sobre el tema, haciendo inclinar la balanza de forma que la necesidad de votar quedara excluida. Pienso que también confiaba un poco en la energía que producen las circunstancias, un sentimiento repentino que nos invade cálidamente y facilita la decisión cuando el debate a sangre fría no había hecho sino dificultarla. Fuera como fuera, no se confesó a sí mismo claramente de qué lado votaría, al tiempo que resentía el sometimiento al que se veía obligado. Hubiera parecido de antemano una ridícula muestra de mala lógica el que él, con sus claras resoluciones de independencia y su selecta finalidad, se encontrara desde el principio a manos de nimias alternativas, cada una de las cuales le resultaba repugnante').

luego, hacia el contenido semántico; finalmente, el estudio de las relaciones entre el espacio y las emociones en las frases OS-OP y el análisis de las construcciones progresivas y de los verbos modales en *Middlemarch* —pese a las diferencias existentes— han configurado un nuevo escenario: elementos —la delimitación del espacio y la expresión de emociones; la narración de procesos lentos mediante construcciones progresivas y la evocación de mundos posibles mediante verbos modales—, que podrían funcionar de manera independiente, tienen tendencia a agregarse en frases compuesta de un gran atractivo. Fue entonces cuando comprendimos que nuestro escenario no era nuevo, pues la frase que dio origen a nuestra investigación —*Miss Brooke had the kind of beauty which seems to be thrown into relief by poor dress*, es decir, una frase de tipo OP-OS con función «definitoria»— era el resultado de un mecanismo semejante. La afirmación narrativa (*Miss Brooke had the kind of beauty*) y la oración que determina la clase de belleza (*there is a kind of beauty which is emphasized by poor dress;* 'hay un tipo de belleza que queda realzado por un atuendo austero') podrían existir una tras otra, sin que hubiera ninguna interacción entre ambas oraciones; sin embargo, juntas en una misma frase grababan el íncipit de *Middlermarch* en la memoria de los lectores.

Un proyecto independiente —el libro de Moretti titulado *The Bourgeois*— nos proporcionó un ejemplo más. En esta ocasión, el proceso tuvo tres etapas: mientras Moretti trabajaba sobre *Robison Crusoe*, percibió la frecuencia inusual de frases OP-OI en la novela de Defoe, que interpretó como la marca de la «razón instrumental» en las acciones de Robinson (Hice esto, *con la finalidad* de conseguir esto otro). Posteriormente, Moretti se dio cuenta de la alta frecuencia —incluso mayor— de una construcción simétrica (OI-OP), en la que el «aspecto» gramatical del gerundio compuesto sugiere el dominio sobre el paso del tiempo que caracteriza a Robinson (*Habiendo hecho* esto, entonces hice esto otro). Finalmente, encontró otros ejemplos en los que el gerundio compuesto, la oración principal y otra oración que expresa una finalidad (OI-OP-OI) se combinan de manera tan orgánica que la misma sintaxis —*and having stowed my boat very safe, I went on shore to look about me*; 'y habiendo detenido mi barca en un lugar seguro, me dirigí a la orilla para echar un vistazo alrededor'— parece sugerir el movimiento ininterrumpido del pasado hacia el presente y del presente hacia el futuro, a la vez que encarna la «actividad siempre renovada» que Max Weber identificó como el fundamento psicológico de la acumulación de capital. Si existe un estilo de la laboriosidad burguesa, concluyó Moretti, sin duda, este tipo de sintaxis es su mejor muestra.[26]

Si existe un estilo... Tras abandonarlo, el concepto volvía a situarse en el centro de nuestra investigación. La cadena de oraciones de Defoe, los verbos modales y las formas verbales progresivas de *Middlemarch*, las oraciones ensayísticas que coexisten junto con una declaración de tipo narrativo, el espacio y las emociones en las frases OP-OP... en todos estos casos un estilo específico había emergido a raíz de un proceso de condensación sintáctico-semántica, que era a la vez inesperado y recurrente. El estilo era la condensación; por ese motivo el marco de la frase —y en particular las frases compuestas por dos oraciones— había cobrado tanta importancia para nosotros. Este tipo de frase es la construcción lingüística más reducida en la que sus elementos pueden unirse libremente y formar una estructura más compleja, *de tal modo que la génesis del estilo pueda observarse empíricamente*. En fin, la frase compuesta por dos oraciones es el laboratorio del estilo literario.

El estilo definido como «condensación» de elementos discretos en una misma frase. Nuestra investigación nos había proporcionado tantos ejemplos de este proceso y además tan variados que ya no albergábamos duda alguna. Sin embargo, ¿por qué razón se producían estas condensaciones? ¿Por qué motivo los verbos modales, las formas verbales progresivas, los gerundios y las oraciones que expresan una finalidad se asociaban de manera tan profunda en una sola frase? La mejor respuesta parece obvia: simplemente porque es posible. Los campos semánticos del espacio y las emociones, y los verbos de *Middlemarch* y de *Robison Crusoe* estaban presentes en cientos de frases, que interactuaban de manera muy distinta a lo largo de la novela. Su unión en una sola frase pertenece al orden de lo posible, o de lo «posible adyacente» —tal y como Steven Johnson lo llamó siguiendo una fórmula de Stuart Kauffman—. Son soluciones acertadas que no surgen de la nada sino a raíz de un descubrimiento afortunado,

---

26. Franco Moretti, *The Bourgeois. Between History and Literature*, Verso, Londres, 2013, págs. 37-39 y 51-58.

que descansa en la conexión fecunda de ideas ya existentes y de una larga circulación.

Lo «posible adyacente» es una buena fórmula de captar la naturaleza y la emergencia del estilo. En tanto que su naturaleza es *posible*, el estilo no es un fenómeno que deba encontrarse en un texto para que exista más o menos en su forma presente. Eliot no necesitaba el tipo de frase con que inicia su novela del mismo modo que para escribir *Middlemarch* necesitaba construir una trama sobre el matrimonio. Simultáneamente, la frase pertenecía, no sólo al reino de lo posible, sino al de lo «posible adyacente»; dada la afición de Eliot por contar historias y por la forma ensayística, era lógico que ambos polos se unieran. Ni inevitable ni excepcional: el estilo surge en una posición intermedia entre dos extremos, si bien hay casos necesariamente limítrofes. Ejemplo de ello se encuentra al inicio de este capítulo cuando debatíamos si un fenómeno era estilístico o no, o bien cuando analizamos, en el apartado 5, la sutil línea que separa el éxito del fracaso al analizar las frases en que el espacio y las emociones se asocian. De ahí que una definición del estilo ligeramente vaga como la «condensación de elementos independientes» sea tan apropiada; hay ciertos conceptos —como *blue* ('azul'), *bald* ('calvo') o *tadpole* ('renacuajo')— que tienen significado *gracias* a su vaguedad y no a su pesar; el estilo es uno de ellos. Los limites difusos de términos como «condensación» o «elementos» nos permiten ver la peculiaridad del fenómeno estilístico, así como su proceso de formación. Eliminar la confusión y los casos que suponen un límite mejoraría nuestra comprensión, pero, al mismo tiempo, acabaría con ella.

Ni inevitable ni excepcional: el estilo aparece como un hecho eminentemente *comparativo*, algo que no es *necesario* para lograr un objetivo (de lo contrario se convertiría en una definición funcional del estilo), pero que permite lograrlo con *mejores* resultados. Sujeto a todo tipo de contingencias impredecibles, el estilo no *tiene* por qué emerger, pero cuando lo hace adquiere una apariencia familiar y reconocible. En efecto, nos ayuda a distinguir a un autor, un género o un movimiento literario, de manera clara o no. La categoría más decisiva aquí sigue siendo la del autor, algo que ya nos pareció evidente en el capítulo primero y que parece confirmarse con la importancia otorgada a Defoe y Eliot en el apartado anterior. Sin embargo, la relación entre autor y género tal y como se ha analizado aquí nos revela algo que había pasado inadvertido en «Formalismo cuantitativo»: lo que Eliot consiguió con los verbos modales y las formas verbales progresivas —o bien con la mezcla de narración y comentario— no contradice la lógica de la novela de formación (el autor *versus* el género, tal y como escribimos en el primer capítulo); al contrario, podríamos afirmar que estos elementos reflejan la problemática central del género con una evidencia innegable (el autor como *suprema encarnación* del género). Si todas las novelas de formación cuentan la historia que le ocurre a un personaje joven y, en el plano textual, el narrador relata las acciones con la voz reflexiva de un adulto, entonces *Middlemarch* es la chispa que surge cuando los dos planos entran en contacto. En la frase de Eliot, pues, los dos elementos genéricos distintivos se convierten en una estructura.

El estilo puede entenderse como un proceso de condensación que transciende lo que es estrictamente funcional y necesario; desde esta perspectiva, lo «posible adyacente» es la fuente de condensación, mientras que la dialéctica autor/género depende del horizonte histórico. Entonces, ¿cuál es el papel de la frase? ¿Hay algo a la escala de la frase *que no puede pasar a otra escala*? Comparada con otras unidades analizadas por la estilística, la brevedad de la frase se convierte en el vehículo idóneo de concentración textual, pues puede contener el significado central del texto en una dosis tan comprimida que se vuelve inolvidable. No obstante, no todo se reduce a la brevedad de la frase. Cuando la «sabiduría» de los comentarios de Eliot se canaliza en una oración subordinada unida sin interrupción a una oración principal de carácter narrativo, en realidad, los valores de la autora emergen de manera «natural» a partir de la historia; en otras palabras, no se trata de una reflexión externa que se adhiere a la narración. Cuando la actividad «siempre renovada» de Robinson es expresada mediante frases de tipo OI-OP-OI —«*Having mastered* this difficulty, and *employed* a world of time about it, I *bestirred m*yself to *see*, if possible, how to supply two wants»; «Habiendo superado esta dificultad, lo cual me tomó mucho tiempo, me dediqué a estudiar la posibilidad de satisfacer dos necesidades»— la ética burguesa del trabajo se inscribe en la gramática de la novela y, por tanto, se ve reforzada. El mensaje es dos veces más efectivo porque no sólo se manifiesta como una afirmación específica sino como una *práctica lingüística* susceptible de ser repetida. O dicho en palabras de Bourdieu:

Estructuras estructuradas predispuestas a funcionar como estructuras estructurantes, es decir, en tanto que principios generadores y organizadores de prácticas y representaciones que pueden ser objetivamente «reguladas» y «regulares» —sin por ello ser el producto de la obediencia a ciertas reglas—, así como adaptarse a sus fines sin presuponer un propósito consciente o un control expreso de sus operaciones.[27]

Estas «estructuras estructuradas» son fruto de la lenta acumulación de elementos distintos pero compatibles; y son las responsables de regular —«sin presuponer un propósito consciente»— las «prácticas y representaciones» de la temporalidad, la posibilidad y la conducta ética. Esto es lo que el estilo produce a la escala de la frase, pues su tamaño permite reflejar una estructura entera, pero, al mismo tiempo, es posible comprenderla y absorberla con facilidad, y «regular» de este modo la expresión, en palabras de Bourdieu. Dicho de otro modo, el estilo como *habitus*, un fenómeno que desborda la gramática y la literatura e impregna las estructuras psíquicas y las interacciones sociales.

Esta definición del estilo, más extensa y de índole «social», merece un estudio aparte. Por lo que respecta a este capítulo, hemos seguido una más modesta, pues en él se ha considerado el estilo como una combinación y condensación que se deriva del análisis de la construcción de la frase. Hacia el final de nuestra investigación, Gemma y Heuser señalaron que el estilo es el resultado de la combinación de elementos originalmente separados, por lo que pueden ser formalizados de manera independiente y, por tanto, reconocidos y analizados por un ordenador. Es decir, nuestra «definición» del estilo también implica un *método de identificación*; de esta manera, dimos con el origen del concepto de «operacionalizar». Fue precisamente porque el acto de «operacionalización» tuvo un resultado exitoso (o parcialmente exitoso) que a menudo debimos analizar patrones —en concreto, correlaciones entre sintaxis y narración, y entre sintaxis y semántica— que no acabábamos de entender si únicamente aplicábamos las categorías críticas tradicionales. Las instrucciones que dimos a nuestro programa —identifica qué elementos de la

---

27. Pierre Bourdieu, *Outline of a theory of practice*, 1972, Cambridge UP, 2012, pág. 72. Traducción española: *El sentido práctico*, Madrid, Taurus, 1991.

frase varían según ciertas elecciones sintácticas, como iniciar la frase con una oración subordinada— funcionaron con eficacia; en consecuencia, nos situaron ante datos sólidos, claros y que intuíamos como relevantes, pero que aún no sabíamos analizar. Esta situación, nos parece, es el aspecto más revolucionario de las humanidades digitales en la medida en que lo «digital» plantea preguntas inéditas las disciplinas «humanísticas».

Ahora bien, igual de importante es señalar —continuaron Gemma y Heuser— que nuestros programas *no pudieron detectar ni explicar las combinaciones en donde emerge el estilo*; si bien las herramientas digitales son capaces de identificar las partes del proceso por separado, el significado de las interacciones se les escapan por completo porque se fundamentan en conexiones hipotéticas entre elecciones sintácticas y fenómenos culturales más amplios, como la repentina convergencia entre novela y ensayo, espacios y emociones, o pasado, presente y futuro. En este sentido, lo «digital» necesita de manera evidente a las «humanidades» para encontrar un sentido en los datos. Las dos caras de nuestro proyecto revelan una complementariedad radical, que, a su vez, se refleja en la estructura de este capítulo: por un lado, los apartados 2-4 están dedicados a la cuantificación y a la correlación de elementos por separado; por el otro, los apartados 5-6 exploran la necesidad de explicar e interpretar los patrones encontrados en un plano distinto. Sin los conceptos de la segunda parte, los resultados de la primera permanecerían ciegos; y sin el contenido empírico de la primera parte, las categorías empleadas hacia el final de este capítulo estarían vacías. El conocimiento crítico sólo surge del encuentro entre los datos y la reflexión.

Un encuentro entre conceptos y mediciones. Como se percibe a partir de los replanteamientos de nuestra investigación, este encuentro es fruto de una retroalimentación en la que los conceptos informan las mediciones y las mediciones extienden los conceptos. Aunque había un componente rígido —y en parte tendencioso— en nuestra intención inicial —queríamos estudiar el estilo a la escala de la frase y cuantificar el fenómeno— la interacción entre el concepto y su medición desembocó en un proceso dinámico en el que encontramos una nueva definición de estilo que, además, se distancia del trabajo de grandes estilistas como Spitzer y Auerbach. En sus trabajos capitales —mucho más ricos, para ser sinceros, que nuestra contribución— los distintos componentes del estilo tienden a acumular o a reconducir con variaciones menores una orientación general; pero no *interactúan* y menos aún adquieren nuevas propiedades como resultado del proceso. Si bien no son incompatibles, las dos aproximaciones sirven para estudiar el estilo a dos escalas diferentes: la escala de la frase, cuyos efectos son reconocibles de manera intuitiva, y la escala del párrafo o del texto en tanto que totalidad, cuyos rasgos son más difíciles de captar. Si quisiéramos unificar ambas escalas del fenómeno (y del concepto), deberíamos empezar un capítulo nuevo, lo cual es indicativo de que éste ya se puede cerrar.

Sobre los párrafos.
Escala, temas y forma narrativa

Mark Algee-Hewitt[1],
Ryan Heuser, Franco Moretti

1. Micromegas

La figura 1.1 es la imagen final y la portada de *Macroanalysis*, de Matt Jockers: una red formada por más de 3.000 nodos, cada uno de los cuales representa una novela del siglo XIX, y por 165.000 aristas entre ellas, basadas en la semejanza de 104 características distintas. Las novelas son simples puntos, pero son tantas y con tantas interconexiones, que el resultado es una nube grande y enrevesada.

Aunque la cantidad de información en esta imagen es atípica, la conjunción de unidades muy pequeñas con un resultado enorme es común en las humanidades digitales. Por ejemplo, en el diagrama sobre la «metricalidad» contenido en la figura 1.2, dos conjuntos de variables muy simples —ritmo ascendente o descendente y pie binario o terciario— sirven para cartografiar varios siglos de poesía inglesa en un único gráfico. O, también, los bigramas que Mark Algee-Hewitt utiliza para investigar la ficción decimonónica en la figura 1.3: millones de combinaciones de dos palabras y una fractura secreta surgen de un siglo de producción novelística.

---

1. Mark Algee-Hewitt es doctor por la Universidad de Nueva York y especialista en literatura romántica inglesa y alemana. Actualmente, es director del Stanford Literary Lab.

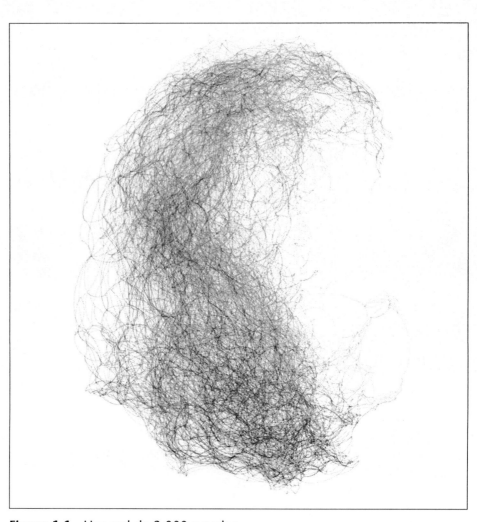

Figura 1.1 Una red de 3.000 novelas.
Matthew L. Jockers, *Macroanalysis. Digital Methods & Literary History*, Illinois UP, Urbana, Chicago y Springfield, 2013.

Hasta la fecha, esta mezcla de lo micro y lo macro se ha convertido en algo distintivo de las humanidades digitales y en un exponente del dramático impacto que han tenido sobre la escala en que se estudia la literatura. Dramático, porque lo que hallamos en estas imágenes son los extremos de la escala literaria, mientras que la crítica ha trabajado tradicionalmente con *el centro* de la escala: un texto, una escena, una estrofa, un capítulo, un fragmento... Una escala *antropocéntrica*, para la que los lectores realmente son «la medida de todo». Pero las huma-

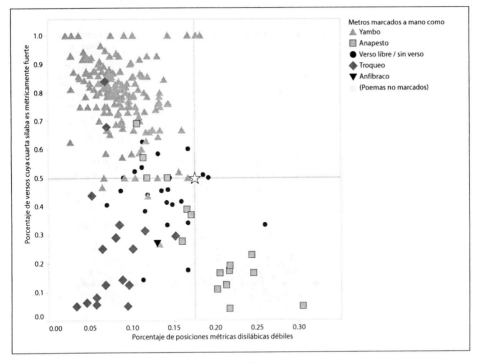

Figura 1.2 Cartografía de la poesía inglesa.
Un diagrama de 6.400 poemas, muestreados uniformemente, período a período, del siglo XVI hasta el XX. Los diferentes marcadores representan un sub-corpus de poemas cuyo metro fue anotado de manera manual (véase leyenda). Los puntos grises indican poemas cuyo metro no se conoce directamente; su colocación en un cuadrante específico indica lo que nuestro programa considera su metro más probable (yambo, troqueo, anapesto o dáctilo). Los puntos negros indican poemas en verso libre o sin metro aparente.

nidades digitales, como ha escrito Alan Liu, han cambiado estas coordenadas «centrándose en características lingüísticas a nivel micro [...] que son equivalente a fenómenos de nivel macro».[2] Exactamente. ¿Y cómo se estudia la literatura en esta nueva situación?

Una opción podría ser centrarse exclusivamente en lo muy pequeño y lo muy grande. Eso fue en gran medida lo que sucedió con la *Stilkritik* de Leo Spitzer —uno de los grandes predecesores teóricos de la crítica computacional—. Para Spitzer, lo

2. Alan Liu, «Where is Cultural Criticism in the Digital Humanities?», http://dhdebates.gc.cuny.edu/debates/text/20.

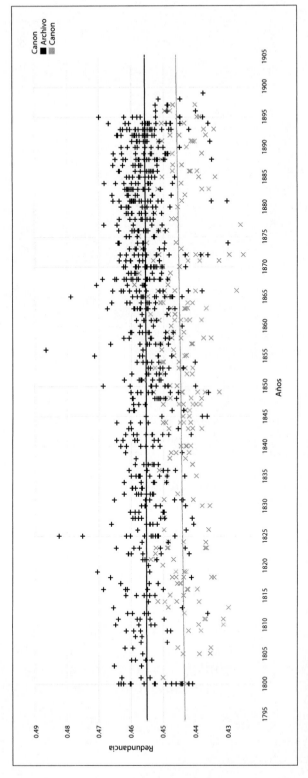

Figura 1.3 Canon y archivo en la Gran Bretaña del siglo XIX.
Esta imagen traza la frecuencia con la que las combinaciones de bigramas se repiten en una muestra de novelas del siglo XIX: cuanto mayor la repetición, menos informativo es el texto. Como puede observarse, esta sencillísima medida de redundancia lingüística revela una llamativa diferencia entre textos canónicos (equis grises) y no canónicos (cruces negras). Véase el capítulo 5 para más detalles.

único que interesaba era conocer el «detalle» y el «todo», pero no la escala intermedia; en otras palabras, una larga serie de *back-and-forth movements (first the detail, then the whole, then another detail, etc.) [...] until the characteristic "click" occurs, which is the indication that detail and whole have found a common denominator*.[3] Desde una clase de conjunciones a la poesía simbolista francesa; de los neologismos a la obra de Rabelais en su totalidad; del detalle de la deformación de sustantivos a la cosmovisión de *El Quijote*. El detalle y el todo —lo muy pequeño y lo muy grande: micromegas— y solamente el detalle y el todo.

> *At its most perfect, the solution attained by means of the circular operation is a negation of steps: once attained, it tends to obliterate the steps leading up to it (one may remember the lion of medieval bestiaries —concludes the critic named Leo— who, at every step forward, wiped out his footprints with his tail, in order to elude his pursuers!)* [37][4]

El presente proyecto es lo contrario del hermoso símil de Spitzer: en lugar de «eliminar» los pasos intermedios, queremos hacerlos totalmente explícitos y proponer una nueva escala intermedia para el estudio literario. Esa escala es la del párrafo.

2. Auerbach, Watt y el párrafo

A diferencia de las oraciones y, en menor medida, los capítulos, los párrafos siguen siendo una escala de la escritura en

---

3. 'vaivenes (primero el detalle, luego el todo, de nuevo otro detalle, etc.) [...] hasta que tuviera lugar el característico "clic", que indica que el detalle y el todo han encontrado un mismo denominador común'. «Linguistics and Literary History», 1948, en Leo Spizer, *Representative Essays*, Stanford UP, 1988, págs. 36, 38. Traducción española: *Lingüística e historia literaria*, Madrid, Editorial Gredos, 1955.

4. 'En su forma más perfecta, la solución lograda a través de esta operación circular es una negación de sus pasos: una vez alcanzado el objetivo, la operación circular tiende a eliminar los pasos previos, lo cual nos recuerda al león en los bestiarios medievales —concluye el crítico llamado Leo— que, a cada paso que daba al frente, borraba sus huellas con la cola, ¡con el fin de esquivar a sus perseguidores!' [37].

prosa poco estudiada.⁵ Todos nosotros conocemos su existencia —*escribimos* párrafos todo el tiempo— pero no sabemos cómo funcionan realmente.⁶ Así pues, como primer paso, volvimos a un panfleto anterior sobre la escala literaria —«El estilo a la escala de la frase»— con la idea de estudiar cómo cambia el estilo cuando nos trasladamos de la escala de la frase a la del párrafo. Al fin y al cabo, ¿el trabajo más programático de la estilística americana no llevaba el título de «On the first *paragraph* of Henry James' *The Ambassadors*» («Acerca del primer párrafo de *Los embajadores* de Henry James»)? Tomemos las palabras iniciales del ensayo piloto de *Mímesis*, de Auerbach: «*Dieser Absatz steht mit neuten Kapitel des ersten Teils...*».⁷ *Dieser Absatz*: este párrafo. *Mímesis* empieza a cobrar forma —el título del ensayo

---

5. El primer estudio sistemático del párrafo en lengua inglesa parece ser la excelente tesis doctoral de Edwin Herbert Lewis titulada *The History of the English Paragraph*, Chicago UP, 1894. Para estudios más recientes, véase Paul C. Rodgers Jr. «Alexander Bain and the Rise of the Organic Paragraph», *Quarterly Journal of Speech,* 1965 y «A Discourse-centered Rhetoric of the Paragraph», *College Composition and Communication,* 1966; Francis Christensen, «A Generative Rhetoric of the Paragraph», *College Composition and Communication*, 1965; y R. E. Longacre, «The Paragraph as a Grammatical Unit», *Syntax and Semantics,* vol. 12, Academic Press, New York, 1979. La mayoría de estos estudiosos consideran que la estructura y función del párrafo coincide en lo fundamental con la de la oración, y generalmente mencionan el *Manual of English Composition and Rhetoric* (1866) de Alexander Bain como la base de este planteamiento. «El párrafo [de Bain]», escribe por ejemplo Rodgers, «es sencillamente una oración más extensa [...] tanto la oración como el párrafo muestran una estructura orgánica y utilizan los mismos recursos para mantenerla», y más adelante, recapitulando la evolución de la teoría del párrafo a finales del siglo xix, se afirman que «el párrafo hoy es una oración expandida no sólo en lo estructural sino en lo lógico y semántico [...] destinada a amplificar e implementar la idea única anunciada en su oración temática» («Alexander Bain», págs. 406, 408). Longacre defiende una continuidad incluso más radical entre las diferentes escalas textuales, para quien «un párrafo se parece a una oración larga, por un lado, y a un discurso breve por el otro» («The Paragraph as a Grammatical Unit», pág. 116).

6. O, en cualquier caso, cómo funcionan *en el contexto de la narrativa de ficción*. La mayor parte de estudios sobre el párrafo se han centrado en el discurso no literario, mientras que las clases de composición —donde se introduce a los estudiantes americanos al párrafo en cuanto forma— también se estructuran en torno a la exposición crítica y no en torno a la forma narrativa.

7. Véase «Über die ernste Nachahmung des alltäglichen», *Travaux du séminaire de philologie romane*, Estambul, 1937.

de 1937 es el primer caso de la «seria imitación de lo cotidiano» que será el *leitmotiv* del libro— y «párrafo» es la primera palabra que le viene a la cabeza a Auerbach.

El estilo a escala del párrafo. Pero había algo extraño en el estatus del párrafo en Watt y Auerbach. Ambos analizaban el estilo y extraían sus conclusiones de párrafos explícitamente reproducidos como tales; la *forma* del párrafo, sin embargo, jamás formó parte de su análisis. Los párrafos contendrían estilo, pero no lo *formarían*. Es revelador que Watt se refiera al inicio de *Los embajadores* tres veces como «párrafo» y *treinta* como «pasaje»: aunque estaba analizando un párrafo, no lo *veía* como tal. Algo parecido sucede en los capítulos de Auerbach acerca del realismo francés; hace referencia a los párrafos de manera evasiva, utilizando metáforas cognitivas de carácter pictórico (el párrafo como «escena», «retrato», «imagen», «el tosco realismo [de la] pintura holandesa») o musical («un motivo principal, repetido varias veces», «las primeras palabras del párrafo anuncian el tema, y todo lo que sigue no es más que su elaboración» [...], «una reanudación, una variación»).[8] Escena, retrato, imagen, motivo, tema... Para Auerbach, los párrafos claramente no eran unidades estilísticas, sino *temáticas*. Y, en el mundo de las humanidades digitales, estudio temático significa *topic modeling*.[9]

3. Enfoque temático

Pese a que los conceptos temáticos ya no conforman el «caos» que Propp evocaba en las primeras páginas de su *Morfología*,[10]

---

8. Erich Auerbach, *Mímesis*, 1946, Princeton UP, 1974, págs. 455, 470, 483, 509, 510, 470, 484. Traducción española: *Mímesis: la representación de la realidad en la literatura occidental*, México D.F., Fondo de Cultura Económica, 2014.

9. De ahora en adelante daremos por hecha la existencia de una relación entre temática y *topic model* —de modo que utilizaremos los adjetivos «temático» y «tópico» de modo casi intercambiable— aunque somos conscientes de que nuestras observaciones sobre esta cuestión apenas son sistemáticas.

10. «Si una división basada en categorías no funciona, la división basada en temas nos dirige hacia un caos absoluto. No merece la pena siquiera hablar de que un concepto tan complejo y vago como "tema" o bien se deja sin definir para nada o es definido por cada autor a su manera». Vladimir Propp, *Morphology of the Folktale*, 1927, Texas UP, 1968, pág. 7. Traducción española: *Morfología del cuento*, Madrid, Fundamentos, 2006.

la mayoría de teóricos están de acuerdo en que siguen siendo alarmantemente opacos, especialmente cuando se trata de la articulación de «tema» y «motivo».[11] Aquí seguiremos la premisa comúnmente compartida de que los temas tienden a ser amplios, abstractos, sintéticos[12] y generalmente no se especifican abiertamente en el texto, sino producidos a través de un acto de interpretación,[13] mientras que los motivos tienden a ser explícitos, delimitados[14] y específicos.[15] Nuestra hipótesis de partida era simple: si los párrafos resultaran ser unidades temáticas, entonces deberían tener un «enfoque temático» más elevado que

11. «Las varias distinciones que se han establecido entre *tema* y *motivo* son incluso más vagas, hasta el punto que sus definiciones son habitualmente intercambiables». Cesare Segre, «From Motif to Function and Back Again», en Claude Bremond, Joshua Landy, Thomas Pavel, eds., *Thematics, New Approaches*, SUNY Press 1995, pág. 22.

12. «El tema (aquello que se dice en una obra) une los elementos separados de una obra [...] La idea expresada por el tema es la idea que *resume* y unifica el material verbal de la obra». Boris Tomashevsky, «Thematics», 1925, en Lee T. Lemon y Marion J. Reis, eds., *Russian Formalist Criticism. Four Essays*, Nebraska UP, 1965, págs. 63, 67.

13. «Un tema no es un componente: no hay ningún elemento en una obra literaria que pueda ser denominado su tema [...] Un tema no es una expresión: aunque el tema a veces se formula de manera explícita, es más habitual que surja implícitamente, sin corresponder a ninguna expresión específica en el texto [...] Un tema no es un segmento en el continuo textual, sino una construcción reunida a través de elementos discontinuos en el texto». Shlomith Rimmon-Kennan, «What is Theme and how do we get at it?» en *Thematics. New Approaches, op. cit.* págs. 10-11, 14.

14. «Tras reducir una obra a sus elementos temáticos, nos encontramos con partes irreducibles, las partículas más pequeñas del material temático: "cae la noche", "Raskolnikov asesina la vieja", "el héroe muere", "la carta es recibida", etcétera. El tema de una parte irreducible de una obra es conocido como el *motivo*: cada frase, de hecho, tiene su propio motivo». Vladimir Propp, *Morphology of the Folktale, op. cit.* pág. 67. Traducción española: *Morfología del cuento*, Madrid, Fundamentos, 2006.

15. «Es indudable que el motivo es más concreto, mientras que el tema es más abstracto», concluye Bremond; mientras que Segre, partiendo de la musicología, señala que «según [varias] definiciones [musicológicas], *tema* y *motivo* se encuentran en una relación de complejo a simple y de compuesto a unitario; [...] los temas son elementos que ocupan un texto entero o una porción considerable de ellos, mientras que los motivos —de los que puede haber muchos— son elementos más localizados». Véase Claude Bremond, «Concept and Theme» en Werner Sollors, ed. *The Return of Thematic Criticism*, Harvard UP 1993, págs. 49-50fn 2; y Cesare Segre, «From Motif to Function and Back Again», *op. cit.*, págs. 24, 25

los segmentos textuales abstractos que utilizan de manera rutinaria los investigadores especialistas en *topic modeling*.[16] Poner a prueba esta hipótesis requirió, sin embargo, varios pasos preliminares, el primero de los cuales consistió en establecer la longitud de los párrafos en nuestro corpus. Al principio medimos *todos* los párrafos, mezclando instancias narrativas, como aquellas analizadas por Auerbach y Watt, con diálogos establecidos por personajes (figura 3.1). Aunque marcadas tipográficamente del mismo modo, los dos tipos de párrafo jugaban papeles muy diferentes en la arquitectura de la novela —especialmente en el corpus de mitad del período victoriano que seleccionamos— y decidimos desglosarlos, obteniendo los resultados visibles en la figura 3.2.

A partir de este momento, restringimos nuestra investigación a párrafos narrativos, en la línea de Auerbach y Watt, procediendo a comparar párrafos, fragmentos textuales de 82 palabras de extensión (siendo 82 la longitud media de los párrafos narrativos) y un segundo grupo de segmentos de 200 palabras de extensión (para acercarse a la medida de 1.000 palabras que es la habitual en los trabajos sobre *topic modeling*). Con el objetivo de medir el foco temático de estos tres grupos tomamos dos indicadores estadísticos de la economía —el índice de Gini de la desigualdad de riqueza y la medida de concentración de mercados de Herfindahl— que sirven para establecer cómo unos recursos finitos (en nuestro caso, el número de palabras en un párrafo determinado) son distribuidos entre diferentes actores (en nuestro caso, los diferentes tópicos presentes en el corpus). Combinando ambas mediciones, determinamos cuánto espacio semántico de un párrafo se concentraba «en manos» de un tópico (o varios). Como muestra la figura 3.3, la concentración temática resultó ser significativamente más alta en los párrafos que en los segmentos de longitud equivalente y *mucho* más alta que en los segmentos de 200 palabras.

---

16. «Abstractos» en el sentido de que la mayoría de investigadores seleccionan como unidades segmentos de longitud idéntica (normalmente 1.000 palabras), sin tener en cuenta las subdivisiones reales del texto; «mecánica» sería otra manera de describir la relación entre segmento y texto. En principio no tenemos nada en contra de los enfoques abstractos y mecánicos en literatura, tan sólo —en este caso en concreto— creemos que una selección alternativa podría mejorar los resultados.

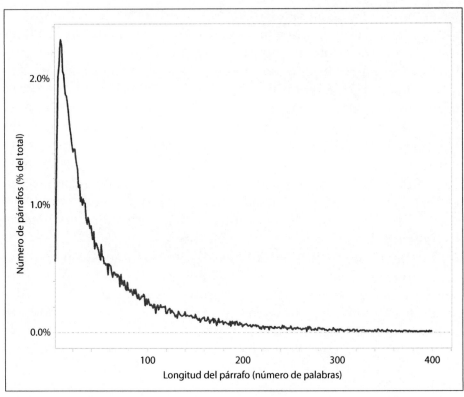

Figura 3.1 Longitud del párrafo (en palabras).

Un 15% de los párrafos de nuestro corpus tenían entre 1 y 10 palabras de longitud, y 18% entre 11 y 20. Más allá la frecuencia empieza a bajar: 13% entre 21 y 30, 9,3% entre 31 y 40, y así sucesivamente, hasta formar una larga cola—un 2% de frecuencia para las de 100 o más palabras—. Los párrafos de 100 palabras o más comprendían sólo un 15% de los párrafos, pero correspondían a un 49% de las palabras del corpus.

Ya que, inicialmente, pensábamos estudiar el estilo, preparamos un corpus inusualmente pequeño consistente únicamente en diecinueve novelas de formación de mediados de la era victoriana, cuyos párrafos habían sido marcados a mano individualmente. Esta selección por género y período naturalmente puede que haya sesgado el resultado en sentidos que la investigación posterior corregirá.

Dejemos claro cuál es el sentido de estas conclusiones. En primer lugar, *no* «descubrimos» que los párrafos eran unidades temáticas, los investigadores que han estudiado el párrafo hace tiempo que establecieron este «hecho», algo que todos hemos aprendido en primaria y que hemos «sabido» cierto desde entonces. Pero demostramos que este «hecho sabido» era efectiva-

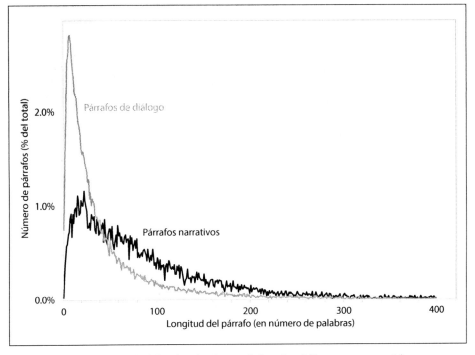

Figura 3.2 Longitud del párrafo (en palabras): diálogo y narración.

Separar diálogo y narración produjo dos curvas muy diferentes, dando entidad a la idea de que las dos formaban sistemas muy diferenciados (aunque evidentemente en interacción). Los párrafos correspondientes a diálogo tienen un pico al principio, con longitud de unas 6-8 palabras, muy por debajo de la longitud media de las *oraciones* novelísticas del siglo XIX, por no hablar de los párrafos, y su frecuencia decae más bien deprisa. Los párrafos narrativos alcanzan su pico de frecuencia a en torno a las 20-25 palabras, tienen una longitud de 82 palabras (el párrafo de *Madame Bovary* examinado por Auerbach tiene 89 palabras) y decaen muy lentamente, alcanzando el máximo 1% en torno a las 215 palabras (el párrafo inicial de *Los embajadores* tiene 250 palabras).

El gráfico sugiere que las novelas decimonónicas requerían de los lectores que pasaran de fragmentos narrativos largos (incluso muy largos) a diálogo puntual entre personajes: un contrapunto de «escrito» y «oral» que parece haber cristalizado a mitades de siglo y que sería radicalizado en las novelas de Henry James. Flaubert brinda su destacable versión de la alternancia entre breve/largo: el impacto de su párrafo más legendario —«Il voyagea»—, hacia el fin de *La educación sentimental*, consiste en ver cómo un párrafo es *reducido* a la más simple de las oraciones (pronombre + verbo intransitivo). De modo implícito, esta compresión radical revela cuán distinta suele ser la función de los párrafos y las oraciones.

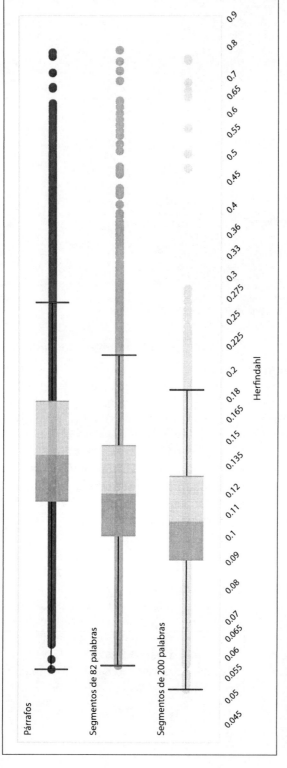

Figura 3.3 Enfoque temático.

En esta imagen, la línea que parte en dos las tres «cajas» indica el valor medio de cada grupo; las secciones en gris oscuro y gris claro indican los dos cuartiles centrales; y los «márgenes» representan los cuartiles más alto y más bajo, con valores atípicos indicados por puntos individuales.

Aplicamos *topic modeling* a los tres grupos de manera separada fijando el número de tópicos a 50 con hiperparámetros; por cada segmento, el modelo consideraría por lo menos 10 palabras identificadas con Mallet sin contar los nombres propios y las palabras muy frecuentes, así como superponiendo los tópicos a un fragmento determinado.

mente real y que podía ser «reconocido» por un programa de *topic modeling*, probando de este modo su eficacia; dos instancias de corroboración que, aunque sean poco interesantes por sí mismas, tienen un humilde papel en el proceso de investigación. Más significativo es, como muestran nuestros resultados, que si se quiere utilizar el *topic modeling* para analizar la literatura, entonces *los párrafos son una unidad mejor que los segmentos «mecánicos»* y deberían reemplazarlos en futuros estudios. Igualmente en temática: si, como hemos visto, nadie sabe en verdad «dónde» se deben buscar los temas de un texto, nuestras conclusiones sugieren que los párrafos son probablemente el mejor punto de partida, pues concentran material temático en un espacio limitado y actúan como *el hábitat textual de los temas*; por este motivo será nuestro objeto de estudio en las dos secciones siguientes.

4. Párrafos monotópicos

Los párrafos se especializan en la «concentración» de temas. Pero ¿cómo exactamente? Las figuras 4.1, 4.2 y 4.3 ofrecen parte de la respuesta y ejemplifican lo que terminamos por denominar párrafos «monotópicos»; es decir, párrafos en los que un solo tópico acapara por lo menos la mitad del espacio semántico disponible. Basándonos en las 50 palabras más frecuentes, un tópico dominante de este tipo podría ser descrito como «matrimonio y expectativas» (figura 4.1 de *Middlemarch*), «entrar en una casa» (figura 4.2 de *Middlemarch*) y «comunicación directa y emotiva» (figura 4.3 de *Adam Bede*). Dejemos claro de entrada que la consistencia semántica de estos tópicos a menudo es cuestionable,[17] y que, mientras que el párrafo de *Adam Bede* es semán-

---

17. En el pasaje de *Middlemarch*, por ejemplo, los términos *liberality* ('generosidad'), *personal independence* ('independencia personal') y *expectations* ('expectativas') sugieren la idea de «identidad personal», mientras que *reason* ('razón'), *imagine* ('imaginar'), *suppose* ('suponer') y *prove* ('demostrar') sugieren una actividad interpretativa. Lo mismo ocurre en *Villete* —donde *garden* ('jardín'), *door* ('puerta'), *cabinet* ('armario'), *steps* ('peldaños'), y *round* ('redondo') hacen referencia al espacio, y *loud* ('sonoro'), *cautious* ('prudente'), *tinkle* ('tintinear') y *parley* ('parlamento') al sonido— mientras que en *Adam Bede*, *felt* ('sentido'), *deep* ('profundo') y *sign* ('seña') indican emociones, y *stood* ('estar') y *move* ('moverse'), ubicación. Estas contradicciones son omnipresentes en el *topic modeling*, y está claro que rebajan su potencial analítico; en «Words Alone:

Figura 4.1, 4.2 y 4.3 Párrafos monotópicos.

En estas figuras, cada uno de los 50 tópicos creados por el programa de *topic modeling* se identifican mediante subrayado y número correspondiente.

Todos los párrafos que analizaremos de ahora en adelante contienen 30 palabras de Mallet. Una longitud que tiene correlación con las puntuaciones más altas de Gini y Herfindahl combinados, y que es, por lo tanto, ideal para investigar el enfoque temático. Puesto que Mallet no toma en consideración nombres propios, partículas como preposiciones y otras entidades muy frecuentes, un párrafo con 30 palabras de Mallet tiene un promedio de 100 palabras reales.

De los dos marcadores a la izquierda de la imagen, «Puntuación Mallet», indica la cantidad de espacio por párrafo que Mallet considera ocupada por un tópico en concreto. Ya que la mayoría de palabras son parte de varios tópicos (aunque, habitualmente, con una categoría diferente en cada uno de ellos), todos los 50 tópicos tienen una puntuación distinta a cero en cada párrafo del corpus. Por su parte, «Puntuación de tópico» indica cuántas de las 30 palabras Mallet en ese párrafo han sido «asignadas» por el programa a un tópico en concreto. En este caso, los únicos tópicos con valores distintos a cero son aquellos a los que han sido asignadas por lo menos una de las 30 palabras de Mallet.

Finamente, hemos probado el modelo cinco veces en la totalidad del corpus (con resultados muy similares) y hemos extraído nuestros ejemplos de estas pruebas. Consecuentemente, puede que haya ligeras discordancias en la numeración de tópicos.

Figura 4.1

«—En ese caso, ¿por qué no hace extensiva esa liberalidad a los demás? —dijo Will, aún molesto—. Mi independencia personal es tan importante para mí como para usted la suya. No tiene usted mayores razones para imaginar que yo espero algo personal de Brooke de las que yo tengo para imaginar que usted las tiene con respecto a Bulstrode. Supongo que los motivos son cuestiones de honor... nadie los puede probar. Pero en cuanto a la posición y el dinero en el mundo —concluyó Will echando la cabeza hacia atrás—, creo que está muy claro que ese tipo de consideraciones no me condicionan».

Figura 4.2

«De repente, sonó rápido el timbre. Rápido, pero no alto, un tintineo prudente, una especie de aviso susurrado en metal. Rosine salió disparada de su cuarto y corrió a la puerta. La persona a quien dejó entrar mantuvo con ella dos minutos de parlamento. Parecía haber una objeción, un retraso. Rosine fue a la puerta del jardín, lámpara en mano. Se sentó en los peldaños, levantando su lámpara, escudriñando vagamente a su alrededor».

"Then, why don't you extend your liberality to others?" said Will, still nettled. "My personal independence is
         22   0   0   22   0   0
as important to me as yours is to you. You have no more reason to imagine that I have personal expecta-
    0   0   0   0   0
tions from Brooke, than I have to imagine that you have personal expectations from Bulstrode. Motives are
 0   22   39   0   0   0   0
points of honor, I suppose-- nobody can prove them. But as to money and place in the world," Will ended,
  0   22   0   0   0   0   22   0   0
tossing back his head, "I think it is pretty clear that I am not determined by considerations of that sort."
  42   42   27   0   0   0   0
— *Middlemarch: A Study of Provincial Life*, George Eliot (1872)

Nº Tópico	Puntuación Mallet	Puntuación de tópico	Las 50 palabras más frecuentes por tópico
0	60.47%	21 / 30 [70.0%]	mind, marriage, husband, fact, present, wife, time, subject, question, kind, opinion, family, wished, felt, sort, give, feeling, knew, point, making, position, interest, grandcourt, idea, expected, reason, case, regard, uncle, means, determined, aware, sense, giving, side, circumstances, reasons, person, affair, held, occasion, future, general, object, opportunity, view, personal, find, speak
22	12.57%	4 / 30 [13.3%]	n't, dear, sir, suppose, give, hear, mind, things, wo, care, woman, father, call, remember, speak, ah, talk, married, friend, poor, feel, glad, continued, wife, bad, fellow, tone, boy, mine, understand, husband, people, leave, word, live, aunt, girl, stay, trouble, papa, place, bear, sort, head, pretty, exclaimed, kind, matter, fool
39	6.3%	2 / 30 [6.7%]	things, people, world, men, find, time, knew, life, feel, women, matter, set, wrong, times, end, sort, deal, hard, bad, person, work, suppose, kind, poor, mind, worse, half, lose, felt, fancy, wanted, making, friends, true, ways, doubt, care, show, story, easy, clever, thoughts, reason, give, fault, stupid, place, began, spite
42	6.21%	2 / 30 [6.7%]	hand, head, looked, chair, round, hands, side, turned, hat, eyes, table, face, sat, forward, arm, sit, seated, standing, room, stood, seat, sitting, turning, window, feet, walk, end, corner, distance, rising, held, began, leaning, close, book, laid, holding, threw, suddenly, time, fingers, walked, open, ground, turn, fire, entered, ring, sofa
27	2.99%	1 / 30 [3.3%]	dress, white, hair, black, wear, bonnet, silk, pink, wore, gold, dressed, round, small, red, gown, blue, lace, handkerchief, diamonds, necklace, shawl, cap, large, silver, clothes, frock, plain, pretty, curls, ring, short, green, jewels, tied, brown, bright, satin, suit, handsome, neck, mama, gray, muslin, yellow, robe, gloves, fingers, bracelet, colored

Figura 4.1

All at once, quick rang the bell-- quick, but not loud-- a cautious tinkle-- a sort of warning, metal whisper.
              43   14   43   14   14   14   19   25   14   43
Rosine darted from her cabinet and ran to open. The person she admitted stood with her two minutes in
        19   14   14   14   14   14   14
parley: there seemed a demur, a delay. Rosine came to the garden door, lamp in hand; she stood on the
  14   43   19   14   14   14   14   14
steps, lifting her lamp, looking round vaguely.
  14   33   14   14   19
— *Villette*, Charlotte Bronte (1853)

Nº Tópico	Puntuación Mallet	Puntuación de tópico	Las 50 palabras más frecuentes por tópico
14	56.9%	20 / 30 [66.7%]	door, room, opened, open, house, stood, entered, window, heard, hall, looked, stairs, fire, light, table, round, closed, shut, passed, side, doors, place, step, led, parlor, small, dark, chamber, staircase, front, steps, bed, floor, corner, furniture, glass, library, end, key, large, servant, hand, candle, servants, chair, sat, rooms, brought, empty
19	12.21%	4 / 30 [13.3%]	looked, eyes, voice, turned, tone, face, spoke, felt, heard, speak, smile, answer, speaking, glance, manner, time, eye, silent, silence, began, gave, met, pause, question, stranger, word, round, surprise, hand, expression, strange, turning, room, sat, knew, passed, usual, low, reply, feeling, quick, quickly, smiled, quiet, conversation, slight, countenance, speech, questions
43	12.05%	4 / 30 [13.3%]	hand, eyes, face, head, hands, tears, looked, lips, arms, heart, voice, turned, arm, shook, father, held, round, kissed, mother, pale, stood, pressed, kiss, felt, spoke, fell, laid, cheek, child, cry, touch, bent, gave, neck, touched, door, speak, sat, answer, whispered, trembling, burst, smiled, lifted, whisper, silence, paused, shoulder, suddenly
25	3.57%	1 / 30 [3.3%]	felt, mind, feeling, sense, life, strong, consciousness, mother, presence, husband, brought, painful, feel, dread, effect, state, conscious, future, sort, nature, reason, present, longer, power, feelings, pain, effort, experience, trouble, thoughts, fear, turned, speech, creature, moments, change, wanted, stronger, brother, began, strength, pride, care, pity, turn, ready, imagination, hard, shock
33	3.12%	1 / 30 [3.3%]	eyes, face, hair, looked, eye, head, beauty, figure, woman, features, dark, light, white, black, mouth, large, smile, brow, tall, fine, expression, girl, full, blue, delicate, pale, nose, handsome, glance, color, soft, red, dress, fair, countenance, brown, thin, air, bright, pretty, sort, lips, appearance, set, forehead, shape, contrast, fire, age

Figura 4.2

> "Then, why don't you extend your liberality to others?" said Will, still nettled. "My personal independence is as important to me as yours is to you. You have no more reason to imagine that I have personal expectations from Brooke, than I have to imagine that you have personal expectations from Bulstrode. Motives are points of honor, I suppose-- nobody can prove them. But as to money and place in the world," Will ended, tossing back his head, "I think it is pretty clear that I am not determined by considerations of that sort."
>
> — *Middlemarch: A Study of Provincial Life,* George Eliot (1872)

N° Tópico	Puntuación Mallet	Puntuación de tópico	Las 50 palabras más frecuentes por tópico
0	60.47%	21 / 30 [70.0%]	mind, marriage, husband, fact, present, wife, time, subject, question, kind, opinion, family, wished, felt, sort, give, feeling, knew, point, making, position, interest, grandcourt, idea, expected, reason, case, regard, uncle, means, determined, aware, sense, giving, side, circumstances, reasons, person, affair, held, occasion, future, general, object, opportunity, view, personal, find, speak
22	12.57%	4 / 30 [13.3%]	n't, dear, sir, suppose, give, hear, mind, things, wo, care, woman, father, call, remember, speak, ah, talk, married, friend, poor, feel, glad, continued, wife, bad, fellow, tone, boy, mine, understand, husband, people, leave, word, live, aunt, girl, stay, trouble, papa, place, bear, sort, head, pretty, exclaimed, kind, matter, fool
39	6.3%	2 / 30 [6.7%]	things, people, world, men, find, time, knew, life, feel, women, matter, set, wrong, times, end, sort, deal, hard, bad, person, work, suppose, kind, poor, mind, worse, half, lose, felt, fancy, wanted, making, friends, true, ways, doubt, care, show, story, easy, clever, thoughts, reason, give, fault, stupid, place, began, spite
42	6.21%	2 / 30 [6.7%]	hand, head, looked, chair, round, hands, side, turned, hat, eyes, table, face, sat, forward, arm, sit, seated, standing, room, stood, seat, sitting, turning, window, feet, walk, end, corner, distance, rising, held, began, leaning, close, book, laid, holding, threw, suddenly, time, fingers, walked, open, ground, turn, fire, entered, ring, sofa
27	2.99%	1 / 30 [3.3%]	dress, white, hair, black, wear, bonnet, silk, pink, wore, gold, dressed, round, small, red, gown, blue, lace, handkerchief, diamonds, necklace, shawl, cap, large, silver, clothes, frock, plain, pretty, curls, ring, short, green, jewels, tied, brown, bright, satin, suit, handsome, neck, mama, gray, muslin, yellow, robe, gloves, fingers, bracelet, colored

Figura 4.3

«Despacio, mientras Dinah hablaba, Hetty se puso en pie, dio un paso adelante, y estrechó fuertemente a Dinah. Así estuvieron mucho rato, ya que ninguna de las dos sintió el impulso de apartarse de nuevo. Hetty, sin pensar nada en particular de todo aquello, se aferraba a aquella cosa a quien había abrazado, mientras se hundía indefensa en un abismo oscuro. Y Dinah sintió una profunda alegría al primer indicio de que su amor era bienvenido por la pobre condenada. Mientras ellas así seguían, la luz iba apagándose, y cuando finalmente se echaron juntas sobre el entarimado de paja, sus rostros ya parecían borrosos».

ticamente muy similar en lo esencial a su tópico dominante —muchas de las 50 palabras más frecuentes aparecen en el propio párrafo— ocurre lo contrario en el caso de *Middlemarch*, donde es fácil percibir una gran desconexión entre el sentido del párrafo y el del tópico supuestamente dominante. Claude Bremond

---

Dismantling Topic Models in the Humanities», *Journal of Digital Humanities*, invierno de 2012, Benjamin M. Schmidt relacionó de manera convincente el carácter ambivalente de las palabras, resultado del análisis de corpus que cubren periodos históricos excesivamente largos. Es una hipótesis muy plausible, pero que no se aplica a nuestro corpus, pues cubre una sola generación, más bien homogénea generación.

ofrece una alternativa posible a esta confusión, gracias a su distinción entre concepto y tema:

> En la obra de Rousseau hay un concepto del contrato social, pero un tema de ensueño [...]. El primero (el concepto) parte de lo múltiple concreto y se dirige a la unidad abstracta. El segundo tiende a ejemplificar una noción supuestamente definida sumergiéndola en el contexto de diversas situaciones; toma una entidad abstracta y la convierte en punto de partida para una serie de variaciones concretas [...] el tema se desborda y continuamente pide cuestionar los conceptos creados para aprehenderlo. Ello es consecuencia de la *ejemplificación*: a las características que se han juzgado pertinentes para la definición del concepto, el tema añade un entramado de ideas asociadas [...] La tematización consiste en una serie indefinida de variaciones sobre un tema cuya conceptualización [...] sigue estando por completar.[18]

«Variaciones» que generan «entramados de ideas asociadas»: he aquí la clave. El párrafo de *Middlemarch* ejemplifica el tema de la «independencia personal» situándola en el contexto de decisiones comparables (Lydgate, a quien se dirigen las palabras, se enfrenta a problemas muy similares a los de Will), proporcionando una variación que «pone en entredicho» la idea inicial. Además, la idea de los temas como «serie indefinida de variaciones» explica por qué existen en primer lugar las contradicciones internas de los tópicos; surgen del acto inacabado y consistente de asociar, que —lejos de ser un accidente desafortunado— es para Bremond la *propia razón de ser* de la tematización.

La tesis de Bremond tomaba en consideración las contradicciones semánticas de los tópicos: la eliminación de esas contradicciones sería, sin embargo, otra historia completamente dis-

---

18. Claude Bremond, «Concept and Theme», en Werner Sollors, ed., *The Return of Thematic Criticism*, Harvard UP, 1993, págs. 47, 48, 49. La noción de Bremond de «ejemplificación» no debe ser confundida con la de «ilustración». Mientras que la primera sitúa una noción abstracta en el mundo de los fenómenos concretos, poniendo el énfasis en su potencial para la metamorfosis, la segunda se sirve del mundo de los fenómenos concretos para demostrar la validez inalterable de una noción general (como podría ser la de Harriet Matineau en *Illustrations of Political Economy*). La ilustración se interesa por la fábula porque le permite reafirmar lo moral; la ejemplificación se interesa por lo moral porque le permite multiplicar las fábulas.

tinta; incapaces de hacerlo, concluimos que los tópicos siguen siendo demasiado escurridizos para un análisis semántico en profundidad de nuestro corpus. Volvimos, pues, al «Estilo a la escala de la frase», pero esta vez para invertir del todo el enfoque. En lugar de tomar la escala de la frase como el medio para investigar el fenómeno literario del estilo, hicimos lo contrario: tomamos el fenómeno literario de los temas y lo utilizamos para estudiar la escala del párrafo. Tal inversión de fin y de medios tiene un precedente memorable en el ensayo de 1925 de Tomashevsky, donde la distinción entre motivos «vinculados» y motivos «libres» —que supuestamente debía esclarecer su contenido temático— terminaba por no tener nada que ver con la temática, pero mucho que ver con la teoría del argumento.[19] Algo parecido ocurre aquí: los párrafos monotópicos nos interesaban menos por lo que su tópico central «significaba» que por lo que «realizaba» en la estructura narrativa: definir un personaje principal (*Middlemarch*), introducir un enigma (*Villette*) o anunciar un giro argumental importante (*Adam Bede*). Todas estas funciones, como hemos comprobado, hacen que los párrafos monotópicos sean muy similares a los motivos vinculados de Tomashevsky, abriendo así una vía inesperada y prometedora que conduce de la temática a la narratología.

Sin embargo, había un problema. A diferencia de los cuentos de hadas, las novelas modernas son conocidas por poseer pocos motivos vinculados; y, efectivamente, una vez calculados los párrafos monotópicos que se encontraban en nuestro corpus, el total oscilaba entre 1% y 4% (Figura 4.4). ¿Y los demás párrafos?

5. Fisiología del párrafo

Ante lo probado en la figura 4.4, nuestro primer impulso fue el de dirigirnos al otro extremo del espectro y fijarnos en aque-

---

19. «Los motivos mutuamente relacionados forman los vínculos temáticos de la obra. Desde este punto de vista, la historia es el conglomerado de motivos en su orden lógico, causal-cronológico [...] Los motivos que no pueden ser omitidos son *motivos vinculados;* aquellos que pueden ser omitidos sin perturbar el curso causal-cronológico de acontecimientos son *motivos libres*.» Boris Tomashevsky, «Thematics», *op. cit.*, pág. 68 Es notable el deslizamiento de «vínculos temáticos» a «orden causal-cronológico».

Año Publ.	Título	Autor	1	2	3	4	5	6	7	8
1844	Coningsby	Disraeli, Benjamin	3%	27%	29%	15%	7%	6%	12%	
1847	Jane Eyre	Bronte, Charlotte		18%	32%	19%	7%	6%	14%	
1848	The History of Pendennis	Thackeray, William..		16%	36%	23%	8%	5%	9%	
1849	The Nemesis of Faith	Froude, James An..		23%	37%	20%	6%	5%	6%	
1850	David Copperfield	Dickens, Charles	3%	20%	36%	20%	6%	5%	9%	
	Olive	Craik, Dinah Maria..	3%	26%	40%	15%	4%	4%	7%	
1853	Villette	Bronte, Charlotte		17%	35%	21%	7%	5%	11%	
1856	John Halifax, Gentleman	Craik, Dinah Maria..		18%	36%	18%	6%	6%	12%	
1857	The Professor	Bronte, Charlotte	4%	16%	33%	20%	7%	5%	11%	
1859	Adam Bede	Eliot, George	4%	30%	38%		18%	5%	5%	3%
	The Ordeal of Richard Fever...	Meredith, George		12%	33%	25%	9%	7%	11%	
1860	The Mill on the Floss	Eliot, George		25%	40%		19%	5%	5%	4%
1861	Great Expectations	Dickens, Charles		19%	34%	18%	6%	6%	13%	
1864	Barbara's History	Edwards, Amelia..		19%	33%	19%	7%	6%	12%	
1866	Felix Holt	Eliot, George		21%	40%	22%	7%	4%	4%	5%
1867	Phineas Finn	Trollope, Anthony		17%	27%	10%	7%	21%	3%	
1868	The Woman's Kingdom	Craik, Dinah Maria..		16%	34%	21%	6%	6%	13%	
1874	Middlemarch	Eliot, George		24%	42%		18%	5%	3%	5%
1876	Daniel Deronda	Eliot, George		24%	37%	20%		5%	4%	7%

Figura 4.4 Concentración temática en la novela de formación del período medio victoriano. Volveremos a incidir en los contenidos de este gráfico. Por ahora, sencillamente destacaremos que la frecuencia más alta de párrafos monotópicos es de sólo un 4% —un párrafo de cada 25— y ello en sólo dos de nuestros 19 textos: *El Profesor* y *Adam Bede*.

llos pasajes «politópicos» donde —formando una textura de arlequín multicolor— se requerían cinco o más tópicos para ocupar el 50% del espacio temático disponible (figuras 5.1 y 5.2). En lugar de la intensidad de los puntos de inflexión y de los personajes principales, el entrecruzamiento veloz de temas producía el efecto de ligera «sorpresa» presente en el párrafo de Meredith (figura 5.1) y abría la puerta a la afluencia de personajes secundarios de *Middlemarch*; o, más exactamente, apretujando a tantos personajes en un espacio tan limitado —nueve en cien palabras, en el caso de Eliot— los hace parecer a todos «secundarios», engrandeciendo por contraste el espacio destinado a los comentarios irónicos del narrador (figura 5.2).

Estos párrafos ofrecían un nítido contrapunto a los párrafos monotópicos y eran también mucho más abundantes: entre

Figura 5.1-5.2 Párrafos politópicos.

El párrafo de la 5.1 se encuentra en medio de un episodio convulso de la infancia de Richard Feverel, en el que su mente fluctúa entre distintas decisiones que seguir. El pasaje de *Middlemarch* en 5.2 es parte de una escena más amplia que se inicia con habladurías anónimas y que cobra impulso con la intervención de sir James Chettham y la señora Cadwallader; es uno de muchos momentos en los que los personajes secundarios de Eliot ocupan el centro de la escena.

Figura 5.1

«Richard se volvió para replicar quejumbroso. El rostro herido y desdichado que tenía ante él le desarmó. La triste nariz del chaval, aunque no exactamente del color temido, realmente estaba perdiendo color. Reprenderle hubiera sido cruel. Richard levantó la cabeza, estudió su posición y, exclamando, "¡aquí!", se dejó caer sobre una orilla marchita, mientras Ripton le contemplaba como un enigma que le dejaba perplejo a cada nuevo paso».

Figura 5.2

«Y así fue. Cuando Dorothea se despidió de Caleb y se dirigió hacia ellos, resultó que la señora Cadwallader había cruzado el parque por pura casualidad, sólo para hablar un ratito con Celia del niño. ¿Así que el señor Brooke regresaba? Estupendo... regresaba completamente curado, era de esperar, de esa fiebre parlamentaria y de pionero. Y a propósito del Pioneer... alguien había profetizado que pronto sería como un delfín agonizante, y adoptaría todos los colores a falta de saber cómo continuar, porque el protegido del señor Brooke, el brillante y joven Ladislaw se marchaba o se había marchado ya. ¿Lo sabía Sir James?».

Richard faced about to make a querulous retort. The injured and hapless visage that met his eye disarmed
      43   33   0   15   15   5   5   43   5
him. The lad's unhappy nose, though not exactly of the dreaded hue, was really becoming discolored. To
         22   39   42   25   28
upbraid him would be cruel. Richard lifted his head, surveyed the position, and exclaiming, "Here!" dropped
  43   22   28   22   19   5   19   42
down on a withered bank, leaving Ripton to contemplate him as a puzzle whose every new move was a
            24   34   25   25   19   19
worse perplexity.
  39   8

— *The Ordeal of Richard Feverel. A History of Father and Son*, de George Meredith (1859)

N° Tópico	Puntuación Mallet	Puntuación de tópico	Las 50 palabras más frecuentes por tópico
19	12.21%	4 / 30 [13.3%]	looked, eyes, face, turned, hand, voice, sat, stood, spoke, round, heard, silence, tone, time, speak, felt, room, smile, door, silent, minutes, speaking, low, glance, word, eye, turning, began, passed, paused, suddenly, head, expression, manner, quick, answer, met, half, slowly, standing, immediately, arm, walked, lips, pale, usual, moved, gave, strange
5	11.76%	4 / 30 [13.3%]	character, time, circumstances, life, friends, degree, spirit, grandfather, present, influence, mind, friend, means, feelings, society, considerable, received, position, purpose, intelligence, scarcely, period, interest, deeply, returned, respect, impossible, visit, knowledge, days, family, youth, devoted, conduct, secret, result, met, existence, quitted, confidence, years, difficult, views, future, occasion, success, general, manner, appeared
25	9.23%	3 / 30 [10.0%]	felt, mind, feeling, sense, life, strong, consciousness, mother, presence, husband, brought, painful, feel, dread, effect, state, conscious, future, sort, nature, reason, present, longer, power, feelings, pain, effort, experience, trouble, thoughts, fear, turned, speech, creature, moments, change, wanted, stronger, brother, began, strength, pride, care, pity, turn, ready, imagination, hard, shock
22	9.75%	3 / 30 [10.0%]	n't, dear, sir, suppose, give, hear, mind, things, wo, care, woman, father, call, remember, speak, ah, talk, married, friend, poor, feel, glad, continued, wife, bad, fellow, tone, boy, mine, understand, husband, people, leave, word, live, aunt, girl, stay, trouble, papa, place, bear, sort, head, pretty, exclaimed, kind, matter, fool
43	9.22%	3 / 30 [10.0%]	hand, eyes, face, head, hands, tears, looked, lips, arms, heart, voice, turned, arm, shook, father, held, round, kissed, mother, pale, stood, pressed, kiss, felt, spoke, fell, laid, cheek, child, cry, touch, bent, gave, neck, touched, door, speak, sat, answer, whispered, trembling, burst, smiled, lifted, whisper, silence, paused, shoulder, suddenly
39	6.3%	2 / 30 [6.7%]	things, people, world, men, find, time, knew, life, feel, women, matter, set, wrong, times, end, sort, deal, hard, bad, person, work, suppose, kind, poor, mind, worse, half, lose, felt, fancy, wanted, making, friends, true, ways, doubt, care, show, story, easy, clever,

Figura 5.1

It came very lightly indeed. When Dorothea quitted Caleb and turned to meet them, it appeared that Mrs
         42   35   42   35   2
Cadwallader had stepped across the park by the merest chance in the world, just to chat with Celia in a
                  42   29   41   2   2
matronly way about the baby. And so Mr Brooke was coming back? Delightful! — coming back, it was to be
  35   35   42   18   20
hoped, quite cured of Parliamentary fever and pioneering. Apropos of the 'Pioneer' — somebody had
  18   37   21   37   19   28
prophesied that it would soon be like a dying dolphin, and turn all colors for want of knowing how to help
  18   28   35   42   21   28
itself, because Mr Brooke's protégé, the brilliant young Ladislaw, was gone or going. Had Sir James heard
                              20   2   28
that?

— *Middlemarch: A Study of Provincial Life*, de George Eliot (1872)

N° Tópico	Puntuación Mallet	Puntuación de tópico	Las 50 palabras más frecuentes por tópico
42	14.7%	5 / 30 [16.7%]	hand, head, looked, chair, round, hands, side, turned, hat, eyes, table, face, sat, forward, arm, sit, seated, standing, room, stood, seat, sitting, turning, window, feet, walk, end, corner, distance, rising, held, began, leaning, close, book, laid, holding, threw, suddenly, time, fingers, walked, open, ground, turn, fire, entered, ring, sofa
35	14.48%	5 / 30 [16.7%]	mother, horn, child, daughter, wc, woman, father, heart, wife, girl, dear, loved, friend, poor, mid, beautiful, sister, happy, looked, world, nurse, years, mc, care, sweet, face, quiet, mamma, talk, husband, grave, creature, papa, scarcely, darling, loving, strange, baby, tender, times, pride, learned, thinking, memory, beloved, true, kiss, tenderness, meet
2	11.67%	4 / 30 [13.3%]	ladies, gentlemen, fine, air, pretty, society, gentleman, party, guests, pleasure, company, dinner, french, conversation, dance, agreeable, gave, women, charming, style, handsome, taste, beautiful, pleasant, perfect, evening, fair, admiration, called, fashion, talked, ball, english, amusement, general, full, high, grand, delightful, beauty, appeared, visitors, distinguished, girl, country, lively, girls, present, world
28	11.86%	4 / 30 [13.3%]	night, bed, light, time, sleep, lay, cold, strange, sat, fell, day, heard, hour, felt, morning, fire, dark, half, knew, evening, sound, silence, silent, heart, hours, room, stood, passed, past, darkness, dream, wind, slept, hear, asleep, dead, grew, lie, warm, rest, remembered, fast, thoughts, face, weary, voice, breath, rain, broke

Figura 5.2

9% y 40%, en lugar del 1-4%. Pero, debe señalarse, eran relativamente menos representativos del corpus en su totalidad: en la figura 4.4, un solo grupo de párrafos (los «tritópicos», en los que tres tópicos abarcan un 50% del espacio semántico) tienen una presencia más destacada que los casos monotópicos y politópicos combinados. Las figuras 5.3 y 5.4 ofrecen dos instancias típicas de estos párrafos «medios», que comprenden más de un tercio (un 37% de media) de nuestro corpus.

Finalmente, aquí estamos ante el párrafo «típico» de nuestro corpus, y de la configuración temática que lo caracterizaba. En el caso de *David Copperfield*, uno de los tres tópicos aparentemente se centraba en sentimientos y expectativas (*influence, feel, uneasiness, doubts, fears, hopeful*; 'influencia', 'sentir', 'incomodidad', 'dudas', 'miedos', 'ilusionado'); el segundo se centra en la casa y el mobiliario (*house, knocked, room, staircase*; 'casa',

Figura 5.3-5.4 Párrafos mesotópicos.

Ambos párrafos describen las repercusiones inmediatas de un episodio importante (aunque no decisivo). Por un lado, en *David Copperfield*, David está volviendo de su primer día en una escuela nueva, y le preocupa su futuro en ella; por otro lado, el párrafo de *John Halifax* presenta las consecuencias de una pelea entre los dos hijos de John, Guy y Edwin.

Figura 5.3
«Pero la vieja casa del señor Wickfield poseía tal influencia, que al llamar a su puerta, con mis nuevos libros de texto bajo el brazo, empecé a sentir que mi incomodidad empezaba a ceder. Subiendo a mi aireada y vieja habitación, la grave sombra de la escalera parecía caer sobre mis dudas y miedos y hacían el pasado más borroso. Me senté ahí, memorizando mis libros con resolución, hasta la hora de cenar (acabábamos clases a las tres), y volví a bajar, ilusionado por poder convertirme en un muchacho aceptable».

Figura 5.4
«El instinto que Guy tenía de marcharse, sentía su madre, sería lo más sabio, lo más seguro, lo mejor. "Hijo mío, debes hacer lo que desees, tienes que irte". No era algo que esperase de ella; por lo menos, no tan repentinamente. Pensé, tan unida a él como ella estaba, acostumbrada a verlo cada día, su afecto de cada día, ya que él pasaba más tiempo con ella y la acariciaba más que ninguno de sus otros hijos. Creía que iba a ver cierta resistencia, alguna súplica apenada, ¡pero no! Ni siquiera cuando, al haber recibido permiso, el muchacho se animó, como si permitirle abandonarla hubiera sido el mayor favor que le hubiera concedido en la vida».

But there was such an influence in Mr. Wickfield's old house, that when I knocked at it, with my new
                    8   28   28
school-books under my arm, I began to feel my uneasiness softening away. As I went up to my airy old
     8   8   13   8   11   8   11
room, the grave shadow of the staircase seemed to fall upon my doubts and fears, and to make the past
 28   11   8   28   13   8   8   11
more indistinct. I sat there, sturdily conning my books, until dinner time-LRB- we were out of school for
      48   13   9   42   28   29   8   11
good at three-RRB-; and went down, hopeful of becoming a passable sort of boy yet.
                                   8   43   9   9

— *David Copperfield* by Charles Dickens (1850)

N° Tópico	Puntuación Mallet	Puntuación de Tópico	Las 50 palabras más frecuentes por tópico
8	26.13%	9 / 30 [30.0%]	felt, mind, feeling, life, sense, strong, dread, presence, consciousness, thoughts, feel, change, painful, pain, husband, future, state, nature, feelings, anxiety, effect, fear, things, time, making, vision, experience, conscious, trouble, turn, effort, possibility, present, moments, past, wanted, imagination, silence, begun, full, vague, force, mother, power, sudden, difficult, hard, meeting, longer
11	17.45%	6 / 30 [20.0%]	life, years, time, day, days, ago, year, remember, lived, knew, place, happy, past, things, world, strange, heart, mind, change, passed, months, memory, thoughts, times, weeks, lost, began, dream, end, longer, remembered, changed, present, weary, grown, sad, death, rest, living, forgotten, night, read, daily, live, school, hours, brought, future, lives
28	14.5%	5 / 30 [16.7%]	door, room, house, opened, open, window, table, stood, looked, entered, hall, large, light, small, chair, side, place, stairs, dark, windows, parlor, rooms, floor, staircase, closed, key, corner, furniture, round, walls, shut, glass, fire, hand, led, passage, chamber, locked, end, opposite, appeared, books, doors, wall, standing, seated, library, sitting, gallery
13	9.1%	3 / 30 [10.0%]	hand, head, hands, eyes, arm, round, looked, face, shook, chair, sat, arms, turned, laid, side, shoulder, held, table, stood, putting, fingers, kissed, holding, lips, neck, leaning, forward, gave, shaking, feet, finger, knees, hair, kiss, close, mine, hat, tears, leaned, pressed, fire, bent, corner, lay, cheek, laughed, mouth, foot, touch
9	9.55%	3 / 30 [10.0%]	n't, fellow, suppose, sir, things, mind, give, wo, dear, people, poor, bad, care, pretty, sort, boy, deal, woman, hear, call, talk, head, money, find, fine, bit, afraid, girl, live, speak, remember, time, half, day, wanted, ah, hard, understand, turn, place, world, laugh, talking, fool, feel, wife, word, thinking, glad
48	4.06%	1 / 30 [3.3%]	looked, eyes, face, turned, hand, voice, sat, stood, spoke, round, heard, silence, tone, time, speak, felt, room, smile, door, silent, minutes, speaking, low, glance, word, eye, turning, began, passed, paused, suddenly, head, expression, manner, quick, answer, met, half, slowly, standing, immediately, arm, walked, lips, pale, usual, moved, gave, strange

Figura 5.3

Guy's instinct of flight was, his mother felt, wisest, safest, best. "My boy, you shall have your desire; you shall
      20   8   21   8   43   43   21
go." I had not expected it of her—at least, not so immediately. I had thought, bound up in him as she was,
               43   43   43
accustomed to his daily sight, his daily fondness—for he was more with her, and "petted" her more than
    5   11   11   11   33   21
any other of the children—I had thought to have seen some reluctance, some grieved entreaty—but no!
                 20   8   22   33
Not even when, gaining her consent, the boy looked up as if her allowing him to quit her was the greatest
               43   43   21   21   8   43   20
kindness she had ever in his life bestowed.
    43   20   33

— *John Halifax, Gentleman*, de Dinah Maria Mulock Craik (1856)

N° Tópico	Puntuación Mallet	Puntuación de Tópico	Las 50 palabras más frecuentes por tópico
43	26.69%	9 / 30 [30.0%]	knew, question, mind, time, give, subject, matter, friend, speak, doubt, word, truth, answer, idea, present, point, felt, case, understand, place, means, feeling, reason, heard, position, friends, duty, fact, husband, offer, find, spoken, making, things, wife, impossible, opinion, circumstances, spoke, aware, purpose, wished, true, simply, called, secret, understood, accept, thinking
21	14.62%	5 / 30 [16.7%]	mother, father, child, horn, poor, children, daughter, girl, looked, baby, wc, mamma, years, boy, dear, woman, wife, darling, husband, sister, knew, world, brother, time, brought, face, beautiful, sweet, nurse, mid, dead, house, heart, happy, boys, papa, pretty, loved, arms, parents, grave, remember, called, save, fond, quiet, day, whispered, talked
20	11.72%	4 / 30 [13.3%]	men, people, women, things, life, world, work, sort, true, children, woman, hard, find, learn, set, wrong, care, poor, end, live, side, small, understand, friends, deal, common, girls, generally, boys, rest, feel, easy, working, easily, place, suppose, living, means, worth, clever, age, pleasant, teach, bad, wise, turn, knowing, give, reason
8	11.93%	4 / 30 [13.3%]	felt, mind, feeling, life, sense, strong, dread, presence, consciousness, thoughts, feel, change, painful, pain, husband, future, state, nature, feelings, anxiety, effect, fear, things, time, making, vision, experience, conscious, trouble, turn, effort, possibility, present, moments, past, wanted, imagination, silence, begun, full, vague, force, mother, power, sudden, difficult, hard, meeting, longer
11	8.93%	3 / 30 [10.0%]	life, years, time, day, days, ago, year, remember, lived, knew, place, happy, past, things, world, strange, heart, mind, change, passed, months, memory, thoughts, times, weeks, lost, began, dream, end, longer, remembered, changed, present, weary, grown, sad, death, rest, living, forgotten, night, read, daily, live, school, hours, brought, future, lives

Figura 5.4

'llamar' [a una puerta], 'habitación', 'escalera'); mientras que la tercera, más incierta, tiene que ver con el paso del tiempo (*began, softening, past* —'empezaba', 'ceder', 'pasado'— no son muchas, pero entre las 50 palabras más frecuentes del tópico la dimensión temporal era más visible). *John Halifax* presenta una tripartición similar: una agrupación de tópicos en torno a las decisiones racionales (*wisest, safest, expected, consent, kindness*; 'más sabia', 'más segura', 'esperado', 'permiso'), otro en torno a las relaciones de parentesco (*mother, boy, petted*; 'madre', 'chico', 'acariciaba'); y otra, más opaca, relacionada con una idea general de la naturaleza humana (*instinct, accustomed, children* —'instinto', 'acostumbrado', 'niños'—; también en este caso, observar el tópico entero dio fuerza a estas pistas más bien elusivas). En ambas novelas, los primeros dos tópicos recordaban la polaridad de «alma» y «mundo» en la *Teoría de la novela* de Lukács: una trataba de la esfera interior (emocional o racional) y la otra de una parte del contexto externo (casa, familia), mientras que el tercer tópico, definido de manera menos clara, estaba más abierto a los comentarios del narrador y la estructura narrativa en general.

Los párrafos son el *hábitat* textual de los temas, hemos escrito anteriormente; y, en el interior de este *hábitat*, la combinación más habitual es esta mezcla de tres tópicos (o parecidos). «Tres» es aquí un resultado estrictamente empírico, sin pretensiones hegelianas; dos tópicos, o cuatro, no supondrían ningún cambio (y, de hecho, viendo las distintas formas de medir el enfoque temático, la «puntuación» de un tópico podría variar con facilidad). Lo importante es el claro predominio de estos párrafos «medios»; en conjunto, párrafos de 2, 3 y 4 tópicos configuran el 75% de la figura 4.4, lo cual sugiere que la mayor parte del tiempo la temática novelística evita tanto la intensidad de los párrafos monotópicos como la orquestación irónica de los politópicos, y se decanta por una modulación más simple, ligeramente anodina entre un grupo limitado de elementos; un tranquilo y sólido «encaje» entre el alma, el mundo —y el narrador—.

Si bien en la comparación inicial entre párrafos y segmentos «mecánicos» había establecido el mayor enfoque temático de los párrafos, nuestros resultados también explicitan que ese enfoque es una especie de *combinación temática*: ni las grandes ideas asociadas de manera rutinaria a la idea del «tema» (la Guerra, la Naturaleza, el Viaje), ni aquellas «unidades indivisibles» a menudo denominadas «motivos» («estalla una bomba», «hojas que caen», «el tren parte de la estación»), sino la *interacción de varios tópicos en el armazón de un acontecimiento ordinario.* Acontecimiento, porque —no lo olvidemos— se trata de párrafos de una historia, párrafos que *conforman* la historia. El estado de ánimo de David cambia después de su retorno a la casa de Mr. Wickfield; la madre de Guy acepta que lo mejor para él será marcharse. Una acción tiene lugar; la situación inicial se ha transformado («No esperaba de ella algo así») en otra. Y se ha transformado *a través del encuentro de tópicos distintos:* los sentimientos de David no cambian fácilmente del «miedo» a la «esperanza»; lo hacen dando un rodeo a través de «la casa», «la habitación», «la escalera» («había tal influencia en la vieja casa de Mr. Wickfield»). El párrafo no es un peón que se mueve ordenadamente casilla por casilla hacia el final de la historia; es un caballo que avanza combinando dos ejes por cada movimiento. De momento, tan sólo es una metáfora sobre cómo los párrafos contribuyen al argumento. Pero, en un futuro, se puede esperar más cosas del encuentro entre la temática y la narratología.

6. Exploraciones laterales

Hasta el momento nos hemos centrado en la estructura interna de los párrafos. ¿Pero qué pasa con sus fronteras «exteriores»? ¿Era la pausa tipográfica entre un párrafo y el siguiente también signo de una discontinuidad *temática*? Puesto que ya habíamos esclarecido qué tópicos estaban presentes en un párrafo cualquiera (así como en los segmentos de 82 y de 200 palabras), medir su discontinuidad era algo relativamente sencillo, y nos reveló una diferencia todavía mayor entre los tres grupos que la que había revelado el caso del enfoque temático (figura 6.1, para un enfoque temático ver la figura 3.3 más arriba).

Puesto que la discontinuidad se basa en parejas de párrafos consecutivas, era inevitable que, en algún momento, nos planteáramos por qué no examinar series de párrafos *más largas*, en principio, tan largas como el texto en sí. ¿Seguiría la discontinuidad temática un ritmo oculto que nos pudiera permitir «secuenciar» las novelas que estudiábamos? Eso es exactamente lo que la figura 6.2 pretende: cada barra representa un párrafo de *The Mill on the Floss* y de *Phineas Finn*, codificado por colores

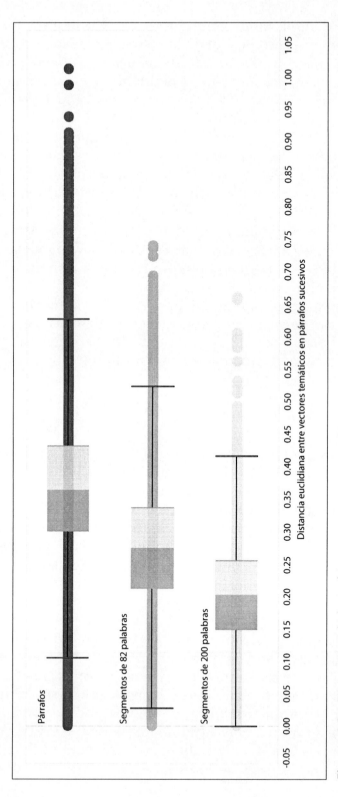

Figura 6.1 Discontinuidad temática.

◀ **Figura 6.1** Discontinuidad temática.

Mientras que existen varias razones posibles por las que un párrafo sea discontinuo respecto de otro, las discontinuidades significativas tienden a pertenecer a tres categorías: modificaciones en la perspectiva narrativa (de un personaje o escenario a otro), movimiento de causa a efecto (o viceversa), y una especie de «despliegue» temático en el que un párrafo de gran enfoque es seguido por otro que introduce cuestiones derivadas, o que sitúa el tópico primario en el mundo más amplio de la novela.

Aunque el presente capítulo es una tentativa de morfología cuantitativa del párrafo, y no un estudio histórico, que la discontinuidad *entre párrafos sea* más potente que el enfoque *dentro* de párrafos tiene que ser el resultado de una evolución: del hecho que un «párrafo» (o «parágrafo») originalmente indicaba «un símbolo situado en el margen para indicar una separación en el flujo del discurso» y que solamente más adelante «viniera a significar un tramo de lenguaje entre pausas» (Rodgers, «A Discourse-centered Rhetoric», 4). Dicho en otras palabras: primero estuvo el impulso de segmentar el flujo del discurso, y sólo más tarde los escritores aumentaron la consistencia interna de cada segmento. Primero la discontinuidad y luego el enfoque.

En este gráfico, la discontinuidad se mide comparando las probabilidades posteriores de cada tópico en dos párrafos secuenciales. Midiendo la distancia euclidiana entre los vectores de probabilidad, podemos comparar la similitud de los párrafos en base a cuáles son los tópicos que comparten y con qué probabilidad cada uno de ellos está presente en el párrafo.

para el enfoque temático, desde el negro de los párrafos monotópicos al gris más intenso de los de seis o más tópicos.

Por sugerentes que pudieran ser estas conclusiones, no apareció un patrón claro en el modo en que un párrafo sigue al anterior; la única constante parecía ser el cambio frecuente entre diferentes tipos en que las novelas no se detienen demasiado tiempo. Planeamos examinar en un futuro las secuencias de párrafos dentro de capítulos, para comprobar si se hacen discernibles patrones «localizados» a esa escala intermedia. Al mismo tiempo, nuestra última exploración nos llevó (medio) fuera de la literatura, al decidir comparar la organización temática de nuestro corpus novelístico con dos formas diferentes de discurso: un corpus de textos biográficos (de no ficción, pero con un fuerte componente narrativo) que van desde *Kansas, its interior and exterior life*, a *Pessimism. A History and a Criticism*. (Se extrajeron ambos corpus del mismo período que la novela de formación y tenían el mismo número total de palabras). Que-

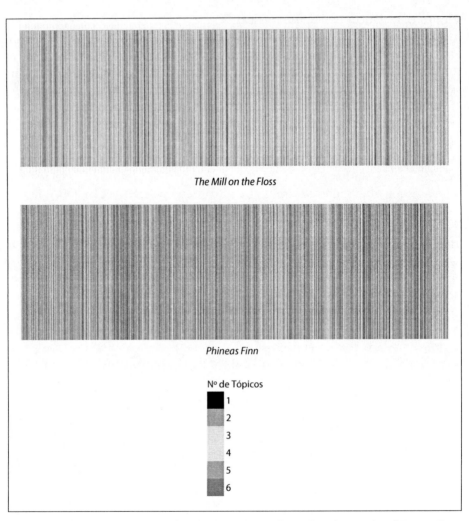

Figura 6.2 Secuencia de párrafos en *The Mill on the Floss* y de *Phineas Finn*. Los esquemas cromáticos de estas imágenes transmiten de inmediato la «temperatura» de ambas novelas, contrastando la intensa concentración de Eliot con el tono sardónico de Trollope. La afinidad entre párrafos politópicos e ironía en *Phineas Finn* es la misma que habíamos mencionado de manera sucinta en conexión con la figura 5.2.

ríamos descubrir si la afinidad entre tópicos y párrafos era consustancial a la novela o si aparecía en otras formas de escritura.

Los resultados fueron del todo claros: tanto los datos de discontinuidad como —de manera más impresionante— los de enfoque eran *mucho* más elevados en las biografías, y especial-

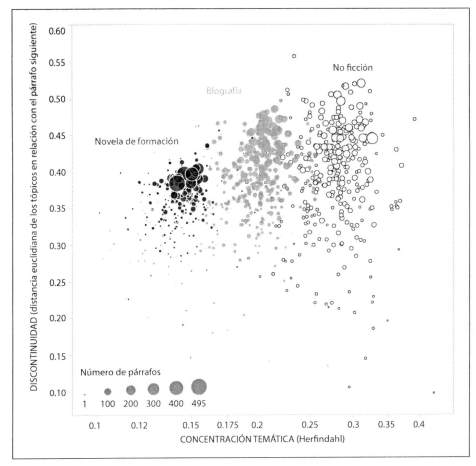

Figura 6.3 Enfoque y discontinuidad en tres registros diferentes.

En esta gráfica, el eje X cuantifica el enfoque de los párrafos, y el eje Y su discontinuidad. La separación entre los tres discursos —y especialmente entre ficción y no-ficción no narrativa— es inequívoca, y persiste incluso en el caso de aplicar *topic model* en los textos por separado. Es decir, que el enfoque mayor de los textos de no-ficción no es debido a que los tópicos de dos libros que tratan sobre Kansas y el pesimismo tiendan a no parecerse entre ellos (al contrario de lo que ocurre con las novelas, algo que también es cierto); más bien, los párrafos de no-ficción tienen más enfoque y son más discontinuos incluso dentro de cada texto individual.

mente en la no-ficción, que en el corpus novelístico. La figura 6.3 combina ambas medidas y muestra que las diferencias entre estos tres grupos no pueden pasar por alto.

¿Por qué hay una disparidad tan dramática? El párrafo de la figura 6.4 pertenece a un texto que lleva el acertado título

> The bones forming the body of the sternum may be divided into two parts, a broad and flat posterior plate of a quadrate form, and an anterior rhomb or cube projecting from the middle of the plate; and they each present not fewer than ten articular surfaces, two for the contiguous sternal bones, and the remaining eight for portions of two pairs of sternal ribs.
>
> —*Description of the skeleton of an extinct gigantic sloth, Mylodon robustus, Owen: with observations on the osteology, natural affinities, and probable habits of the megatherioid quadrupeds in general* de Richard Owen (1842)

Nº Tópicos	Puntuación Mallet	Puntuación de Tópico	Las 50 palabras más frecuentes asociadas con este tópico
36	92.77%	30 / 30 (100,0%)	surface, bone, anterior, articular, side, posterior, bones, outer, process, form, upper, convex, middle, lower, base, metacarpal, concave, size, ridge, end, vertebrae, distal, slightly, large, rough, species, margin, length, proximal, transverse, fig, articulation, teeth, small, half, broad, presents, phalanx, surfaces, dorsal, skull, vertical, breadth, cavity, processes, skeleton, plate, extinct, diameter

Figura 6.4   Enfoque temático en un párrafo de no-ficción.

«Los huesos que conforman el cuerpo del esternón pueden ser divididos en dos partes: por un lado, una placa ancha y plana posterior de forma cuadrangular, y, por el otro, un rombo o cubo anterior proyectándose del interior de la placa; cada parte presenta por lo menos diez superficies articulares, dos en el caso de los huesos esternales contiguos y los restantes ocho pertenecientes a porciones de ambos pares de costillas esternales».

de *Description of the Skeleton of an Extinct Gigantic Sloth* ('Descripción del esqueleto de un perezoso gigante extinto'); es un buen ejemplo del enfoque temático típico de un texto de no ficción: las 30 palabras obtenidas con la herramienta Mallet que están presentes en dicho párrafo pertenecen, sin excepción, al mismo tema «esquelético». En una novela, tan poca variedad sería inconcebible: no sólo porque los párrafos más frecuentes muestran prevalencia de dos o tres tópicos diferentes, sino porque incluso en el más intenso de los párrafos monotópicos, al menos 10, 12 o 15 palabras de las 30 palabras identificadas con Mallet pertenecen a un tópico que no es el dominante. No es que los temas sean menos relevantes en la ficción, sino que se vuelven relevantes —contribuyendo al progreso de la trama— *asociándose* a otros temas, en lugar de desarrollarse por completo por sí solos. Que la «puntuación de enfoque» sea más baja que la de la no-ficción no debe interpretarse como un defecto sino como una condición indispensable en los textos narrativos.

7. Escala literaria

El primer panfleto del Literary Lab, «Formalismo cuantitativo», se interrogaba sobre todo acerca de la frecuencia de las palabras individuales, esto es, unidades que demostraban ser sorprendentemente efectivas para diferenciar géneros literarios, pero no lo suficiente complejas para un análisis de sus mecanismos internos. Dos años más tarde, en «El estilo a la escala de la frase», el cambio de escala de las palabras a las oraciones nos permitió investigar un fenómeno literario —el surgimiento del estilo— que nos había resultado inaccesible al nivel de las palabras individuales. Tras dos años más, otro cambio de escala —esta vez, de las oraciones a los párrafos— ha desvelado estructuras temáticas que no habían sido visibles al nivel de las oraciones. Y los primeros atisbos de la escala del capítulo sufren la posibilidad de un cambio más, de los temas a la unidad narrativa del «episodio». Es imposible no aventurar una hipótesis general: *en literatura, diferentes escalas activan elementos estructurales diferentes.*

Diferentes escalas, diferentes elementos. Es la principal diferencia con la tesis que hemos presentado aquí y aquella que ha dominado hasta hoy el estudio del párrafo. Tomando una definición como «una oración más extensa» o, simétrica a ésta, «un discurso breve»,[20] las investigaciones anteriores implícitamente establecían la irrelevancia de la escala: oración, párrafo y discurso pertenecían por igual al «desarrollo de un tópico». Hemos descubierto precisamente lo contrario: *la escala está directamente correlacionada a la diferenciación de las funciones textuales.* Con ello, no queremos decir solamente que la escala de las oraciones o los párrafos nos permita «ver» el estilo o los temas de modo más claro. Eso es cierto, pero secundario. Los párrafos nos permiten «ver» temas, *porque los temas sólo «existen» plenamente a la escala del párrafo.* La nuestra es no solamente una afirmación epistemológica, sino ontológica: si el estilo y los temas, y los episodios existen del modo en que lo hacen, *es porque los escritores trabajan a escalas diferentes,*

---

20. Éste es un pasaje típico, de la *History of the English Paragraph* (pág. 22), de Lewis, «dedicado, como la frase, al desarrollo de un solo tópico, un buen párrafo es, también, como un buen ensayo, un tratado completo en sí mismo».

y lo que hacen es diferente según el nivel en el que están operando.[21]

Diferentes escalas, diferentes elementos. Pero si el estilo «aparece» a la escala de la frase y los temas a la del párrafo, eso no significa que «desaparezcan» a otra escala diferente; ya que los capítulos están formados por párrafos y los párrafos de oraciones, la unidad más grande no puede no retener (algunos) elementos que habían aparecido a otra escala menor. Por ejemplo, aunque habíamos desechado la idea de estudiar el estilo a la escala del párrafo, no pudimos evitar darnos cuenta de que *nos habíamos* encontrado con el estilo a lo largo de nuestra investigación —de modo más patente en la «ironía» que evocamos en la relación a los párrafos politópicos de las figuras 5.2 y 6.2—.[22] En el extremo opuesto, los párrafos monotópicos con un fuerte tópico dominante (figuras 4.1-4.3) tienen una fuerza narrativa que podría fácilmente «arrastrar» hacia la escala más alta del capítulo, influenciando en profundidad su composición narrativa.[23]

Diferentes escalas, diferentes elementos; y con cada escala nueva, un incremento significativo en complejidad textual. No

---

21. Para ser justos con estudios anteriores sobre el párrafo, el papel de la escala en multiplicar funciones textuales puede que sea mayor en la literatura que en otros tipos de discurso. Los investigadores mencionados en la nota 5 frecuentemente han señalado que el pensamiento fundacional de Bain contenía un fuerte elemento de «lógica», y buena parte de los trabajos de estos fue llevado a cabo con un cierto tipo de texto —filosófico, legal, y por lo general de no ficción— en el que es más plausible una continuidad de escala, relacionando oraciones y párrafos (y tal vez el texto en su completitud) que en el discurso literario.

22. De manera significativa, la persistencia del estilo se observa en los casos en que *la unidad interna del párrafo era más débil* y la *autonomía de las frases correspondientemente más fuerte*; dicho de otra manera, el estilo era más visible cuando su escala electiva —la oración— conservaba cierta independencia con respecto a forma más altas de integración.

23. El potencial narrativo de los párrafos es patente en el ensayo de Watt sobre *Los embajadores*, con su frecuente evocación de James y su «progreso hacia la iluminación predestinada», «clarificación progresiva a la vez que ingeniosamente postergada», entre otras (Albert E. Stone, Jr., ed., *Twentieth-Century interpretations of "The Ambassadors"*, Prentice-Hall, N.J., 1969). Contrasta el modo en que la narratividad silenciosamente se subestima en las páginas de Auerbach sobre *Madame Bovary*: «no ocurre nada en particular en la escena; nada en particular ha ocurrido inmediatamente antes. Es un momento arbitrario de las horas que transcurren con normalidad...» (*Mímesis, op. cit.*, pág. 488).

es porque las escalas «mayores» sean más complejas en sí mismas: los temas no son «más complejos» que el estilo, ni los episodios más complejos que ambos; simplemente son algo completamente distinto —inconmensurablemente, en realidad— en el trabajo que realizan. La complejidad no reside «en» un elemento o escala del texto, sino que surge del hecho de que escalas múltiples se insertan en el interior de otras e interactúan de varias maneras entre ellas. En el párrafo, hemos revelado el «juego» específico de una estructura de nivel intermedio, que sirve tanto para desarrollar a partir de componentes más pequeños, como para actuar como base fundamental de un objeto mucho más amplio. Observando «por debajo» y «por encima» de sí mismos, los párrafos disfrutan de una situación central única en la economía del texto.

Canon/archivo.
Dinámicas de largo alcance y campo literario

*Mark Algee-Hewitt, Sarah Allison,
Marissa Gemma, Ryan Heuser, Franco Moretti
y Hannah Walser*[1]

I
Indicadores sociológicos

1. La dote y las verduras

Una de las novedades más importantes surgidas a raíz de la digitalización de los estudios literarios es, sin duda, el aumento del tamaño del archivo; antes solíamos trabajar con unas doscientas novelas del siglo XIX, pero ahora podemos analizar miles o decenas de miles y pronto centenares de miles.[2] La historia literaria cuantitativa vive un momento de euforia; es como si, de repente, dispusiéramos de un telescopio con el que podemos observar galaxias desconocidas. También ha llegado nuestra hora

---

1. Hannah Walser es doctora por la Universidad de Stanford. Actualmente, imparte clases sobre literatura americana del siglo XIX.
2. Este proyecto ha sido financiado por la Fondation Maison Sciences de l'Homme de París y por la Mellon Foundation. La investigación fue llevada a cabo en colaboración con un grupo de investigadores del Labex OBVIL (Universidad de la Sorbona).

de la verdad, pues es obligatorio preguntarnos si lo digital modifica nuestro conocimiento sobre la literatura.

No se trata de una pregunta retórica. En un ensayo célebre de 1958, Fernand Braudel celebraba el «advenimiento de la historia cuantitativa» porque «rompía con la historiografía tradicional decimonónica» y mencionaba como objetos típicos de esta aproximación «las progresiones demográficas, los cambios en los salarios, las variaciones de los tipos de interés [...], la producción [...] y la circulación de dinero».[3] Los objetos mencionados son claramente cuantificables; también eran *objetos de investigación nuevos* si los comparamos con el estudio de la legislación, las campañas militares, la composición de los gobiernos, la diplomacia, etc. Se había producido *un cambio en dos sentidos* en el quehacer histórico; la novedad no se reducía a la posibilidad de cuantificar objetos. En nuestro caso, sin embargo, no cambiamos de materiales; es posible estudiar 200.000 novelas en lugar de 200, pero siguen siendo novelas. ¿En dónde, pues, radica lo novedoso de nuestra investigación?

La respuesta más común es la siguiente: el estudio de 199.000 libros, que jamás han sido analizados antes, debe suponer de manera obligatoria algo nuevo porque la historia literaria cobra una dimensión desconocida. «Sabemos más sobre el intercambio de bienes por su prestigio que sobre los intercambios que se hacen a diario», escribió André Leroi-Gourghan en *Gesture and Speech* un poco antes que Braudel; «sabemos más sobre la circulación de la dote que sobre la venta de verduras...».[4] La dote y las verduras, pues; he aquí una antítesis perfecta. Ambos bienes son importantes, pero lo son por motivos opuestos: la dote porque ocurre una vez en la vida; las verduras porque son un alimento básico de nuestra dieta. A primera vista, parece un paralelismo entre el estudio de 200 novelas y el estudio de 200.000. Ahora bien, si escarbamos un poco, el parangón se vuelve problemático. Por ejemplo, pensemos en dos novelas históricas publicadas en 1814: *Waverley* de Walter Scott y *Sir Ferdinand of England*, de James Brewer. De manera intuitiva, asociamos *Waverley* con el prestigio de la dote y *Sir Ferdinand* con

---

3. Fernand Braudel, «History and the Social Sciences: The *Longue Durée*», en *On History*, Chicago, 1980, pág. 29.

4. André Leroi-Gourham, *Gesture and Speech*, 1965, Cambridge, 1993, pág. 148.

las endibias. En realidad, la novela de Scott fue un logro formal, *pero también* fue el libro que todo el mundo leía en Europa —la dote y las verduras a la vez—. Si esto es así, ¿qué novedad suponen todas las novelas equiparables a *Sir Ferdinand* que ahora tenemos en nuestro archivo digital? Antes sabíamos muy poco sobre ellas, ahora sabemos algo más. Genial, ¿pero cambia en algo nuestro conocimiento?[5] Para ejemplificar esta cuestión, vamos a examinar un descubrimiento llevado a cabo en el Literary Lab: el declive del campo semántico de los «valores abstractos —de palabras como «modestia», «respeto» o «virtud»— descrito por Ryan Heuser y Long Le-Khac en «A Quantitative Literary History of 2.958 Nineteenth-Century British Novels: The Semantic Cohort Method» («Una historia literaria cuantitativa de 2.958 novelas británicas del siglo XIX: el método de cohortes semánticos») (figura 1.1). Tal y como la puntillosa cifra de 2.958 deja claro, Heuser y Le-Khac percibieron el tamaño del archivo como un aspecto crucial de su investigación. Pero, ¿si hubieran estudiado el viejo y limitado canon literario cambiarían los resultados? La figura 1.2 nos proporciona la respuesta: no. El canon precede al archivo en 15 o 20 años, pero la trayectoria histórica es la misma.

De este fenómeno no debemos inferir que el nuevo archivo no contenga información inédita; lo que sí que es cierto es que debemos aprender a realizar preguntas más apropiadas. Antes de proseguir, sin embargo, conviene aclarar otro asunto: la dife-

5. La respuesta quizás sea negativa. En un artículo reciente aparecido en *MLQ* titulado «Scale and Value», James English ha defendido que «una muestra definida sobre la base de que cualquier obra de ficción tiene la misma importancia en nuestro análisis» —es decir, una muestra similar a nuestro «archivo»— es, en realidad, poco «apropiada para el estudio sociológico de la producción literaria, entendida no solamente (o principalmente) como la producción de ciertos tipos de textos por parte de los autores sino como la producción de ciertos tipos de valores por parte de un sistema social, cuyos agentes son lectores, reseñistas, editores, libreros, profesores y todos los componentes —de naturaleza dinámica— de la institución literaria». Que nuestra investigación acabe, como se verá, con un estudio de la «producción de ciertos tipos de textos» confirma la tesis de English. Por lo demás, en tanto que el «sistema social» crea el «valor» asignado a ciertos autores y textos, pero también se lo *niega* a otros («En cuestiones de gusto, más que en ningún otro asunto, toda determinación es negación; en la mayoría de veces, el gusto es una forma de rechazo», Bourdieu, *Distinction*), los lectores y el resto de integrantes de la «institución literaria» *están* presentes en nuestra historia, aunque adopten únicamente un rol destructor.

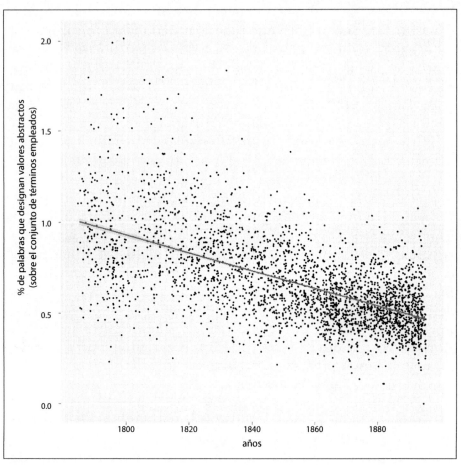

Figura 1.1 Los valores abstractos en las novelas británicas (1750-1900).

Ryan Heuser y Long Le-Khac, «A Quantitative Literary History of 2 958 Nineteenth-Century British Novels: The Semantic Cohort Method», *Literary Lab Pamphlet*, n°4, 2012, pág. 18.

rencia entre canon y archivo. ¿Qué queremos decir con ambos términos?

2. El sesgo del archivo

Tres nociones preliminares precisan de una explicación: los textos publicados, el archivo y el corpus. La primera noción es fácil de comprender; es la totalidad de libros que han sido publicados —las obras de teatro representadas, los poemas recita-

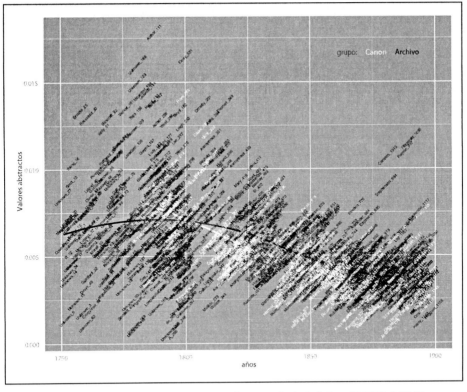

Figura 1.2 Los valores abstractos en la novela británica (1750-1900), comparación entre canon y archivo.

En esta figura, el canon se compone de 250 novelas originalmente incluidas en la base de datos Chadwyck-Healey. La selección de obras se explica más abajo, en el tercer apartado de este capítulo.

dos, etc.—. La literatura que ha sido hecho «pública» representa el horizonte fundamental de toda investigación cuantitativa, aunque los límites sean borrosos y pueda incluirse el estudio de libros inéditos o rechazados por editores. Por su parte, el archivo es el segmento de textos literarios publicados que se conservan —en bibliotecas u otros lugares— y que recientemente ha sido objeto de digitalización. Finalmente, el corpus es un segmento del archivo seleccionado por diversas razones con la finalidad de realizar un proyecto de investigación específico. El corpus es menor que el archivo, que, a su vez, es menor que toda la literatura publicada; son como tres muñecas rusas de distinto tamaño. Ahora bien, debido a la tecnología digital, la relación entre las tres capas se ha visto alterada: el corpus utilizado en un proyecto ahora puede ser (casi) tan grande como el archivo y el tamaño de éste —al menos en época contemporánea— se acerca al de toda la literatura publicada. Al utilizar el término «archivo», lo que queremos sugerir es, precisamente, la posibilidad de convergencia de las tres capas en una sola. Es decir, según una expresión tomada en préstamo de los *Annales*, que la promesa de una «historia total de la literatura» puede convertirse en realidad pronto.

Esto, al menos, en la teoría porque las cosas no son tan sencillas cuando se ponen en práctica. El punto de partida de nuestro proyecto era un corpus de unas 4.000 novelas en inglés fechadas entre 1750 y 1880. Las novelas del siglo XVIII procedían de la colección ECCO (Eighteenth Century Collections Online), mientras que las novelas decimonónicas fueron tomadas de la base de datos Chadwyck-Healey y del Internet Archive de la Universidad de Illinois.[6] En comparación con las colecciones de textos tradicionales, nuestro corpus de 4.000 novelas tenía una dimensión muy grande; sin embargo, cubría los dos siglos de manera poco homogénea. Por ejemplo, para el período que va de 1770 a 1830 sólo teníamos un tercio de los títulos listados en la bibliografía de Raven, Garside y Schöwerling; para el siglo XIX el porcentaje de textos que teníamos era mucho más bajo: un 10%. Algo parecido ocurría con el género literario: teníamos un 96% de las novelas galantes (*silver-fork novel*s) indexadas en la bibliografía de Adburgham, un 77% de las novelas industriales recogidas por Gallagher, un 53% de las novelas históricas previas a Walter Scott contenidas en la bibliografía de Stevens y, por último, un 35% de las novelas góticas según el catálogo de Perazzini.[7]

Desde un punto de vista estadístico, nos movíamos en terreno resbaladizo. En comparación con el puñado de novelas canónicas, nuestras 190 novelas góticas eran bastantes, hasta el

---

6. Véase https://archive.org/details/19thcennov. ECCO (Eighteenth Century Collections Online) es una colección digital, compuestas de dos partes, que contiene materiales del siglo XVIII recogidos en el English Short Title Catalogue (ESTC), gracias al esfuerzo de varias bibliotecas americanas y británicas. La segunda parte completa el corpus con textos y ediciones que no estaban disponibles cuando se publicó la colección original.

7. Alison Adburgham, *Silver Fork Society*, Londres, 1983; Catherine Gallagher, *The Industrial Reformation of English Fiction*, Chicago, 1985; Anne H. Stevens, *British Historical Fiction Before Scott*, Londres, 2010; Federica Perazzini, *Il Gotico @ Distanza*, Roma, 2013.

punto que podríamos haberlas identificado con el archivo entero. Ahora bien, ¿eran representativas de toda la «población» de novelas góticas escritas en inglés? Casi seguro que no; en términos generales, una muestra se considera representativa cuando los textos han sido seleccionados de manera aleatoria. Las 190 novelas que disponíamos no habían sido seleccionadas de esta manera; en última instancia, procedían de grandes bibliotecas y, como sabemos, los bibliotecarios no compran libros con el fin de construir una muestra representativa. Su objetivo es preservar los libros que lo merecen, esto es, los libros considerados valiosos según unos principios que no difieren demasiado de los que conlleva la formación de cánones. Aunque nuestro corpus era veinte veces mayor que el canon tradicional, el principio de selección seguía siendo más parecido al del canon que al del archivo en tanto que totalidad; he aquí nuestro principal problema.[8]

Puesto que queríamos que los resultados fueran fiables, decidimos generar una muestra aleatoria: 507 novelas que cubrían el período 1750-1836, 82 novelas góticas y 85 novelas previas a Scott.[9] En total, 674 novelas; conseguir los textos en la era digital no debería de llevarnos mucho tiempo.

A finales de junio de 2014, al acabar el curso escolar, completamos la muestra. A continuación, volvimos a inspeccionar la base de datos: teníamos 35 de las 82 novelas góticas, 35 de las 85 novelas históricas y 145 de las 507 novelas recogidas en la bibliografía de Raven y Garside. A inicios de julio, enviamos la lista de títulos que no habíamos encontrado hasta entonces —unas 460 obras— a Glen Worthey y a Rebecca Wingfield de la biblioteca de Stanford, que se encargaron de dividir la muestra en distintos grupos: unos 300 textos se encontraban (en mayor o menor proporción) en HathiTrust y Gale (a través de NCCO

---

8. Para complicar aún más las cosas, no todos los géneros tienen la misma proporción canon-archivo. Mientras que la novela epistolar y la novela galante tienen archivos grandes y cánones menos numerosos, con la novela industrial y la novela de formación ocurre lo contrario, ya que atrajeron la atención de muchos escritores de gran renombre del siglo XIX. Por su parte, la novela gótica y la novela histórica se sitúan en una posición intermedia. Sobre este tema y otros semejantes, necesitamos muchas más pruebas con base empírica.

9. Este último grupo no constituye una muestra aleatoria; puesto que la bibliografía de Anne Stevens sólo contiene 85 novelas históricas previas a Scott, decidimos buscarlas todas.

y ECCO II);[10] otros 30 formaban parte de antologías, segundas ediciones, aparecían disimulados bajo títulos ligeramente distintos o bien se hallaban en formato microficha o microfilm; por último, otros 100 textos se encontraban sólo impresos, mientras que de 10 no se conocía copia alguna. En agosto, enviamos nuestras peticiones a Hathi y a Gale —entidades con las que Stanford tenía un acuerdo económico desde antaño— a fin de que nos enviaran los 300 documentos que necesitábamos. De las 100 novelas que sólo existían en formato impreso, una mitad se hallaba en la British Library de Londres; sin embargo, aunque meses atrás nos habían ofrecido unos 65.000 documentos digitalizados, ninguno de los textos que necesitábamos formaba parte de la colección digital. Las colecciones especiales de la UCLA y de Harvard, que contenían unos 50 de nuestros libros, presupuestaron el coste de la digitalización entre 1.000 y 20.000 dólares por novela (la cifra variaba en función de las condiciones del original y de los requerimientos fotográficos, que podían encarecer el servicio). Por último, seis novelas formaban parte de una colección mayor que pertenecía a Proquest y que nos habría costado —pese a que la compañía nos ofreció un generoso descuento del 50%— entre 147.000 y 25.000 dólares por título.[11]

10. HathiTrust es fruto de la colaboración de las bibliotecas universitarias más importantes de Estados Unidos y funciona como repositorio digital. El portal publica documentos escaneados por Google e Internet Archive, pero también otros proyectos locales de menor envergadura. La base de datos NCCO de Gale (Nineteenth Century Collections Online) contiene materiales del siglo XIX procedentes de colecciones mayores y de ámbitos muy diversos (literatura, ciencia, tecnología, fotografía). Hasta el momento, existen doce partes de la colección NCCO, una de las cuales es la colección de novelas Corvey. A diferencia de ECCO, NCCO no se basa en un estándar bibliográfico, por lo que resulta difícil predecir qué títulos han sido incluidos. La editorial Gale es un conglomerado de servicios de información y educativos —de pago— que provee contenido y herramientas a las bibliotecas; publica títulos en formato impreso (obras de referencia y ficción) y colecciones electrónicas (ECCO, NCCO, entre otras); pertenece a Cengage Learning, que se define como «una compañía de contenidos educativos y tecnológicos líder en el sector de la educación primaria, secundaria y superior, y en el sector de las bibliotecas y profesionales de la información».

11. A estas cifras hay que añadir que las bibliotecas de Stanford pagan por ECCO, ECCOII y NCCO; tras el descuento habitual, las tres colecciones cuestan un millón de dólares aproximadamente. ProQuest es otra compañía de servicios educativos que ofrece productos como Historical Newspapers, Literature Online y Dissertations Abstracts; pertenece al grupo Cambridge Information.

Para recapitular, nuestra búsqueda contaba con grandes bibliotecarios de Londres, Cambridge, Los Angeles y, por supuesto, Stanford, media docena de investigadores del Literary Lab, y, además, varias personas de Hathi y Gale. Los libros que buscábamos no tenían más de dos siglos y habían sido impresos en tiradas de 750-1.000 copias como mínimo en un momento y en un lugar en el que las bibliotecas funcionaban de manera eficiente. Además, el Literary Lab disponía de financiación para investigar (aunque, claro está, no se trataba de una suma *tan* elevada). En otras palabras, no podíamos imaginar unas condiciones mejores. Y, sin embargo, nos llevó seis meses recibir los textos por parte de Hathi y Gale que *nos habría permitido* pasar de tener un 30% a un 70-80% de la muestra.[12] Con todo, el

12. «Nos habría permitido» porque tener acceso a un texto de estas colecciones no equivale a poder procesarlo. La mayoría de los documentos de Chadwyck-Haley y ECCOI se solían proporcionar en disquete o en formatos que precisan dispositivos de lectura difíciles de encontrar o bien de utilizar actualmente. Otras formas de acceso más «adecuadas» (como a través de una conexión a la red o bien mediante memoria externa) conllevaban problemas igualmente (uso de aplicaciones de correo electrónico específicas, extrañas incompatibilidades que impedían la descarga o la aceptación de términos de acuerdo poco usuales). La mayoría de acuerdos establecidos con las bibliotecas de Stanford eran poco exactos sobre el permiso de técnicas de minería textual o el uso fuera de las infraestructuras de la biblioteca. Con el paso del tiempo las bibliotecas han insistido en la necesidad de incluir este tipo de cláusulas, pero los acuerdos antiguos contienen muchas zonas grises. Por último, extraer datos de un montón de casetes y discos duros, que no tienen metadatos o son insuficientes y que carecen de un gestor de búsqueda, es una tarea bizantina. Por ejemplo, los bibliotecarios buscaban en ECCO a través de la interfaz de Gale y citando la URL tal y como las instrucciones indican. Ahora bien, para encontrar el archivo con el texto, los bibliotecarios debían examinar un par de discos duros (o disquetes) que contenían cientos de miles de directorios cuyo nombre era un número arbitrario; el «repertorio» con los metadatos provisto por Gale estaba formado por unos diez archivos de Microsoft Word creados para ser impresos: en dos columnas, con los nombres de los autores en negrita, datos descriptivos muy básicos, un identificador de documento, un número de referencia ESTC ID y una ruta. Los documentos eran inmensos; por ejemplo, los autores que van de la L-Z en ECCO II (Módulo Literatura y Lengua) representan una décima parte del total y tienen una extensión de 2.750 páginas. Además, los identificadores no coincidían con los que se podían ver en la interfaz de Gale; eran internos, invisibles. Así pues, tras identificar los recursos necesarios y registrar el identificador de Gale, los bibliotecarios debieron buscar de nuevo cada texto por autor o título para encontrar el nombre del archivo con la copia, pues el identificador no está incluido en el repertorio de metadatos. «La lección que aprendimos es que» —concluyó un bibliotecario que nos

porcentaje haría que algunos de los resultados fueran cuestionables, pues el 20-30% estaba lejos —por lógica— de pertenecer al canon.

Como se puede deducir, la idea de que la digitalización ha puesto a nuestra disposición todos los documentos a bajo coste —ya ni siquiera de manera gratuita— es un mito. Poco a poco nos dimos cuenta de ello y por eso decidimos empezar a trabajar con una selección del corpus que ya teníamos: 1.117 textos, de los cuales 263 procedían de la base de datos Chadwyck-Healey y los restantes 854 de distintas fuentes y archivos. Los resultados iniciales que obtuvimos nos dieron una primera orientación y los descubrimientos posteriores confirmaron la dirección. Para cuando estábamos a punto de completar la muestra (casi) aleatoria, nuestro trabajo ya había avanzado demasiado y ya era tarde para empezar desde cero. Sabemos que en este sentido nuestra investigación no es modélica y somos conscientes de que nuestra decisión resta solidez a los resultados. Pero el trabajo colectivo, especialmente cuando se desarrolla en un espacio institucional de naturaleza «intersticial» —como es el nuestro—, tiene sus tiempos propios: la espera de meses arruinaría cualquier proyecto. Quizás en el futuro enviemos un «explorador» con un año de antelación para que encuentre la muestra. O quizás sigamos trabajando con lo que tenemos, pero a sabiendas de los límites y las carencias de los datos obtenidos. En resumen: mejor un resultado imperfecto que ningún resultado.

3. Del canon al campo literario

Si la selección de los archivos venía determinada por las prácticas históricas de los bibliotecarios —¿qué novelas se hallan en las estanterías?, ¿cuáles se pueden digitalizar con facilidad?—, las listas de obras canónicas que habíamos utilizado revelaban un juicio crítico —aunque fuera ajeno—. El canon que habíamos consultado en primer momento, la base de datos Chadwyck-Healey, fue diseñado por dos editores, Danny Karlin

---

ayudó en todo el proceso— «incluso cuando hemos dado con un archivo, en realidad, aún no lo hemos encontrado».

y Tom Keymer.[13] Es un conjunto de unas 250 novelas escogidas que merecen ser preservadas y que son valiosas para los investigadores, de tal modo que las bibliotecas pagan por acceder en línea.

La base de datos fue creada a finales de los años 1990, aunque algunas novelas se añadieron posteriormente. Los materiales promocionales afirman que la colección «reúne las obras más logradas del canon victoriano y las más emblemáticas del período» al mismo tiempo que rescata «obras desatendidas por la crítica o poco conocidas, a menudo descatalogadas o difíciles de encontrar». Por ejemplo, de 1794 se incluyen *Mysteries of Udolpho* de Ann Radcliffe y *Caleb Williams* de William Godwin, pero también *Lady Susan* de Jane Austen —una novela breve escrita entonces, pero publicada de manera póstuma en 1871— o bien *Adventures of Hugh Trevor* de Thomas Holcroft. Los dos primeros textos son elecciones obvias, pero los otros dos, no. Al seleccionar, pues, 250 textos es posible incluir novelas poco conocidas que también tienen importancia desde un punto de vista literario o histórico; la colección no sólo incluye las seis novelas mayores de Austen, sino también *Lady Susan*; no sólo Godwin, sino también Holcroft. Si entendemos el «canon» como una selección más o menos reducida de textos consagrados para ser analizados en detalle, Chadwyck-Healey —una amplia colección de textos fácilmente consultables puestos a disposición de los investigadores—[14] es un buen exponente.

Sin embargo, no es más que un ejemplo entre muchos otros; de ahí que nos diéramos cuenta de que depender de un solo recurso no era una manera adecuada de reflexionar sobre un concepto tan complejo y elusivo como el del canon. En «Between Canon and Corpus: Six Perspectives on 20th-Century Novels» («Entre el canon y el corpus: seis perspectivas sobre la novela del siglo xx», *Panfleto* nº 8 del Literary Lab, 2015), Mark Algee-Hewitt y Mark McGurl debieron enfrentarse a una problemática parecida al considerar varias listas de «las mejores novelas

---

13. La información procede de un intercambio personal con Steven Hall, quien nos confirmó que los editores seleccionaron los textos sin restricciones.

14. El acceso a los textos, sin embargo, es posible si los investigadores pertenecen a una institución con suficientes recursos. Según un representante de ProQuest, en el mundo sólo hay unas 600 universidades suscritas a la base de datos Literature Online (LION).

del siglo XX» seleccionadas por grupos muy diversos y al analizar el grado de proximidad existente entre las obras. En esta ocasión, decidimos seguir otro camino; de esa manera, pasamos de manejar un reducido catálogo de obras confeccionado por Chadwyck-Healey a trabajar con dos largas listas de autores: por un lado, los autores mencionados en el *Dictionary of National Biography*; por el otro, los autores etiquetados con la categoría «Autor Fuente Primaria» en los artículos académicos publicados en el siglo XX recogidos por la *Bibliografía* de la Modern Language Association (MLA). De manera paralela, también tuvimos en consideración los textos que durante los últimos treinta años habían formado parte de las bibliografías recomendadas de los exámenes de doctorado de Stanford. Con esto no pretendíamos encontrar una definición «perfecta» de canon (que no corresponde a ninguna de las listas empleadas), tampoco esperábamos que el *DNB*, la MLA y Stanford estuvieran de acuerdo (algo que no ocurrió).[15] Al contrario, estas medidas tenían por objetivo reflejar los múltiples aspectos de la idea de canon, es decir, cómo una cultura nacional (*DNB*) o bien cómo una asociación internacional (MLA) definen el canon de un modo u otro. Asimismo, el canon puede ser definido como una lista de personalidades (*DNB* o MLA) pero también como una colección de textos (programa de doctorado). Por supuesto, la elección efectuada seguía siendo cuestionable, pero al menos el criterio seguido era múltiple, explícito y mesurable; de ahí su carácter novedoso.

A continuación, cobramos conciencia de que había otras características de la novelística de la época que podían entrar en la ecuación. Por ejemplo, en las bibliografías de Raven y Garside se identifican las novelas reimpresas en Gran Bretaña o bien traducidas al francés o al alemán entre 1770 y 1830. Otros datos semejantes —como la tirada de una edición o la conservación de un documento en determinadas bibliotecas— podían utilizarse en futuras investigaciones. Una vez más el criterio seguido de-

---

15. Incluso si dejamos de lado la representatividad de los exámenes del doctorado de Stanford, la aproximación centrada en los autores del DNB y de la MLA sitúa a *Castle Dangerous* de Scott y *Catherine* de Thackeray en el mismo plano que *Waverley* y *Vanity Fair*, lo cual no es correcto. No obstante, las alternativas que contemplamos también tenían puntos débiles o requerían una inversión de tiempo que no nos podíamos permitir.

bía ser múltiple, explícito y mesurable; pero con una diferencia respecto a las listas del *DNB* y la MLA: las reimpresiones y las traducciones indican la aceptación de las novelas por parte de una audiencia «generalista» y por medio de las instituciones del mercado literario. Por el contrario, el *DNB* y la MLA se dirigen a lectores «especializados» y a instituciones de educación superior. El primer indicador mide la «popularidad» de las novelas, el segundo mide el «prestigio».[16]

16. Que la popularidad se mida con datos del siglo XIX y el prestigio derive de fuentes del siglo XX supone un problema. Los estudios sobre la literatura del siglo XX llevan ventaja en este aspecto. Por ejemplo, en «Becoming Yourself: the Afterlife of Reception» (*Panfleto n° 3*, 2011), Ed Finn cartografió la posición de los autores contemporáneos en el campo literario americano utilizando dos categorías —«consumo» y «conversación»— pertenecientes al mismo período cronológico: el «consumo» se deriva de las recomendaciones de los datos de Amazon («Los clientes que compraron este producto también compraron...») y la «conversación», de las reseñas y críticas literarias. Curiosamente, las nociones de «consumo» y «conversación» se alinean bastante bien con «popularidad» y «prestigio»; asimismo, los seis «cánones» analizados por Algee-Hewitt y McGurl también gravitan en torno al éxito de ventas, por un lado, y a la selección cultural realizada por «expertos», por el otro lado. En un intento de corregir la discrepancia entre los datos del siglo XIX y los del siglo XX, las investigaciones futuras podrían extender los indicadores de prestigio teniendo en cuenta los libros de texto y las antologías escolares (tal y como Martine Jey está haciendo con la literatura francesa), los premios (estudiados por James English en *The Economy of Prestige*, Harvard University Press, 2005), las reseñas aparecidas en periódicos del siglo XVIII y XIX o las antologías de novelas como las de Barbauld, Ballantyne o Bentley. No obstante, creemos que las colecciones y las reseñas deben verse como indicadores de prestigio y no como meras piezas del incipiente mercado literario; en un artículo interesante, Michael Gamer ha defendido ambas posibilidades, pues las colecciones pretenden canonizar los textos y, al mismo tiempo, competir por un lugar en el mercado (véase también «A Select Collection: Barbauld, Scott and the Rise of the (Reprinted) novel» en Jillian Heydt-Stevenson y Charlotte Sussman, eds., *Recognizing the Romantic novel*, Liverpool, 2008). Por su parte, William St. Clair ha expresado su escepticismo sobre el valor de las reseñas («en general, la influencia de las reseñas parece haber sido exagerada tanto en el momento de su publicación como por los escritores posteriores [...] No es posible discernir una correlación entre reseñas, reputación y ventas») y sobre el concepto de prestigio novelístico a principios del siglo XIX: «Por lo que respecta a la ficción en prosa del período romántico, no existía un canon durante la época. Es más, la noción de canon no tiene mucho sentido si tenemos en cuenta que la mayoría de novelas se publicaban de manera anónima. Un autor dominó durante todo el período, "el autor de *Waverley*", que no se identificó con el famoso poeta Sir Walter Scott hasta 1820» (William St Clair, *The Reading Nation in the Romantic Period*, Cambridge, 2004,

Popularidad y prestigio. Gracias a este par de conceptos, nuestra investigación se situó en el mismo terreno que el estudio crucial de Pierre Bourdieu sobre el campo literario francés. Al situar los datos relativos a la popularidad en el eje horizontal («ventas altas/bajas») y los datos relativos al prestigio en el eje vertical («consagración alta/baja»), pudimos generar una versión «británica» del gráfico de Bourdieu. Hasta el momento, dicho gráfico sólo cubre un género literario y unas cuantas décadas; sin embargo, llegados a este punto, una cartografía empírica del campo literario dejó de parecer un sueño inalcanzable (figura 3.2).

En la figura 3.1 todos los datos se ven empequeñecidos por las marcas de Walter Scott: sólo dos novelistas se sitúan un poco por encima de él en el eje del prestigio (Goethe y Austen), pero ningún escritor se le acerca en cuanto a popularidad: el siguiente novelista que sobresale en este eje —Thomas Day, autor del superventas *The History of Sandford and Merton*, novela que sigue la estela de Rousseau— se encuentra siete veces por debajo de Scott.[17] Ahora bien, si quitamos los resultados desproporcionados del autor de *Waverley*, es posible percibir que los novelistas se distribuyen en tres regiones (figura 3.2).

Comencemos por el grupo más cercano al eje horizontal: los escritores tienen una puntuación alta en popularidad —la desviación estándar es de 5 a 13 por encima de la media— pero un grado de prestigio bastante bajo; como máximo, un par de desviaciones estándares, pero lo más común es una o menos. En esta parte del gráfico encontramos la novela sentimental *Man of Feeling* de MacKenzie, así como el superventas de formación

---

pág. 189). Por el contrario, la existencia de una relación entre las reseñas y la reputación ha sido defendida de manera convincente por Ted Underwood y Jordan Sellers en «How Quickly Do Literary Standards Change?» (http://figshare.com/articles/How_Quickly_Do_Literary_Standards_ Change_/1418394). Underwood y Sellers estudiaron poemas en lugar de novelas e iniciaron la investigación en 1820, momento en que el libro de St. Clair y nuestro corpus terminan. El desfase entre objeto y tiempo no permite comparaciones, pero esperamos que en el futuro algunas investigaciones independientes nos proporcionen más datos y pruebas para realizar comparaciones e integrarlas en nuestro estudio.

17. Puesto que no medimos la tirada de las ediciones, el gráfico minimiza la popularidad de Scott: mientras que la mayoría de novelas contemporáneas tenían una primera edición de 1.000 ejemplares, las primeras tres ediciones de *Waverley* fueron de 6.000, 8.000 y 10.000 ejemplares respectivamente.

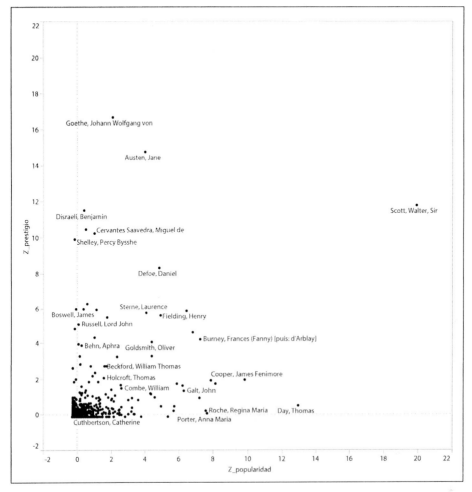

Figura 3.1 El campo de la novela inglesa, 1770-1830.

Los resultados visualizados en el eje de la popularidad están basados en el número de reimpresiones en Gran Bretaña y de traducciones (al francés y al alemán); los resultados mostrados en el eje del prestigio están basados en el número de menciones como «Autor Fuente Primaria» en la *Bibliografía* de la MLA y en la extensión de las entradas del *DNB*. La posición de los escritores viene determinada por el número de desviaciones estándares que superan la media en el conjunto; por ejemplo, John Galt tiene una desviación estándar de 7,5 por encima de la media en el eje de la popularidad y un 1 por encima de la media en el eje correspondiente al del prestigio. En el extremo opuesto, Percy Shelley tiene una desviación estándar de 10 en el eje del prestigio, pero obtiene una desviación estándar ligeramente inferior a la media en términos de popularidad.

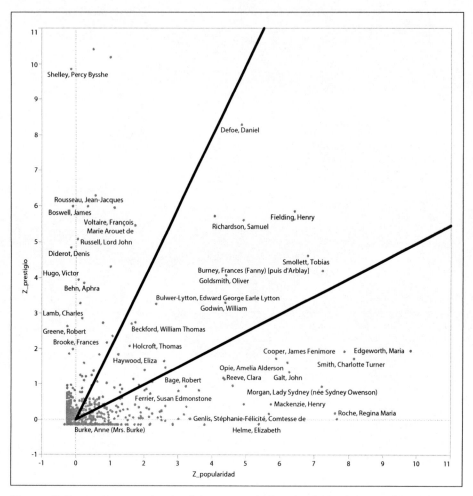

Figura 3.2 Las tres regiones del campo de la novela inglesa, 1770-1830.

Las tres regiones del diagrama expresan la relación variable entre popularidad y prestigio. En el área pegada al eje vertical los autores tienen unas marcas de prestigio dos veces mayor que las marcas de popularidad; en el área cercana al eje horizontal se sitúan los autores que obtienen una marca de popularidad que duplica a la del prestigio; por último, en el centro se sitúan aquellos novelistas que tienden a un equilibrio. En estos momentos, en el Literary Lab, J.D. Porter está realizando un estudio sobre la popularidad y el prestigio que cubre un arco temporal mucho mayor; los datos han sido recogidos mediante algoritmos y con la colaboración de un grupo de estudiantes de grado supervisados por Micah Siegel.

de Day; una cohorte gótica, con su habitual tendencia al sentimentalismo (Radcliffe, Reeve, Roche, Helme, Maturin), las novelas jacobinas y anti-jacobinas (Charlotte Smith, Opie), los cuentos nacionales (Edworth, Morgan) y el género más hegemónico, la novela histórica (Galt, Genlis, Horace Smith, Porter, Cooper). Podríamos denominar esta parte del gráfico como el espacio del género, en cierto sentido, de todos los géneros, pues «la» novela se despliega como si perteneciera a una familia de formas distintas, pero cuyas convenciones —fácilmente reconocibles— les aseguran el éxito comercial. El capítulo inicial de *Waverley*, en el que el autor comenta las connotaciones genéricas de los títulos de novelas históricas, es el ejemplo perfecto de este tipo de fenómeno.

Desplazándonos hacia arriba, en el centro del diagrama se halla una situación distinta. Si fuera posible identificar una visualización con el canon, sin duda, sería esta parte: Defoe, Richardson, Fielding, Sterne, Goldsmith, Smollet, Burney, Godwin... Todos los autores se agrupan de manera equilibrada (con una desviación estándar en popularidad de 4 a 7 superior a la media y de 3 a 8 superior a la media en cuanto al prestigio) en un espacio en el que se dan la mano una amplia audiencia y el prestigio cultural. Al examinar esta región es fácil darse cuenta de que el proceso de canonización es fruto de la combinación de dos procesos simultáneos: a medida que la popularidad decrece lentamente con el paso de los años en el eje horizontal —en este sentido, la mayoría de gigantes del siglo XVIII se sitúan por debajo de Roche, Porter, Charlotte Smith y Opie—, el prestigio se incrementa en el eje vertical.[18] Existe más de una manera de convertirse en un escritor canónico,[19] pero la lección principal que nos brinda esta imagen es que el canon no reproduce «el mundo económico a la inversa» según la fórmula utilizada por Bour-

---

18. Por lo que respecta a la disminución de la popularidad, Austen y sus contemporáneos ofrecen un caso de estudio idóneo. Tal y como se muestra en la Figura 3.1, unos 25 autores (un tercio de ellos pertenecientes al siglo XVIII) eran más populares que Austen en los sesenta años que el diagrama cubre. A medida que las bibliografías sobre la novela del siglo XIX sean más fiables, podremos saber cuántos de estos escritores eran todavía más populares que Austen una generación o dos generaciones más tarde. Los resultados iniciales indican que para el período 1830-1840, sólo hay un escritor que la supere: Walter Scott.

19. La fama inmediata y el reconocimiento de Walter Scott difieren del camino significativamente lento de Austen o del estatus ambiguo de algunos autores que permanecieron en nichos debido al tipo de audiencia al que se dirigían inicialmente (Carroll) o al género practicado (Radcliffe, Doyle). Un caso aparte es *Moby Dick*, la némesis de todas las teorías sobre el canon.

dieu para describir la autonomía del campo literario; el canon —o, al menos, este canon— se compone de autores que tras un éxito inicial aún son capaces de vender libros al cabo de dos o tres generaciones. En cuanto al prestigio, no es necesariamente incompatible con la popularidad; en nuestro caso, parece que el prestigio procede de la popularidad, es decir, que el beneficio económico se va «destilando» en algo más impalpable, pero también más duradero.[20]

La situación es distinta en la región gobernada por el prestigio elevado de la figura 3.2, claramente dominada por los escritores extranjeros (Cervantes, Voltaire, Diderot, Rousseau, Goethe, Schiller, Hugo...) o bien por autores británicos que, aunque escribieron al menos una novela o quizás más de una, no eran percibidos como novelistas «profesionales». Entre ellos destacan la figura enciclopédica de Samuel Johnson y la del también versátil Horace Walpole; se hallan poetas como Percy Shelley (y, en una posición más baja, Thomas «Anacreon» Moore y James Hogg), novelistas-políticos como Disraeli o políticos que cuentan con alguna incursión literaria como Lord Russell (que publicó una improbable *Nun of Arrouca* en 1822); también encontramos ensayistas como James Boswell y Charles Lamb; y, en un nivel de prestigio más bajo, algunos músicos y escritores de piezas teatrales como Charles Dibdin, la escritora y actriz Charlotte Cibber Chalke o el economista y escritor de crónicas de viajes Arthur Young. Para los pocos escritores que se dedicaban en exclusiva al oficio de la novela, la política juega un rol muy importante: además de Russell y de Disraeli, observamos la presencia de la docta Sarah Scott (autora de *Millennium Hall* y *Desmond*), Mary Shelley y Hannah More; esta última es autora de *Coelebs in Search of a Wife*, que, según cuenta la leyenda, se trata de la única novela que tuvo la aprobación total de la reina Victoria.

---

20. Aunque nuestros resultados son completamente distintos de los de Bourdieu acerca del campo literario francés, esto no quiere decir que sean una refutación de sus tesis, pues hemos analizado solamente novelas (y, por tanto, hemos excluido poesía, drama, revistas, etc.) escritas en un país y época distintos. En verdad, necesitamos un mayor número de mapas empíricos de los campos literarios (en plural), pertenecientes a culturas y épocas diversas, si queremos que el concepto de «campo literario» (en singular) se convierta en un concepto histórico sólido.

El diagrama sobre la relación entre prestigio y popularidad constituyó una conclusión natural de una parte del proyecto. En contra de la intención original y a pesar de que terminamos lejos de contemplar el estudio del archivo en su totalidad,[21] la operacionalización del concepto de canon resultó sorprendente y satisfactoria porque nos permitió concretar la noción, asimilándola a elementos más sencillos como la popularidad y el prestigio; o, dicho de manera llana, el mercado y la escuela. En estas coordenadas nuevas, el canon sigue siendo igual de visible, pero *pierde su autonomía conceptual* y se convierte en un resultado contingente producido por el encuentro entre dos fuerzas opuestas. Son estas *fuerzas*, pues, las que merecen ser investigadas en profundidad, si queremos saber más sobre el canon;[22] creemos que en el futuro las investigaciones sobre el tema deberían incorporar, por un lado, las tiradas de las ediciones y la presencia de ejemplares en bibliotecas como indicadores de popularidad y, por el otro, la inclusión de fragmentos de textos en antologías y las menciones en libros de texto escolares como

---

21. En las Figuras 3.1 y 3.2, que tienen su línea de demarcación en dos o tres puntos de desviación estándar por encima de la media, todos los autores que tienen un grado elevado de prestigio y los que se sitúan en la región central, así como la mitad de los que se hallan en la región en donde predomina la popularidad, pueden considerarse canónicos. A medida que uno «desciende» por debajo de esta línea, la tripartición del campo sigue siendo visible por unos instantes y entonces desaparece. Sería fascinante analizar con más atención lo que ocurre ahí, quizás en otro estudio.

22. O dicho con mayor precisión: *si queremos descomponer el concepto de canon en los dos elementos subyacentes, la popularidad y el prestigio*. En este punto conviene comparar nuestra elección epistemológica inicial con la del proyecto de Algee-Hewitt y McGurl expuesta en «Between Canon and Corpus». La principal diferencia no reside en el uso de textos («Between Canon and Corpus») y autores («Canon/Archive»), que podría ser nivelada fácilmente, sino en un análisis fundamentado en redes y otro basado en diagramas cartesianos. Las redes son idóneas para *investigar las relaciones existentes entre nodos*; ahora bien, *son incapaces de conectar los nodos con los fenómenos que se sitúan fuera de la red misma*. Por el contrario, los diagramas cartesianos *integran ese «afuera» en sus ejes* (como hemos hecho aquí con la popularidad y el prestigio) a costa de perder las relaciones entre los puntos de datos (en los diagramas no hay nada que equivalga a las aristas de una red o a la formación de grupos). No hay una estrategia «mejor» que otra sino proyectos cuya finalidad es investigar distintas propiedades del sistema de tal modo que eligen medios más acordes para llevar a cabo los análisis.

indicadores de prestigio.[23] Si añadimos estos indicadores, seremos capaces de obtener una imagen más justa de la naturaleza compleja e histórica del canon. El canon del período 1770-1830 —y sospechamos que de los siguientes 70-80 años— fue el producto de una edad de oro de la burguesía europea, en el que los imperativos del éxito y la educación eran compatibles en la medida en que estos convenían a una clase dirigente que, por primera vez en la historia, se sentía cómoda habitando tanto el mercado como la escuela. El principal logro de esta sección, pues, es haber hecho «visible» la duplicidad del canon literario del siglo XIX.[24]

II
CARACTERÍSTICAS MORFOLÓGICAS

4. Midiendo la redundancia

Aunque se distancia del de Bourdieu, el gráfico mostrado en la sección previa comparte la misma premisa metodológica: ambos tienen una orientación más social que literaria.[25] Para generar la figura 3.2 no necesitas abrir ninguna novela. Sin

---

23. No hace falta decir que algunos de estos indicadores serán discontinuos y difíciles de obtener (como las tiradas), mientras que otros (como los libros de texto) quizás empiecen a una fecha posterior. No obstante, si queremos que la noción de campo literario sea útil para entender distintas épocas y países, el uso de índices históricos disparejos resulta inevitable; en lugar de esperar una quimérica homogeneidad en lo que respecta a las fuentes, deberíamos aprender a comparar los datos de naturaleza heterogénea desde un punto de vista conceptual.

24. «Between Canon and Corpus» nos muestra cómo han cambiado las cosas desde entonces: en el siglo XX, los cánones se caracterizan por «una sistemática diferenciación, si no contradicción, entre valor artístico y comercial». Es precisamente la ausencia de esta diferenciación o contradicción lo que está ausente en la región «canónica» de la Figura 3.2.

25. En este sentido, John Guillory ha escrito: «Propongo que el problema de lo que llamamos "formación del canon" se entiende mejor como un problema de constitución y distribución de capital cultural; o, mejor dicho, se trata de una cuestión de acceso a los medios de producción y recepción literaria». John Guillory, *Cultural Capital: The Problem of Literary Canon Formation*, Chicago 1995, pág. ix.

embargo, puesto que nos dedicamos al estudio de la historia literaria, queríamos abrir novelas y descubrir si el destino social —popular, prestigioso o ambos— correspondía a alguna característica morfológica. Así pues, mientras trabajábamos en el diagrama del campo literario, nos concentramos en la composición interna de la base de datos Chadwyck-Healey y en la muestra que habíamos obtenido del archivo mayor. El primer paso en esta dirección fue medir la cantidad de redundancia e información presente en el corpus. Es obvio que los lectores prefieren los textos informativos a los textos redundantes —de tal modo que los primeros prolongan su vida en distintas ediciones mientras que los segundos se extinguen—; nos propusimos, pues, comprobar si esta creencia era cierta. Tomando como punto de partida algunas ideas de la teoría de la información, Mark Algee-Hewitt midió lo que se conoce como «redundancia de segundo orden», que se puede predecir al nivel de las palabras individuales, tras modificar el modelo de Shannon sobre la carga informativa; determinar cuánta información contiene un texto es posible si medimos cuán predecible es la transición de una palabra a otra —dado un conjunto de transiciones posibles—. Por ejemplo, es más frecuente que la preposición *of* ('de') vaya acompañada del artículo *the* ('el', 'la', 'los', 'las') que del adverbio *no* ('no', 'ningún'); en consecuencia, el bigrama *of no* ('de ningún', 'de ninguna') es menos predecible y, por tanto, más informativo que el bigrama *of the* ('del', 'de la', 'de los', 'de las').[26] Las figuras 4.1 y 4.2 resumen la investigación efectuada por Algee-Hewitt.

La figura 4.2 nos pareció especialmente sorprendente: ¿cómo es posible que tres cuartos de la colección Chadwyck-Healey fueran menos redundantes que tres cuartos del archivo? Se trataba de una separación mucho más importante de lo que esperábamos. El resultado no nos satisfacía porque la claridad con que se distinguían los grupos no hacía más que confirmar lo que

---

26. En este capítulo utilizamos los términos «redundancia» y «repetición» de manera intercambiable en contraposición a los términos «información» y «variedad». Aunque reconocemos que se trata de una simplificación, no creemos que afecte al nivel en el que estamos trabajando ni a los resultados obtenidos. Por lo demás, conviene señalar que la relación entre información y redundancia es a menudo referida con el término «entropía»; hemos optado por distintas definiciones con el propósito de que la investigación fuera generalizable.

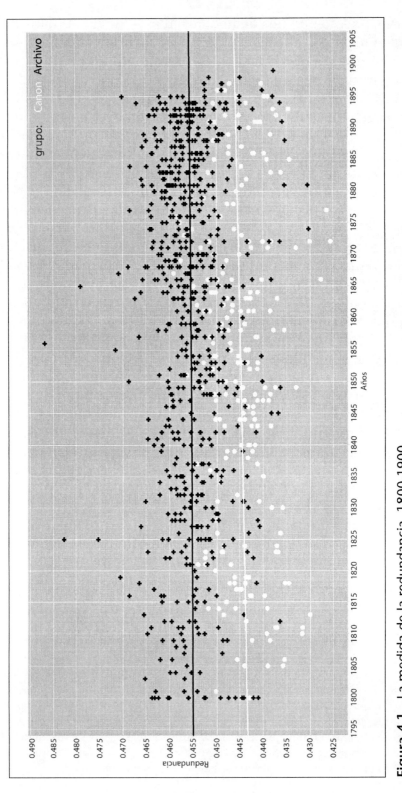

Figura 4.1 La medida de la redundancia, 1800-1900.
Las cruces negras indican las novelas del archivo, los puntos blancos indican las novelas canónicas.

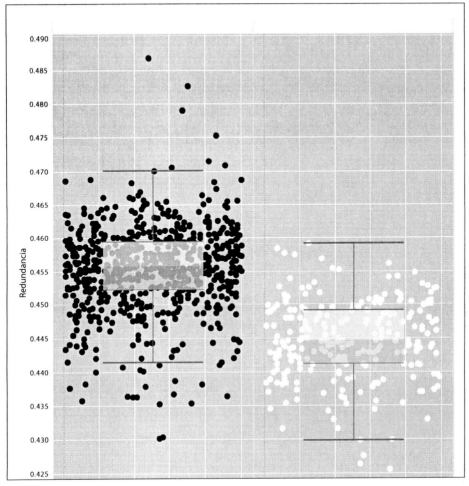

Figura 4.2 La redundancia en la novela del siglo XIX: una síntesis en forma de diagrama.

Este diagrama reutiliza la información de la figura 4.1 pero distinguiendo dos sub-corpus, el del canon y el del archivo. Las «cajas» contienen los dos cuartiles principales de cada grupo divididos por una línea que representa la media del grupo; los «bigotes» que emergen de las cajas representan los extremos de los cuartiles, mientras que los puntos aislados representan casos atípicos.

ya sabíamos: los autores olvidados tendían a un lenguaje redundante, es decir, si habían perdido lectores es porque no merecían ser leídos. Y viceversa: si seguimos disfrutando de la lectura de Austen es porque es un ejemplo de riqueza informativa, tal y como muestra la figura 4.3.

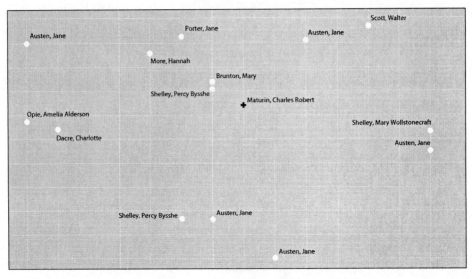

Figura 4.3 Poca redundancia a inicios del siglo XIX.

Si una novela no repitiera ninguna palabra tendría una redundancia del 0% y un 100% de información; ahora bien, este nivel de información no tendría ningún valor porque el texto se volvería ininteligible. El significado es el fruto de una mezcla de repetición e información nueva; por este motivo los resultados que se muestran en estas figuras oscilan dentro de unos límites estrechos. No obstante, las diferencias dentro de un mismo rango son consistentes y significativas, como ilustra la ampliación del área inferior de la figura 4.1.

Corroborar una idea ya conocida no resulta estimulante.[27] Además, había un segundo problema. Aunque Algee-Hewitt había operacionalizado el concepto de redundancia y había producido resultados cuantitativos notables, no teníamos claro cómo los resultados generales podían fragmentarse a fin de examinar con atención los detalles y determinar qué par de palabras se repetía siempre y cuál no. En resumen, habíamos conseguido medir la redundancia, pero no podíamos *analizarla*; como ya nos había ocurrido en investigaciones anteriores, nos encontrábamos ante una situación perturbadora fruto de la interrelación de la medición cuantitativa y la interpretación cualitativa. En esta ocasión, unos resultados estadísticos significativos parecían impermeables al juicio crítico: el «texto» creado tras extraer los

---

27. Y era la segunda vez que nos pasaba: en la figura 1.2, el hecho que el canon preceda al archivo en 15 o 20 años parecía «confirmar» la creencia de que los grandes escritores desbrozan el camino y el resto les siguen.

of_the_1441	in_the_672	to_the_634	of_his_341	of_a_333	and_the_318	on_the_292	by_the_286	said_the_266	sir_arthur_263
of_the_1148	in_the_578	to_the_521	of_his_309	of_a_308	the_master_294	and_the_261	with_the_237	by_the_228	for_the_213
of_the_266	in_the_99	to_the_95	on_the_86	of_his_69	by_the_66	of_her_62	from_the_58	at_the_49	to_be_48
of_the_942	in_the_404	to_the_365	of_his_245	to_be_197	and_the_179	by_the_175	on_the_171	of_a_161	at_the_159
of_the_1486	in_the_781	to_the_633	of_his_365	of_a_364	and_the_354	on_the_308	to_be_305	he_had_279	at_the_270
of_the_746	to_be_616	in_the_574	it_was_389	she_had_365	of_her_346	she_was_329	to_the_324	to_her_303	i_am_297
of_the_679	in_the_401	sir_ulick_348	to_the_330	to_be_298	he_had_292	he_was_275	of_his_239	that_he_222	and_the_187
of_the_702	in_the_494	of_her_440	to_the_404	to_be_387	lady_juliana_276	to_her_273	and_the_256	of_a_246	at_the_235
of_the_359	said_i_236	in_the_212	to_the_191	i_am_181	of_my_175	and_the_174	and_i_174	that_i_171	at_the_144
of_the_389	in_the_295	to_be_271	of_her_194	i_am_183	to_the_163	it_was_161	she_had_155	of_a_133	it_is_130
of_the_459	to_be_428	in_the_382	i_am_297	of_her_264	to_the_251	it_was_246	mr_darcy_233	she_was_210	she_had_205
of_the_226	in_the_143	mr_glowry_84	and_the_71	of_a_69	to_the_63	it_is_57	on_the_56	to_be_52	in_a_47
of_the_161	in_the_91	to_be_85	to_the_52	i_am_40	of_a_40	a_very_39	for_the_38	at_the_35	in_a_34
of_the_342	to_the_246	the_marquis_215	in_the_214	of_his_212	and_the_164	he_had_157	to_his_125	for_the_110	he_was_104
of_the_245	in_the_196	in_the_184	mrs_villars_126	of_her_115	she_was_103	she_had_100	on_the_96	i_am_87	i_have_84
of_the_648	in_the_419	to_the_338	i_have_280	it_is_262	i_am_204	on_the_193	that_i_185	and_the_168	with_the_149
of_the_607	in_the_471	to_the_332	to_be_247	of_her_225	had_been_202	on_the_199	she_had_194	i_have_169	of_a_169
of_the_603	in_the_321	in_the_290	to_the_208	he_had_182	and_the_180	on_the_179	he_was_171	at_the_157	
of_the_425	to_the_304	in_the_289	said_i_264	of_a_210	and_the_184	at_the_180	i_was_158	in_a_155	i_had_144
of_the_383	in_the_194	on_the_153	and_the_135	to_the_125	of_my_109	i_had_107	it_was_95	i_was_89	from_the_84
of_the_1627	in_the_1325	of_her_1315	to_the_1286	to_her_975	of_his_935	for_the_682	from_the_637	she_had_551	to_be_547
of_the_1004	in_the_626	to_the_573	he_had_441	he_was_389	to_be_364	it_was_352	she_had_351	of_her_330	on_the_316
of_the_751	in_the_452	to_the_412	he_had_399	she_had_350	to_be_298	he_was_295	she_was_283	on_the_278	of_his_262
of_the_4794	in_the_3327	to_the_2510	to_be_2195	of_her_2146	she_had_2072	he_was_1935	of_a_1868	it_was_1603	on_the_1533
of_the_1169	to_the_724	in_the_676	to_her_512	of_her_490	to_be_490	i_am_406	she_had_381	of_a_364	of_his_364
of_the_1681	in_the_703	in_the_653	said_the_525	and_the_403	of_a_349	of_his_349	it_is_331	to_be_323	for_the_310
of_the_1302	in_the_589	to_the_586	of_his_369	and_the_318	on_the_305	as_he_272	by_the_256	with_the_230	he_had_224
of_the_1632	in_the_688	to_the_649	the_earl_408	of_his_385	and_the_373	sir_simon_369	by_the_365	i_will_359	for_the_324
of_the_1465	to_the_555	in_the_525	said_the_379	of_his_358	and_the_300	on_the_272	of_a_270	from_the_256	with_the_243

Figura 4.4 Una lectura de los bigramas: 0,00003% de los datos.

Una parte de la hoja de cálculo empleada para los cálculos mostrados en las figuras 4.1 y 4.2. Aunque los bigramas se identifican sin dificultad, es casi imposible «interpretar» qué significan más allá de su valor estadístico. En este sentido, como observaron Walser y Algee-Hewitt, los bigramas son comparables a las «progresiones demográficas» y a las «variaciones de los tipos de interés» de las que hablaba Braudel. Se trata de un fenómeno que no podemos percibir en el nivel textual en que tiene lugar el acto de lectura.

100 bigramas más frecuentes de cada novela de nuestro corpus se convirtió en una hoja de cálculo con más de 100.000 celdas; la «lectura» de cada celda quedaba descartada (figura 4.4). Una aproximación más técnica, consistente en estudiar la curva de descenso de las construcciones más frecuentes, tampoco produjo resultados conclusivos: los bigramas más frecuentes, como *there is* ('hay'), *I am* ('yo soy') y *to the* ('hacia el') tenían frecuencias muy similares en todos los textos, de modo que la variación sólo ocurría de manera poco significativa al final de la curva. Además, había tantos bigramas en cada novela que sus efectos se manifestaban por medio de un gran número de cambios que nos parecían insignificantes. Por ejemplo, en un texto relativamente corto de unas 66.500 palabras había 66.499 bigramas, de los cuales 40.000 no se repetían. Por lo demás, si bien el número de palabras compartidas por los textos no era insignificante —entre 3.000 y 4.000 palabras—, los bigramas que tenían en común eran menos de 1.000; en resumen, los datos no

tenían entidad suficiente como para permitir análisis comparativos.

Parecía que habíamos creado una versión personal del principio de incertidumbre: cuanto más precisa era la medición de la redundancia, más difícil resultaba determinar «dónde» se hallaba. La redundancia intervenía a una escala que atravesaba el texto entero, y, en apariencia, cumplía un rol decisivo a la hora de determinar el destino de los libros; pero el proceso tenía lugar muy por debajo del nivel consciente en el que se desarrolla la lectura, por lo que resulta imperceptible. En el futuro, quizás de aquí a poco, el problema despierte el interés de los psicólogos experimentales; mientras tanto, pasamos a utilizar un estándar lingüístico con el que se suele medir la variedad léxica conocido como ratio *type-token*.[28] Bastaba con plantear el problema a la inversa: cuanto más baja es la redundancia de un texto, mayor debe ser la variedad. De esta manera, esperábamos obtener una imagen opuesta a la de la figura 4.2. Así pues, hicimos los cálculos y el resultado se muestra en la figura 4.5.

Al situar las figuras 4.2 y 4.5 fuimos testigos de la siguiente paradoja: en lo que respecta a los bigramas y al conjunto, los textos que componían el canon eran mucho menos repetitivos que los textos del archivo y, por tanto, mucho más variados; no obstante, lo eran menos (es decir, más repetitivos) en lo que respecta a las palabras distintas (*type words*) en los segmentos de

---

28. El *Longman Grammar of Written and Spoken English* define la ratio *type-token* de la siguiente manera: «La relación entre el número de palabras distintas (*types*) y el número de ocurrencias (*tokens*) se denomina ratio *type-token* (o TTR). En tanto que porcentaje, la ratio *type-token* es igual a (*types/tokens*) x 100». Véase Biber, Johansson, Leech, Conrad, Finegan, *Longman Grammar of Spoken and Written English*, Harlow 1999, págs. 52-53. El *Longman Grammar* muestra la variación de la ratio *type-token* en cuatro registros (conversación, prosa académica, ficción y noticiero) y en tres muestras de extensión distinta (100, 1.000 y 10.000 palabras). Para el segmento de 100 palabras los resultados son: conversación, 63; prosa académica, 70; ficción, 73; noticieros, 50. Para el segmento de 1.000 palabras: conversación, 30; prosa académica 40; ficción, 46; noticieros, 50. Y para el segmento de 10.000 palabras: conversación, 13; prosa académica, 19; ficción, 22; noticiero, 28. La diferencia entre registros se incrementa a medida que aumenta la extensión: en textos de 10.000 palabras, la ratio *type-token* de los noticieros es más del doble que la de la conversación —en textos de 100 palabra solamente era un 16% superior—. Para nuestra investigación, decidimos analizar segmentos de 1.000 palabras porque nos pareció suficiente para captar la variedad y para facilitar el análisis directo del texto.

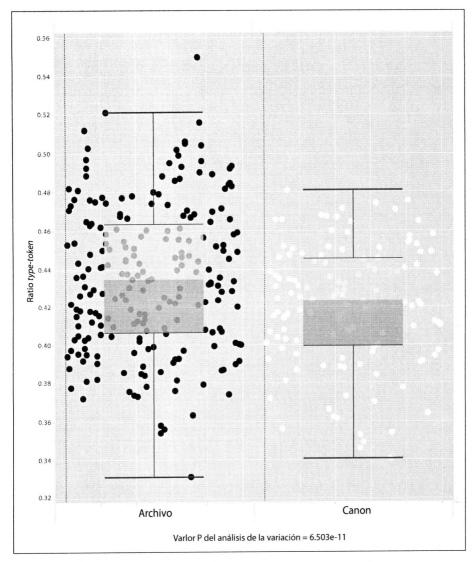

Figura 4.5 Midiendo la variedad: una síntesis en forma de diagrama que representa la ratio *type-token*.

Aunque la distinción entre los dos sub-corpus es menos clara que en la figura 4.2, el resultado es mucho más exagerado. El gráfico 4.2 confirmaba nuestras expectativas sobre el canon y el archivo, pero éste las contradice por completo: el léxico del canon no es más variado que el del archivo sino mucho menos; el procedimiento seguido para calcular la ratio *type-token* se describe en la nota 27 situada al inicio de esta sección.

> Preposición-nombre propio (IN_NNP): *to Shirley; in Ireland* (para Shirley; en Irlanda).
>
> Adjetivo-adjetivo (JJ_JJ): *young happy; first cruel* (joven feliz; primero cruel).
>
> Nombre-adjetivo (NN_JJ): *child incapable; nomenclature peculiar* (niño incapaz; nomenclatura peculiar).
>
> Nombre-nombre (NN_NN): *iron will; evening sky* (voluntad férrea; el cielo vespertino).
>
> Nombre-nombre propio (NN_NNP): *count Goldstein; uncle Gerard* (conde Goldstein; tío Gerard).
>
> Nombre-nombre plural (NN_NNS): *iron bars; autumn tints* (barras de hierro; tonalidades otoñales).
>
> Nombre propio-preposición (NNP_IN): *Alps of; Shelburne upon* (Alpes de; al sur de Shelpurne).
>
> Nombre propio-nombre (NNP_NN): *Agnes' wedding; Manchester cotton* (el matrimonio de Agnes; el algodón de Manchester).
>
> Nombre propio-nombre plural (NNP_NNS): *Cumberland coasts; Hector's lodging* (las costas de Cumberland; el alojamiento de Héctor).
>
> Nombre-pronombre (NN_PRP): *tail itself; driver himself* (la cola misma; el conductor mismo).

Figura 4.6 Los bigramas gramaticales más distintivos del archivo.

1.000 palabras. Que un mismo fenómeno se manifestara de distinta manera en función de la escala no era una novedad para nosotros, pues en dos investigaciones previas —capítulos 3 y 4— ya nos habíamos ocupado exactamente de esta cuestión; pero en tales ocasiones la diferencia de escala correspondía a distintas características. En cambio, los rasgos que pretendíamos medir aquí estaban en estrecha relación. ¿Cómo era posible que los resultados se invirtieran si considerábamos mil palabras en lugar de un par? La pregunta no era retórica: lo que nos interesaba era averiguar el mecanismo textual que transformaba un resultado en otro.

Para resolver el problema, Algee-Hewitt «tradujo» todas las palabras en partes del discurso, es decir, reformuló la redundancia otorgando a las palabras que formaban un bigrama una categoría gramatical. Así, el bigrama *clever little* ('poco inteligente') y *first cruel* ('primer cruel') se convirtieron en «adjetivo-adjetivo»; *a condition* ('una condición') y *the kitchen* ('la cocina') pasaron a ser «artículo-nombre», etc. Tras recalcular todo en términos de «redundancia gramatical», fuimos capaces de identificar qué bi-

> Conjunción-gerundio (CC_VBG): *and walking; and taking* (y caminando; y tomando).
>
> Determinante-adjetivo (DT_JJ): *the silly; an eventful* (el tonto; un ajetreado).
>
> Determinante-nombre (DT-NN): *a condition; the kitchen* (una condición; la cocina).
>
> Determinante-nombre plural (DT_NNS): *the environs; the travelers* (los alrededores; los viajantes).
>
> Preposición-determinante (IN_DT): *at the; in a* (en la; en una).
>
> Adjetivo-nombre plural (JJ_NNS): *folded arms; harsh features* (brazos cruzados; rasgos severos).
>
> Nombre-preposición (NN_INN): *account of; sense of* (explicación de; sentido de).
>
> Nombre plural-preposición (NNS_IN): *grains of; years of* (granos de; años de).
>
> Pronombre posesivo-nombre plural (PRP$_NNS): *their excursions; our girls* (sus excursiones; nuestras jóvenes).

Figura 4.7 Los bigramas gramaticales más distintivos del canon.

gramas eran más distintivos del canon y cuáles eran más distintivos del archivo (figuras 4.6 y 4.7).[29]

En esta ocasión los dos sub-corpus manifestaron dos centros de gravedad muy diferentes: en primer lugar, el archivo estaba dominado por los nombres mientras que en el canon se hallaba una presencia mayor de partículas como conjunciones, determinantes y preposiciones (*function words*); en segundo lugar, las novelas que formaban el archivo se deleitaban en títulos («conde Goldstein», «tío Gerard»), daban detalles puntillosos sobre el lugar y las personas («en Irlanda», «para Shirley») y, en general, se prodigaban en el uso de nombres propios («el alojamiento de Héctor»; «al sur de Shelburne»), lo cual nos proporcionó una pista sobre por qué tenían una redundancia alta: «conde Goldstein» y «al sur de Shelburne» quizá no tengan una frecuencia elevada en una novela, pero ambas palabras suelen ir de la mano; en consecuencia, su redundancia se ve incrementada. Lo mismo sucede con las construcciones de tipo «nombre-adjetivo» —por ejemplo, «voluntad férrea» o «tonalidades

---

29. Para desarrollar esta parte del proyecto, Algee-Hewitt utilizó el Stanford Part-of-Speech Tagger; las abreviaturas utilizadas entre paréntesis (IN_NNP, etc.) corresponden a las utilizadas en el proyecto Treebank (https://www.cis.upenn.edu/~treebank/) de la Universidad de Pennsylvania.

otoñales»—; estos resultados no resolvían todos nuestros problemas, pero suponía un inicio. A continuación, con el propósito de enfrentarnos a la otra cara de la paradoja que percibíamos en los gráficos 4.2 y 4.5, volvimos nuestros pasos sobre la ratio *type-token*.

5. *But I couldn't go away*[30]

En el caso de la ratio *type-token*, lo primero que debíamos hacer era conseguir que el reconocimiento óptico de caracteres funcionara con novelas que no habían sido reimpresas durante uno o dos siglos y que, potencialmente, podían invalidar los cálculos posteriores. Ryan Heuse, que fue el primero en orientarnos hacia la ratio *type-token* al iniciar la investigación, encontró una medición fiable pese a la calidad desigual de los textos.[31] Una vez obtuvimos los datos, empezamos examinando las ratios *type-token* más bajas a fin de comprobar si coincidían con

30. «Pero no me podía marchar».
31. Para empezar, Heuser creó un diccionario de gran tamaño que cubría el vocabulario de las novelas en inglés —232.835 palabras únicas (*types*)—; a continuación, troceó los textos en segmentos de 1.000 palabras que se hallaban en el «diccionario»; en realidad, los segmentos iban de las 1.000 a las 1.500 palabras aproximadamente, en función del número de palabras que no habían sido registradas en el «diccionario» —esto es, los errores producidos por un procesamiento incorrecto del OCR, pero también los *hapax legomena*, entre otros casos—. Puesto que el número de *tokens* se había fijado en 1.000, al dividir el número de palabras únicas de cada segmento por 1.000, obteníamos la puntuación de cada segmento; luego la media de todos los segmentos nos daba la ratio *type-token* para el texto en su conjunto. La función constaba de dos parámetros: *slice_len* (longitud del segmento fijado a 1.000 palabras) y *force_english* (inclusión de las palabras que no se encuentran en nuestro «diccionario»; estado = falso). El motivo por el que excluimos las palabras «no inglesas» de nuestro corpus mediante la función *force_english* es que sin esta medida el archivo habría tenido una ratio *type-token* mayor debido al procesamiento defectuoso del OCR. Recíprocamente, si el parámetro se fijara de manera que incluyera todas las palabras «no inglesas», la mala calidad del OCR habría producido una ratio *type-token* más baja: si el segmento se debía expandir hasta las 1.500 palabras «reales» a fin de encontrar las 1.000 palabras «inglesas», entonces favoreceríamos las palabras cortas, de ortografía común y fáciles de reconocer por el OCR, que son las más numerosas en la lengua inglesa; en consecuencia, la ratio se modificaría automáticamente a la baja. En tal caso, los dos efectos se neutralizarían mutuamente.

los cálculos sobre la redundancia efectuados por Algee-Hewitt. Gracias a la figura 4.6 sabíamos que un índice bajo de variedad léxica estaba en relación con los textos canónicos; y, en efecto, la colección Chadwyck-Healey —un 20% del corpus total— correspondía al 50% de los 500 segmentos con una ratio *type-token* más baja y sólo un 3,2 de los 500 segmentos con una ratio más alta. Entre los textos con una puntuación más baja, la mitad procedían de Chadwyck-Healey: varios libros infantiles (*Alice, Through the Looking-Glass, The Water Babies, Black Beauty, Little Lord Fauntleroy, Island's Night's Entertainments*...), diez novelas de Trollope (*The Last Chronicle of Barset, Phineas Finn the Irish Member, Can You Forgive Her?, The Eustace Diamonds*...) y dos novelas irlandesas (*Castle Rackrent de Edgeworth* de Edgeworth y *Father Tom and the Pope* de Samuel Ferguson, seguidas de cerca por *The Absentee*). No eran en sí mismos títulos muy representativos del canon (en cualesquiera de sus acepciones); nos pareció más relevante el hecho de que la colección de Chadwyck-Healey obtuviera una ratio baja a lo largo de todo el período y que, además, en esta tendencia se incluyeran alguno de los escritores con un estilo más marcado del siglo XIX: toda la obra de Austen se situaba por debajo de la media del corpus —con *Persuasion, Sense and Sensibility* y *Mansfield Park* entre las obras ocupando el 20% más bajo—; toda la obra de George Eliot también se situaba por debajo de la media; y, además, un pasaje de *Adam Bede* contenía la ratio *type-token* más baja del período entero.

Adam Bede es una novela un tanto peculiar que no casa con el resultado obtenido, pues contiene una famosa reflexión de Eliot sobre la pintura holandesa; se trata de una suerte de manifiesto que ensalza la precisión y la variedad estética, escrito además con un estilo extraordinariamente preciso y variado (figura 5.2).

Además, el pasaje de Eliot contiene una importante confesión que Hetty dirige a Dinah; el personaje recuerda el momento en que abandonó a su hijo en el bosque y esperó a que llegara «su» muerte. Ahora bien, «esperar» no es el verbo más apropiado para describir la acción.

Desde un punto de vista gramatical, lo más llamativo del pasaje son una serie de frases repletas de formas verbales conjugadas en primera persona: *I made haste, I could hear, I got out, I was held fast, I couldn't go away, I wanted, I sat, I was,*

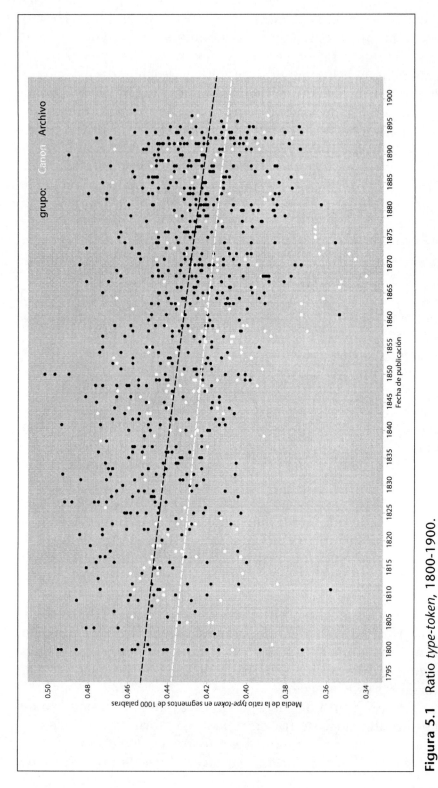

Figura 5.1 Ratio *type-token*, 1800-1900.

La «atracción» de las novelas infantiles hacia una ratio *type-token* baja se percibe entre 1860 y 1880; en general, sin embargo, las ratios del canon y del archivo permanecen estables en todo el siglo XIX.

> It is for this rare, precious quality of truthfulness that I delight in many Dutch paintings, which lofty-minded people despise. I find a source of delicious sympathy in these faithful pictures of a monotonous homely existence, which has been the fate of so many more among my fellow-mortals than a life of pomp or of absolute indigence, of tragic suffering or of world-stirring actions. I turn, without shrinking, from cloud-borne angels, from prophets, sibyls, and heroic warriors, to an old woman bending over her flower-pot, or eating her solitary dinner, while the noonday light, softened perhaps by a screen of leaves, falls on her mob-cap, and just touches the rim of her spinning-wheel, and her stone jug, and all those cheap common things which are the precious necessaries of life to her—or I turn to that village wedding, kept between four brown walls, where an awkward bridegroom opens the dance with a high-shouldered, broad-faced bride, while elderly and middle-aged friends look on, with very irregular noses and lips, and probably with quart-pots in their hands, but with an expression of unmistakable contentment and goodwill. «Foh!» says my idealistic friend, «what vulgar details!»

Figura 5.2 «This rare, precious quality of truthfulness».

«Es por esa extraña y preciosa veracidad por lo que me deleito con muchas de las pinturas holandesas que algunas personas de actitud altiva acostumbran a despreciar. Hallo una fuente de simpatía deliciosa en esas imágenes fieles a la existencia monótona de la vida hogareña, que ha sido el destino de muchos de mis compañeros, simples mortales, y no la vida fastuosa o la vida indigente, repleta de sufrimientos trágicos o de acciones conmovedoras. Dejo de lado sin vacilar los ángeles arropados por nubes, los profetas, las sibilas, los guerreros heroicos y en su lugar prefiero la anciana que se inclina sobre un jarrón de flores o que degusta la cena en soledad, mientras la luz del mediodía, atenuada quizás por un biombo de hojas, cae sobre su cofia y apenas roza el exterior de la rueca, la jarra de piedra y todos esos objetos baratos y comunes que son tan preciosos y necesarios para su vida. O bien prefiero la boda aldeana, que se celebra entre cuatro paredes parduzcas, en las que un novio torpe comienza a bailar con la novia —de hombros altos y rostro amplio— mientras los amigos, ancianos o en plena edad adulta, los observan con sus narices y labios irregulares sosteniendo —probablemente— una jarra entre las manos, pero con una expresión de felicidad y buena voluntad inequívocas. "¡Basta!", replica mi amigo idealista, "¡qué detalles más vulgares!"».

I had, I couldn't ('Me di prisa', 'podía oír', 'me fui', 'me detuve', 'no podía marcharme', 'quería', 'me senté', 'era', 'tenía', 'no podía'), etc. Por lo común, en narratología, las formas verbales se perciben como índices de la «acción». Sin embargo, como si se tratara de un efecto de disonancia entre gramática y semántica, los verbos sugieren una parálisis: Hetty intenta marcharse desesperadamente, pero no puede. De la misma manera que es incapaz de abandonar el lugar en que ocurre el episodio, el personaje no renuncia al uso de la *palabra* para describirlo; no puede

> And# I# made haste out# of# the# wood#, but# I# could# hear it# crying# all# the# while#; and# when# I# got# out# into# the# fields#, it# was# as# if# I# was# held fast#— I# could# n't* go# away#, for# all# I# wanted so# to# go#. And# I# sat# against# the# haystack# to# watch if# anybody# 'ud* come#: I# was# very# hungry, and# I#'d only a# bit of# bread# left; but# I# could# n't* go# away#.

Figura 5.3 El pasaje más repetitivo de todo el siglo XIX inglés: la confesión de Hetty en *Adam Bede*.

El símbolo de almohadilla indica que la palabra se repite en un segmento determinado, mientras que el asterisco señala que las palabras no forman parte del «diccionario» utilizado para hacer los cálculos. Algunas rarezas de este pasaje se deben al procesador de Stanford; por ejemplo, la contracción negativa («n't») al final de *couldn't* es considerada una palabra independiente.

> «Dejé atrás el bosque con apuro, pero seguía oyendo su llanto; cuando regresé al campo, sentí como si me detuvieran; no podía marcharme, aunque lo ansiaba con todas mis fuerzas. Me senté en el pajar con la esperanza de ver a alguien aproximarse; estaba hambrienta y sólo tenía un poco de pan; pero no podía marcharme».

olvidarlo, de ahí la repetición. Dicho de otro modo: Hetty no puede olvidar *ni expresar lo que realmente ocurrió*. En un ejemplo claro de las oscilaciones entre la «repetición» y la «superación de obstáculos», el personaje continúa diciendo lo mismo una y otra vez porque no tiene suficiente fuerza como para pronunciar la palabra que verdaderamente importa: el término «muerte» no se repite ni una sola vez y únicamente aparece de manera oblicua en una construcción confusa situada al final del pasaje.[32]

¿Por qué el uso de la repetición es tan importante aquí? Porque estamos ante un trauma y la repetición es un recurso lingüístico muy apropiado para expresar la sensación de estar aprisionado por las propias palabras; palabras cuya enigmática

---

32. *But it was morning, for it kept getting lighter, and I turned back the way I'd come. I couldn't help it, Dinah; it was the baby's crying made me go—and yet I was frightneded to death. I thought that man in the smock-frock 'ud see me and know I put the baby there* ('Pero era temprano por la mañana, pues el día iba aclarándose, así que me di la vuelta para volver sobre mis pasos. No pude evitarlo, Dinah; era el llanto del bebé lo que me obligó a alejarme; y, sin embargo, me moría del miedo. Creí que el hombre ataviado con ropajes de granjero me vería y descubriría que había abandonado al bebé allí'). Nótese que la alusión a la muerte se refiere a Hetty en lugar de a la criatura.

fuerza explica el porqué Eliot, que era partidaria del lenguaje preciso y analítico, pudo escribir el pasaje más repetitivo del siglo XIX. Asimismo, la confesión de Hetty señala el componente oral de la ratio *type-token*. Junto con el pasaje de Eliot, los dos siguientes segmentos con la densidad léxica más baja también son confesiones: por un lado, una confesión de la voluntad de cambiar de bebé en *Ennui* de Edgeworth;[33] por el otro, una confesión de amor en *Last Chronicle of Barset* de Trollope.[34] En este rango inferior también encontramos pasajes pertenecientes a novelas infantiles (con sus narradores comunes), novelas irlandesas (especializadas en imitar el estilo hablado) y un sinfín de ejemplos de novelas de Trollope con abundantes esticomotias que reproducen el habla pequeño-burguesa.[35] Asimismo, hallamos escenas de juicios (*The Ordeal of Richard Feverel*, *The Heart of Mid-Lothian*, *Tales of a Briefless Barrister* de William Scargill), confrontaciones ideológicas (*Marius the Epicurean*), una visión extática del «comunismo de la felicidad» (*Lady Laura* de Mary Christie)[36] y una gran invectiva contra el dinero (*A Very Old Ques-*

---

33. *I thought, how happy he would be if he had such a fine baby as you; dear; and you was a fine baby to be sure; and then I thought, how happy it would be for you, if you was in the place of the little lord: and then it came into my head, just like a shot, where would be the harm to change you?* ('Pensé cuán feliz sería si él tuviera un bebé tan hermoso como tú, mi cielo; y pensé que seguro serías un bebé muy afortunado; y pensé cuán feliz serías si ocuparas el lugar del pequeño Lord. La idea entonces me vino de golpe: ¿qué mal haría intercambiándote?').

34. *You are so good and so true, and so excellent; such a dear, dear, dear friend, that I will tell you everything, so that you may read my heart. I will tell you as I tell mamma— you and her and no one else— for you are the choice friend of my heart. I cannot be your wife because of the love I bear for another man* ('Eres tan bueno, tan honesto y tan estupendo; te aprecio tanto como amigo que puedo compartir contigo todo hasta el punto que podrías leer en mi corazón; te lo contaré todo como se lo cuento a mi mamá —a ti a y a ella, a nadie más— porque mi corazón te ha escogido como amigo: no puedo ser tu esposa debido al amor que profeso a otro hombre').

35. «*Do you think that I am in earnest?*». «*Yes, I think you are in earnest*». «*And do you believe that I love you with all my heart and all my strength and all my soul?*». «*Oh, John!*». «*But do you?*». «*I think you love me*». «*Think!*». ('¿No crees que hablo en serio?' 'Sí, claro que sí'. '¿No me crees cuando digo que te amo con todo mi corazón y todas mis fuerzas y toda mi alma?'. '¡Oh, John!'. 'Pero ¿me crees o no?'. 'Creo que me quieres'. '¡Crees!').

36. «*All are not equally happy; all cannot be equally happy. But there is a sort of communism possible in happiness. The unhappy have a claim upon the happy; the happy have a debt towards the unhappy*». «*But how can one share*

came all of a sudden, as I was lying in the bed, and it got stronger and stronger... I longed so to go back again... I could n't bear being so lonely, and coming to beg for want. And it gave me strength and resolution to get up and dress myself. I felt I must do it... I did n't know how... I thought I'd find a pool, if I could, like that other, in the corner of the field, in the dark. And when the woman went out, I felt as if I was strong enough to do anything... I thought I should get rid of all my misery, and go back home, and never let'em know why I ran away. I put on my bonnet and shawl, and went out into the dark street, with the baby under my cloak; and I walked fast till I got into a street a good way off, and there was a public, and I got some warm stuff to drink and some bread. And I walked on and on, and I hardly felt the ground I trod on; and it got lighter, for there came the moon— O, Dinah, it frightened me when it first looked at me out o' the clouds— it never looked so before; and I turned out of the road into the fields, for I was afraid o' meeting anybody with the moon shining on me. And I came to a haystack, where I thought I could lie down and keep myself warm all night. There was a place cut into it, where I could make me a bed; and I lay comfortable, and the baby was warm against me; and I must have gone to sleep for a good while, for when I woke it was morning, but not very light, and the baby was crying. And I saw a wood a little way off... I thought there'd perhaps be a ditch or a pond there... and it was so early I thought I could hide the child there, and get a long way off before folks was up. And then I thought I'd go home— I'd get rides in carts and go home, and tell'em I'd been to try and see for a place, and could n't get one. I longed so for it, Dinah— I longed so to be safe at home. I do n't know how I felt about the baby. I seemed to hate it— it was like a heavy weight hanging round my neck; and yet its crying went through me, and I dared n't look at its little hands and face. But I went on to the wood, and I walked about, but there was no water''... Hetty shuddered. She was silent for some moments, and when she began again, it was in a whisper.`` I came to a place where there was lots of chips and turf, and I sat down on the trunk of a tree to think what I should do. And all of a sudden I saw a hole under the nut-tree, like a little grave. And it darted into me like lightning— I'd lay the baby there, and cover it with the grass and the chips. I could n't kill it any other way. And I'd done it in a minute; and, O, it cried so, Dinah— I could n't cover it quite up— I thought perhaps somebody `ud come and take care of it, and then it would n't die. And I made haste out of the wood, but I could hear it crying all the while; and when I got out into the fields, it was as if I was held fast— I could n't go away, for all I wanted so to go. And I sat against the haystack to watch if anybody `ud come: I was very hungry, and I'd only a bit of bread left; but I could n't go away. And after ever such a while— hours and hours— the man came— him in a smock-frock, and he looked at me so, I was frightened, and I made haste and went on. I thought he was going to the wood, and would perhaps find the baby. And I went right on, till I came to a village, a long way off from the wood; and I was very sick, and faint, and hungry. I got something to eat there, and bought a loaf. But I was frightened to stay. I heard the baby crying, and thought the other folks heard it too, — and I went on. But I was so tried, and it was getting towards dark. And at last, by the roadside there was a barn— ever such a way off any house— like the barn in Abbot's Close; and I thought I could go in there and hide myself among the hay and straw, and nobody `ud be likely to come. I went in, and it was half full o' trusses of straw, and there was some hay, too. And I made myself a bed, ever so far behind, where nobody could find me; and I was so tired and weak, I went to sleep... But oh, the baby's crying kept waking me; and I thought that man as looked at me so was come and laying hold of me. But I must have slept a long.

Figura 5.4 «But I could hear it crying all the while».

«"... Este pensamiento vino de golpe, mientras descansaba en la cama, y se hizo cada vez más fuerte... Deseaba tanto regresar... No podía soportar la idea de estar sola y volver a mendigar. Esa perspectiva me dio fuerzas y resolución para levantarme y vestirme. Me dije: *Debo hacerlo*... Pero no sabía cómo... buscaré un estanque apartado y oscuro. Y cuando la mujer se fue, me sentí con fuerzas suficientes para hacer cualquier cosa... Pensé que debía terminar con mi miseria y volver a casa sin dar explicaciones a nadie sobre mi huida. Me puse la toca y el chal y me adentré en la oscuridad de las calles con el bebé debajo del mantón; caminé deprisa hasta alejarme, entonces entré en una bodega en donde me bebí un trago caliente y comí un poco de pan. Seguí caminando sin parar, apenas sentía el suelo bajo mis pies; la luna empezó a iluminar mi camino —¡Oh, Dinah, ¡qué espanto sentí cuando me miró por primera vez entre las nubes! Nunca me había mirado así antes—; dejé la carretera atrás y me adentré en el campo, tenía miedo de encontrarme con alguien y que me reconociera a la luz de la luna. Llegué a un pajar en donde pensé que podría reposar y resguardarme del frío durante la noche. Había un espacio libre, en el que pude hacerme una cama; me estiré cómodamente, el bebé mantenía una temperatura cálida contra mi cuerpo; debí de dormir durante un buen rato porque cuando me desperté ya era de día, aunque no del todo, y el bebé lloraba. Había un trozo de madera a poca distancia... pensé que no muy lejos debía de haber una acequia o un estanque... era aún temprano, podría esconder al bebé ahí y llegar lejos antes de que la gente empezara a despertar. Y entonces pensé que podría montarme en un carruaje y volver a casa y contarles que había intentado ponerme a servir, pero que no había encontrado nada. Lo deseaba con tantas fuerzas, Dinah: ¡estar sana y salva en mi casa! No sabía qué sentía por el bebé; creo que lo odiaba, era como un yugo sobre mi cuello. Una vez más su llanto me atravesó y no osé mirar sus manitas, sus piececitos o su carita. Me dirigí al bosque, recorrí de aquí para allá, pero no había agua..." Hetty se estremeció; guardó silencio durante unos minutos. Cuando reanudó su relato, lo hizo entre susurros: "Llegué a un lugar en que había trozos de madera y césped, me senté sobre el tronco de un árbol para pensar qué debía hacer. De repente, vi un agujero bajo un nogal, un agujero que parecía una pequeña tumba. El agujero se precipitaba hacia mí como si fuera un relámpago. Dejaré el bebé aquí, me dije, y lo cubriré con los hierbajos y los trozos de madera. No podía acabar con su vida de otra manera. Lo haré enseguida. Pero entonces empezó a llorar, Dinah. No podía ocultarlo del todo, pensé que quizás alguien vendría y se lo llevaría para cuidarlo, y así no moriría. Me apresuré a salir de la maleza, pero seguía oyendo su llanto; cuando regresé al campo, sentí como si me detuvieran; no podía marcharme, aunque lo ansiaba con todas mis fuerzas. Me senté en el pajar con la esperanza de ver a alguien aproximarse; estaba hambrienta y sólo tenía un poco de pan; pero no podía marcharme. Y tras esperar varias horas, un hombre se acercó —vestía ropajes de granjero— y me echó una mirada; sentí pánico, me apresuré y me fui. Pensé que se dirigía hacia el bosque y que quizás encontraría al bebé. Continué caminando hasta llegar al pueblo; había caminado un buen trecho y me sentía cansada, débil y hambrienta. Me hice con algo de comer y una rebanada de pan. Pero tenía miedo de quedarme en el pueblo. Oía el llanto del bebé y creía que los demás también podían oírlo. Seguí caminando. Estaba muy cansada y empezaba a oscurecer. En el camino encontré un granero aislado, un granero como el que hay en la Cerca del Abad; pensé que podía ir y esconderme entre el heno y la paja. Me hice una cama en un lugar apartado para que nadie pudiera verme; estaba tan cansada y me sentía tan débil que me dormí... Pero el llanto del bebé me despertó varias veces; pensé que el hombre que me había visto vendría y me apresaría. Debí de dormir una eternidad..."».

tion de Thomas Pemberton).[37] Hay personajes que hablan demasiado por el afán de agradar (*Emma*) y otros, como Van Helsing en *Dracula*, que deben cerciorarse de las pruebas una y otra vez. No podía ser casualidad —concluyeron Allison y Gemma— que los segmentos de 1.000 palabras (de textos canónicos) que contaban con una ratio más baja estuvieran exactamente en el mismo rango que la conversación según *Longmann Grammar*: una media de 30 para el registro oral y una ratio de entre 27 y 33 para nuestros 500 segmentos con una densidad menor.

Habíamos decidido volver a utilizar la ratio *type-token* con la esperanza de poder realizar un análisis textual; por suerte, el resultado era satisfactorio: una ratio baja era indicativa de aspectos cruciales de la estructura narrativa como los episodios en que se representa un trauma, la intensidad o bien la oralidad. Habida cuenta de esto, pues, debíamos preguntarnos qué indicaba una ratio elevada.

---

one's happiness with others? It seems to me impossible. It is what I have most wished to do, but I see no way in which it can be done». «In one sense certainly you cannot share your happiness, and you cannot give it away. It is essentially your own, a development of your being, a part of yourself that you may not alienate». ('No somos todos igual de felices; no podemos serlo todos; pero en la felicidad es posible una especie de comunión. La gente desdichada reclama a los afortunados; los afortunados tienen una deuda con los desdichados'. 'Pero ¿cómo podemos compartir nuestra felicidad con los demás? Me parece imposible. Es lo que más quisiera en el mundo, pero no veo el modo'. 'En realidad, uno no puede compartir su felicidad, no podemos desprendernos de ella. Forma parte de nuestro ser, de nuestro desarrollo personal, es una parte de nosotros de la que no podemos separarnos').

37. *«Money!», she cried derisively. «Money! What is money to the trouble which has torn my heart ever since I have been married! What is money to those who thirst for love! I never wanted money; without money I was strong and happy; since I have had it I have been weak and miserable. Money broke down my poor father, and it was for money that Percy married, deceived, and has forsaken fine. Thank God that the wretched money has gone».* ('¡El dinero!', exclamó la muchacha con sorna. '¡El dinero! ¿Qué importa el dinero comparado con los problemas vividos por mi corazón desde que contraje matrimonio? ¿Qué importa el dinero para los que están sedientos de amor? Yo nunca quise dinero; sin dinero me sentía saludable y feliz. Desde que tengo dinero, me hallo débil y miserable. El dinero destrozó a mi pobre padre y fue por dinero por lo que Percy se casó conmigo, me engañó y me dejó. ¡Gracias a Dios que el despreciable dinero se ha terminado').

6. «Alféizares rebosantes de cañones de boca ancha»[38]

La figura 6.1 contiene las diez novelas con una ratio *type-token* más elevada de todo el corpus y la 6.2 muestra el pasaje más variado desde un punto de vista léxico perteneciente a *Arthur Montague; or, An Only Son at Sea* de Edward Hawker.

Si una posición social privilegiada en el canon estuviera en relación con un privilegio lingüístico —Dario Fo, premio Nobel de literatura de 1997, escribió una obra teatral titulada *The worker knows 300 words, the boss 1000; that's why he's the boss* («El trabajador conoce 300 palabras, el jefe 1.000; por eso él es el jefe»)— entonces los autores canónicos deberían utilizar un lenguaje mucho más variado que los autores olvidados. Sin embargo, al menos en lo que respecta a la abundancia medida con la ratio *type-token*, sucede lo contrario. «El lenguaje artístico está imbuido de un rechazo de lo *fácil*» —escribió Bourdieu— «las obras "vulgares" provocan rechazo y aversión hacia los métodos de seducción».[39] Ahora bien, ¿es vulgar el lenguaje de Hawker? ¿Acaso nos seduce? Ocurre precisamente lo contrario. La dicotomía vulgar/refinado no explicará jamás la conexión entre el archivo y la ratio *type-token*. Debíamos, pues, seguir buscando en otro lugar.

Como de costumbre, encontramos la respuesta en la lingüística de corpus. En esta ocasión el concepto que necesitábamos era el de «registro», es decir, «la intención comunicativa y el contexto situacional» de los mensajes, tal y como es descrito por Doublas Biber y Susan Conrad en *Register, Genre and Style*.[40] En su estudio sobre el registro, la oposición fundamental reside entre discurso oral y discurso escrito; se acepta generalmente que, en inglés, el texto escrito tiene una ratio *type-token* más elevada que el texto oral. Si el archivo tiene una variedad léxica mayor, es porque *el archivo tiende hacia el registro «escrito» en mayor me-*

---

38. *Nota del traductor*: fragmento citado de *Arthur Montague; or, An Only Son at Sea*, de Edward Hawker.

39. Pierre Bourdieu, *Distinction. A social critique of the judgment of taste*, 1979, Harvard UP, 1984, pág. 486. Traducción española: *La distinción: criterio y bases sociales del gusto*, Barcelona, Taurus, 2012.

40. Douglas Biber y Susan Conrad, *Register, Genre, and Style*, Cambridge UP, 2009, pág. 2.

> Edward Duros, *Otterboune; a Story of the English Marches*, 1832.
> Edward Hawker, *Arthur Montague; or, An Only Son at sea*, 1850.
> Emma Robison, *The Armourer's Daughter: or, The Border Riders*, 1850.
> William Lennox, *Compton Audley; or, Hands not Hearts*, 1841.
> Mary Anne Cursham, *Norman Abbey: A Tale of Sherwood Forest*, 1832.
> William Maginn, *Whitehall; or, The Days of George IV*, 1827.
> Thomas Surr, *The Mask of Fashion; A Plain Tale, with Anecdotes Foreign and Domestic*, 1807.
> James Grant, *The Scottish Cavalier: An Historical Romance*, 1850.
> Cecil Clarke, *Love's Loyalty*, 1890.
> Jane West, *Ringrove, or Old Fashioned Notions*, 1827.

Figura 6.1 Las ratios *type-token* más elevadas o el triunfo del archivo.

dida que el canon —mientras que éste, como hemos visto en la sección anterior, incorpora con facilidad algunas convenciones del discurso «oral»—. En las novelas del archivo, con una ratio *type-token* elevada, hallamos pasajes que imitan el discurso oral (diálogo, discurso, exclamaciones, etc.); la investigación en curso de Gemma acerca del registro coloquial sugiere que es incluso más abundante. Sin embargo, los pasajes «hablados» tienen un notorio carácter «escrito». Por ejemplo, en la novela *Ringrove* de Jane West, encontramos muchas porciones de texto marcadas tipográficamente como diálogo; no obstante, a menudo se trata de una convención formal porque el texto suena más semejante al escrito que a la conversación oral.[41]

El carácter «escrito» de muchas de las obras contenidas en el archivo se debe, en gran parte, al conservadurismo lingüístico. Un fragmento de la novela *The impostor* de William Noth —cuya ratio *type-token* se halla cerca del 1% más elevada de todo el corpus— ilustra la idea:

---

41. He aquí un ejemplo sobre los abusos poéticos de Byron: «*There is a deep condensation of thought, an appropriateness of diction, an elegance of sentiment, and an original glow of poetical imagery; ever happy in illustrating objects, or deepening impressions; —which so fascinate our fancy and bewilder our judgment, that we lose sight of the nature of the deeds he narrates, and the real character of the actors*» («Hay una profunda condensación del pensamiento, una apropiación de la dicción, una elegancia del sentimiento y un brillo original de la imaginería poética; está siempre tan dispuesto a ilustrar objetos o a profundizar en impresiones, que tanto fascinan nuestra fantasía y desconciertan nuestro juicio, que perdemos de vista la naturaleza de las obras que narra y el carácter real de los personajes»).

> then cut through some acres of refreshing greensward, studded with the oak, walnut, and hawthorn, ascended a knoll, skirted an expansive sheet of# water; afterwards entering an# avenue of# noble elms, always tenanted* by a# countless host of# cawing* rooks, whose clamorous conclaves* interrupted the# stillness that reigned around, and# whose# visits to adjacent cornfields* of# inviting aspect raised the# ire and# outcry of# the# yelling VOL. I. C urchins employed to# guard them from depredation. Emerging from# this arched vista, a# near view was obtained of# the# mansion, approached through# a# thick luxuriant shrubbery of# full-grown* evergreens. It was# a# straggling stone structure of# considerable size and# doubtful architecture, having on either side an# ornamental wing, surmounted by# glazed cupolas*, and# indented below with# niches containing statues and# vases alternate. The# front face of# the# building displayed a# row of# fine Corinthian pillars-- their capitals screened by# wire-work* shields, to# defend them# from# the# injurious intrusions of# the# feathery tril*> e, who ever chirped* and# hovered about the# forbidden spots, coveting the# shelter denied them#. In the# vicinity of# the# house was# a# spacious flower-garden*, encompassed by# a# protecting plantation of# bay, holly, augustines*, arbutus, laburnum, yellow and# red Barbary, lilac, and# Guelder-rose*, ever# melodious with# the# shy, wary blackbird's whistle, the# sweet notes of# the# secreted thrush, and# the# varied carols of# their# fellow-choristers*, all conspiring to# give motion as well as# life to# their# leafy concealment. To# the# right, was# a# rich, park-like* prospect, sprinkled with# deer, grazing beneath clumps of# commingled oaks and# chestnuts or pulling acorns from# the# low, overhanging? branches of# some# solitary venerable stout-trinket* tree, whose# outspread limbs bent downwards to# the# earth from# whence their# life# was# drawn, as# if in# thankfulness for the# nourishment received. In# an# opposite direction stretched forth undulating woodland scenery, bordering on# an# open furzy down, which was# frequently occupied by# the# moveable* abodes* of# those houseless rovers-- the# hardy, spoliating*, mendacious tribe, whose# forefathers Selim*, on# conquering Egypt, was# unable to# extirpate, but contrived to# expel, thereby entailing on# Europe their# lawless and# unpopular posterity, so obnoxious to# the# proprietors of# the# localities they select for# their# temporary residences.

Figura 6.2 La página menos repetitiva del siglo XIX inglés.
La descripción del paisaje de Edward Hawker tiene una ratio de 60, muy superior a la ficción (46) y a las de los noticieros (50) según *Longmann Grammar* (segmentos de igual extensión).

> There has of late years crept into our *belles lettres*, in addition to the *soi-disant* fashionable trash above mentioned, a violent predilection for low life, slang, and vulgarism of every kind. Dickens and Ainsworth led the way, and whole hosts became their followers... Let us endeavor to reestablish pure classical taste.[42]

42. «En los últimos años se introdujeron sigilosamente en nuestras *belle lettres*, además de la basura de moda *soi-disant* arriba mencionada, una violenta predilección por la vida baja, la jerga y los vulgarismos de todo tipo. Dickens y Ainsworth lideraron el camino, que recorren una hueste de seguidores. Hagamos lo posible por restablecer la pureza del gusto clásico».

«Hagamos lo posible por reestablecer...». En su estudio sobre el prestigio y el estilo, Underwood y Sellers señalaron que muchos libros desconocidos situados «al final de la lista [correspondiente a su modelo] [...] tenían una finalidad inspiradora o programática».[43] Lo mismo ocurre aquí: la «jerga y los vulgarismos» típicos del registro oral ofenden «la pureza del gusto clásico», de tal modo que la cohorte de la figura 6.1 contraataca, «elevando» el tono del discurso hasta alcanzar la gravedad formal de la página escrita; de ahí, por un lado, la abundancia de numerosos sustantivos y adjetivos y, por el otro, la escasez de verbos conjugados (figuras 6.3, 6.4 y 6.5).[44]

Hasta el momento hemos explicado la afinidad entre una ratio *type-token* elevada y el registro escrito como el resultado, en términos generales, de una elección estilística e ideológica. Ahora bien, creemos que también existe una razón menos comprometida, más «funcional», que explica igualmente esta correlación. Según la lingüística de corpus, la variedad léxica es mayor en el discurso periodístico, en concreto, en los noticieros; se trata de un discurso que precisa «la densidad extremadamente elevada de los sustantivos» —de acuerdo con el *Longman Grammar*— para «referir una gama muy variada de personas, lugares, objetos, eventos, etc.» (53-54). La fuente de la variedad léxica en este registro es doble: por un lado, se debe a la necesaria e interna especificidad de cada noticia; por el otro, se debe a la dis-

---

43. Underwood y Sellers, pág. 14.
44. La alta frecuencia de substantivos y adjetivos nos devuelve a los bigramas gramaticales discutidos al final de la sección 4, en concreto a los pares de palabras «adjetivo-adjetivo», «nombre-nombre propio», «nombre-adjetivo». Combinando esos resultados con los obtenidos en esta sección, podemos finalmente resolver la paradoja de los textos que tienen una alta redundancia a nivel de bigramas y una alta variedad a nivel de la ratio *type-token*. El «etiquetado» de bigramas como «conde Goldstein» y «tío Gerard», o el uso de expresiones estereotipadas como «voluntad de hierro» y «poco inteligente», puede fácilmente repetirse en el curso de la novela, lo que aumenta la redundancia *a esa escala*; pero incluso un escritor mediocre es poco probable que repita «poco inteligente» en un segmento de 1.000 palabras, dejando así la ratio *type-token* bastante alta. Y lo contrario ocurre con los bigramas «determinante-nombre» o «preposición-determinante» que son típicos de los textos canónicos: como *the* es la palabra más frecuente en inglés, inevitablemente se repetirá docenas de veces en un segmento de 1.000 palabras, disminuyendo así su variedad léxica; pero como el sustantivo próximo al artículo puede variar fácilmente, la redundancia a nivel de bigramas permanecerá relativamente baja.

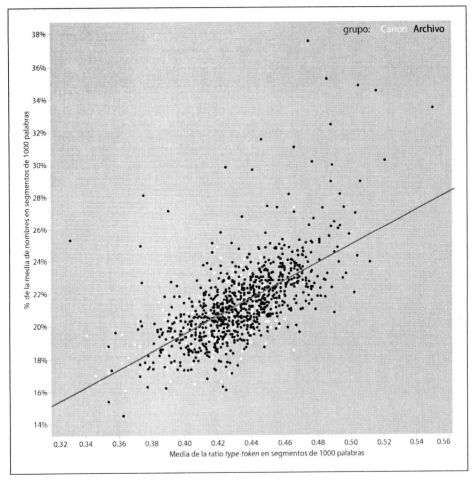

Figura 6.3   La ratio *type-token* y los sustantivos.

continuidad entre una noticia y la siguiente; cada vez que una noticia empieza, la repetición se renueva y parte desde cero, y, por tanto, la ratio *type-token* incrementa. Esta lógica doble también se halla en las novelas con una ratio *type-token* elevada; estas novelas contienen materiales muy diversos y acentúan su diversidad incluyendo textos que pertenecen a otros géneros literarios. Por ejemplo, Jane West —cuyas seis novelas se sitúan en el 3% de la ratio *type-token* más elevada— cita fragmentos de poesía en 17 de sus 24 segmentos con una variedad léxica más alta; cuando no cita poemas, se vale de metáforas muy elaboradas —*expect a fearful tempest to arise, which will clear the tree of its unsound branches* («espera que una tempestad atemori-

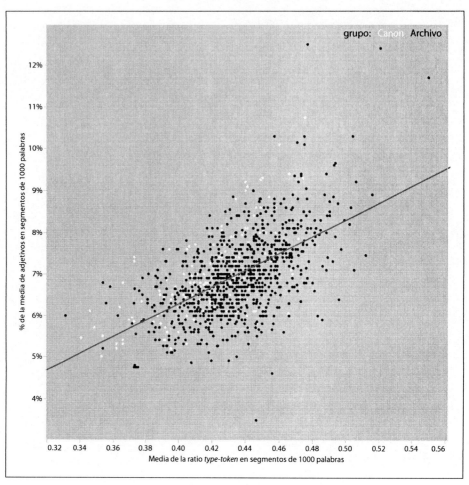

Figura 6.4 La ratio *type-token* y los adjetivos.

zante se desate, que acabará con las ramas menos vigorosas del árbol»)— y de pastiches.[45] Por su parte, en la introducción a *The*

---

45. «*First, Venus, queen of gentle devices! taught her prototype, lady Arabella, the use of feigned sighs, artificial tears, and Studied fainting: while Aesculapius descended from Olympus, and, assuming the form of a smart physician, stepped out of an elegant chariot, and on viewing the patient, after three sagacious nods, whispered to the trembling aunt, that the young lady's disorder, being purely mental, was beyond the power of the healing art. Reduced to the dire alternative of resigning the fair sufferer to a husband or to the grave, the relenting lady Madelina did not long hesitate*» («Primero, Venus, ¡reina de los artefactos apacibles!, enseñó a su prototipo, Lady Arabella, el uso de suspiros fingidos, lágrimas artificiales y estudió desmayos; mientras Esculapio descendió del Olimpo, y, asumien-

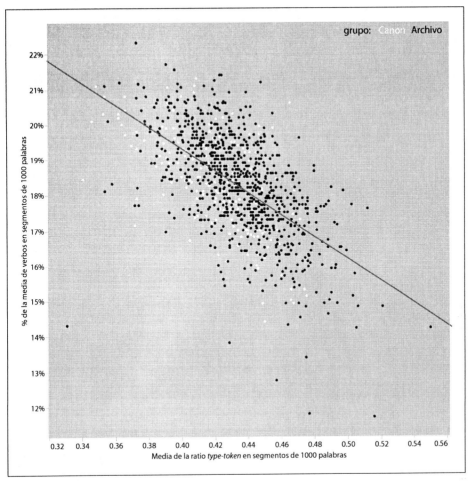

Figura 6.5 La ratio *type-token* y los verbos.

En el pasaje sobre Gibraltar de Hawkers (véase figura 6.2), los adjetivos (y participios) son tres veces más frecuentes que la media de la novela inglesa del siglo XIX, mientras que las formas verbales conjugadas son tres veces menos frecuentes. Por el contrario, el pasaje de 75 palabras de Adam Bede (véase figura 5.4) contiene únicamente cuatro sustantivos y un adjetivo —*hungry* (hambriento)—.

---

do la forma de un médico inteligente, salió de un carro elegante, y al ver al paciente, después de tres asentimientos sagaces, susurró a la tía temblorosa, que el desorden de la joven dama, al ser puramente mental, estaba más allá de su poder. Reducida a la alternativa desesperada de que la víctima renunciara a un marido o a la tumba, lady Madelina no dudó mucho tiempo». Jane West, *A Tale of the Times*, 1799).

Impostor —una obra que es mitad crítica literaria, mitad apología— toca temas de lo más variopintos e hilvana multitud de digresiones... sobre todos los temas que ha decidido incluir en su «romance».[46] Thomas Hope se orienta hacia la profecía política,[47] Lewis Wingfield incluye una digresión —en parte paródica— sobre la arquitectura,[48] Edward Duros dedica varias páginas a la

46. «*By introducing literary criticism, satire of political and social evils, and popular illustrations of interesting facts in science, I have hoped to add to the interests of a romance, in which I trust no deficiency of adventure, plot, and carefully developed character will be found. But the day has gone by for mere fashionable novels. The age is utilitarian, and even novelists (the poets of present times) must conform to the mode*» («Al introducir la crítica literaria, la sátira de los males políticos y sociales, y las ilustraciones populares de hechos interesantes en la ciencia, he querido agregar algo más a lo que resulta interesante de un romance, en el cual confío nadie encontrará alguna deficiencia de la aventura, de la trama y del carácter cuidadosamente desarrollado. Pero para las novelas de moda ha pasado su momento. La época es utilitaria e incluso los novelistas (los poetas de los tiempos actuales) deben ajustarse a este modo de vida»).

47. «*The time is at hand when all the tottering monuments of ignorance, credulity, and superstition, no longer protected by the foolish awe which they formerly inspired, shall strew the earth with their wrecks! Every where the young shoots of reason and liberty, starting from between the rents and crevices of the worn-out* fabrics of feudalism, are becoming too vigorous any longer to be checked: they soon will burst asunder the baseless edifices* of self-interest* and prejudice, which have so long impeded their growth. Religious inquisition, judicial torture, monastic seclusion, tyranny, oppression, fanaticism, and all the other relics of barbarism, are to be driven from the globe*» («¡El tiempo se acerca cuando todos los tambaleantes monumentos de ignorancia, credulidad y superstición, no protegidos ya por el temor insensato que antes inspiraban, desparramarán la tierra con sus naufragios! En todos los lugares los jóvenes brotes de razón y libertad, empezando por las rentas y grietas del tejido desgastado del feudalismo, se están haciendo demasiado vigorosos para ser controlados; pronto se desintegrarán los edificios sin fundamento del interés propio y de los prejuicios, que durante tanto tiempo han impedido su crecimiento. La inquisición religiosa, la tortura judicial, la reclusión monástica, la tiranía, la opresión, el fanatismo y todas las demás reliquias de la barbarie deben ser expulsadas del mundo») (Thomas Hope, *Anastasius, or, Memoirs of a Greek*, 1819).

48. «*A stately entrance hall in the most fashionable quarter of the metropolis, embellished with lofty Ionic columns of sham Sienna marble; in front of each a magnificent bust of sham bronze by Mr. NoUekins* on a pedestal of scagliola. From a heavily stuccoed* ceiling, wrought in the classic manner, depend six enormous lanterns in the Pagoda style, wreathed with gaping serpents. Along three sides there are rows of 'empire' benches, covered with amber damask, on which are lolling a regiment of drowsy myrmidons in rich liveries*. Passing these glorious athletes, you enter an ante-room choked with chairs, sofas, settees*, whose*

erudición anticuaria,[49] Edward Hawker se explaya con el adiestramiento naturalista... Basta de ejemplos; es el momento de las reflexiones finales.

III
DINÁMICAS DE LARGO ALCANCE EN EL CAMPO LITERARIO

No es fácil «concluir» con un proyecto que se ha alejado tanto de su propósito inicial. Comenzamos analizando el canon y el archivo a partir de la redundancia y la ratio *type-token*, pero entonces la relación entre medios y fines se invirtió de manera inadvertida; así el canon y el archivo se desplazaron a la periferia de la investigación y la redundancia y la ratio *type-token* ocupa-

---

florid gilding is heightened by scarlet cushions. Very beautiful» («Un majestuoso vestíbulo en el barrio más de moda de la metrópolis, adornado con altísimas columnas jónicas de mármol que imitaba al de Siena; delante de cada uno un magnífico busto de bronce simulado por el Sr. NoUekins* sobre un pedestal de escayola. De un techo fuertemente estucado*, forjado a la manera clásica, dependen seis enormes faroles al estilo Pagoda, adornados con serpientes abiertas. A lo largo de tres lados hay filas de bancos del "imperio*", cubiertos con ámbar de Damasco, en los que se amontonan un regimiento de mirmidones somnolientos en ricas libreas. Pasando por delante de estos gloriosos atletas, se entra en una antesala asfixiada con sillas, sofás, *settees**, cuyos dorados floridos están realzados por cojines escarlatas. Muy hermosa»). (Lewis Wingfield, *Abigel Rowe. A Chronicle of the Regency*, 1883).

49. «*The shield, slung to his neck, bore no emblazonry, and his open baronet and pennon-less* lance argued him neither to have undergone the clapham, or knightly box on the ear (!); nor the osculum pads, which more gently signified the chivalric brotherhood. He was, however, well mounted and perfectly armed. Judging from his simple habergeon, and a silver crescent which he bore, more in the way of cognizance than as his own device, he might be pronounced a superior retainer in the service of some great feudatory»* («El escudo, atado al cuello, no llevaba blasonería y su baronet abierto y su lanza sin pluma* le argumentaban que no se sometiera al *Clapham*, ni a la caja caballeresca en la oreja (!); ni a las almohadillas de escultura, que más suavemente significaban la hermandad caballeresca. Sin embargo, estaba bien montado y perfectamente armado. A juzgar por su simple y sencilla cota de malla, y por una media luna de plata que llevaba, más como para ser reconocido que porque fuera su propio emblema, podría ser declarado como un sirviente superior al servicio de algún gran señor feudal») (Edward Duros, *Otterbourne; A Story of the English Marches*, 1832).

ron de manera gradual el centro. No habíamos planeado nada al respecto; de hecho, durante un tiempo no nos dimos cuenta de este movimiento; pasamos varios meses preguntándonos por el «significado» de los bigramas y por qué diablos eran tan útiles para separar los textos; más tarde Allison y Gemma introdujeron la cuestión de los registros oral y escrito, lo cual nos obligó a invertir más tiempo estudiando la ratio *type-token* y leyendo pasajes de novelas desconocidas marcadas con almohadillas y asteriscos y que contenían palabras como *acclivities* (cuestas), *laburnum* (laburno) o *commingling* (mezcla). Un fenómeno extraño.

¿Por qué hicimos tal cosa? Porque creíamos que si analizábamos la ratio *type-token* podríamos entender algo sobre las fuerzas «internas» —en contraposición a las «externas» descritas en la sección 3— que moldean el campo literario. Al final constituyó otro traspiés para la investigación, pues la supuesta línea de demarcación que separa el canon y el archivo —la barra oblicua aún presente en el título de este capítulo— perdía todo interés, se diluía al formar parte de un paisaje mucho más amplio. Salvando las distancias, compartimos una similitud con la trayectoria de Bourdieu cuarenta años antes: cuando —partiendo de un estudio de *La educación sentimental* y de la posición de Flaubert en la literatura francesa del siglo XIX— desarrolló un marco general en el que el novelista francés seguía presente, pero sólo como un elemento entre muchos. Lo mismo ocurrió aquí: el canon y el archivo seguían estando «en» la imagen, con sus marcadores de diferente color; pero ahora el cometido de nuestros diagramas consistía en arrojar luz sobre el campo literario en su conjunto. La polaridad estilística ejemplificada por la pareja Eliot y Hawker ya no nos hacía pensar acerca del canon y el archivo, sino en los registros «orales» y «escritos». El enfoque había cambiado.

Con todo, seguía habiendo una gran diferencia entre nuestro trabajo y el de Bourdieu. Para nosotros, la sociología del campo literario *no puede apoyarse sólo en la sociología*, sino que necesita un fuerte componente morfológico. Por eso es por lo que la redundancia y (especialmente) la ratio *type-token* se había vuelto tan importante: la mezcla de lo cuantitativo y lo cualitativo era perfecta para nuestro objetivo final, es decir, para una morfo-sociología de la ficción. Retrospectivamente, debemos admitir que no hemos logrado el objetivo propuesto, aunque ahora estamos más próximos a él. No lo hemos hecho porque allí donde la correlación entre morfología y destino social era más fuerte —el caso de la redundancia—, la naturaleza elusiva de la unidad morfológica de los bigramas hacía difícil establecer una relación causal; por el contrario, allí donde el rasgo permitía un análisis rico y explícito —el caso de la ratio *type-token*— la correlación era más débil, y se tornaba incontestable solamente en casos extremos. Al mismo tiempo, dos fenómenos que habíamos percibido próximos a esos casos extremos —la intensidad de las voces de los personajes en las posiciones más bajas y el carácter misceláneo de la prosa del narrador en el extremo opuesto— abrieron una nueva línea de investigación, en la que el *continuum* cuantitativo-cualitativo resurgió muy claramente y condujo directamente a dos conceptos clave de la teoría de la novela de Bajtin: la polifonía y la *heteroglosia* (esto es, las «otras lenguas» pertenecientes a discursos extraliterarios consolidados, como la política, la estética, la geografía, la arquitectura, etc.). Usualmente, estas dos nociones son vistas como íntimamente relacionadas (y el propio Bajtin así lo creía); pero como Walser señaló en nuestra ronda final de discusiones, nuestros hallazgos revelaron que en realidad estaban localizadas en regiones opuestas del campo novelístico: la polifonía tendía a asociarse con los textos canónicos mientras que la heterogeneidad era más propia de las novelas olvidadas por el canon. La proximidad entre la heteroglosia y el olvido o fracaso literario era especialmente llamativa. Para Bajtin, cuando la novela entra en contacto con otros discursos, se transforma creativamente, apropiándose de su fuerza y reforzando su propia centralidad dentro del sistema cultural. Es como si, con la heteroglosia, nada pudiera salir mal. Pero eso es exactamente lo que sucedió con nuestro pequeño ejército de autores olvidados: el encuentro con otros discursos tuvo un efecto paralizante, produjo copias de prosa no ficcional sin ningún interés en lugar de un dialogismo revitalizante. En lo que respecta a la supervivencia dentro del sistema literario británico, resultó ser una elección muy mala.

¿Debemos entender, entonces, la heteroglosia como una posible patología de estructura novelística? «No hay nada que sea [...] patológico en sí mismo», escribió Georges Canguilhem en su obra maestra sobre las concepciones de la «normalidad» en el siglo XIX. «Una anomalía o una mutación no es patológica en sí misma, sólo expresan otras posibles formas de vida».[50] Si la tesis es correcta, lo que condenó a Hawker y a North y a Duros no fue tanto la elección de la heteroglosia en sí misma, sino que apostaron por ella en un momento —en un ecosistema— en que la forma de la novela se movía hacia una dirección opuesta: en lugar de buscar inspiración en discursos externos (como estaba ocurriendo en otros países), la novela inglesa potenció sus mecanismos narrativos internos. Incluso Dickens, tan adepto al argot parlamentario, escribió novelas con una notable dosis de «oralidad». Fue esta coyuntura histórica específica la que hizo que los «otros lenguajes» de la heteroglosia perjudicaran la supervivencia de ciertas novelas.

Llegado a este punto, una visión histórica más amplia puede ser de ayuda. Tiempo atrás, el clasicista Niklas Holzberg escribió un ensayo cuya metáfora cognitiva central —*the Fringe* o «la Periferia»— dejó una profunda huella en el estudio de la novela antigua.[51] Lo que Holzberg quiso decir con esta expresión era que, en torno a la diminuta cohorte de «novelas propiamente dichas griegas y latinas», existía un grupo mucho mayor de textos, donde los rasgos novelísticos se mezclaban con elementos de otros discursos (historiografía, crónica de viajes, filosofía, pedagogía política, pornografía, etc.) que expandían el discurso novelístico. En los veinte siglos que siguieron —a medida que la novela «verdadera» aumentaba su productividad, diversificaba sus formas y elevaba su estatus dentro de la cultura general— el papel de la «periferia» se contrajo correspondientemente y los estudiosos de la literatura moderna apenas se ocuparon de ella; pero, en realidad, los «márgenes» de la novela no han cesado de existir: los escritores de la figura 6.1 conforman la versión decimonónica de la «periferia» y la extraña proliferación de temas es lo que caracteriza unas obras situadas en la frontera entre la novela y otros discursos. El verdadero problema fue que la función morfológica de la frontera —que ofrecía un terreno favorable para el encuentro entre la novela y otros discursos— se había vuelto cada vez más incierta. Un siglo antes, una novela que adoptara los carices de la autobiografía espiritual, la mecá-

---

50. Georges Canguilhem, *The Normal and the Pathological*, 1966, Nueva York, 1989, pág. 144.
51. Niklas Holzberg, «The Genre: Novels proper and the Fringe», 1996, en Gareth Schmeling, ed. *The Novel in the Ancient World*, Brill, Boston-Leiden, 2003.

nica de la escritura epistolar o la discontinuidad de la «sensación» podía crecer hasta convertirse en una obra maestra y engendrar un exitoso subgénero; las novelas *Pilgrim's Progress*, *Pamela*, *Tristram Shandy*, tal vez aún *Waverley*, tenían rasgos marginales significativos. Pero en el transcurso del siglo XIX —probablemente como consecuencia de la división del trabajo intelectual, que aumentaba la distancia entre la ficción y las ciencias sociales, haciendo que sus lenguajes se tradujeran cada vez menos entre sí—, el papel de la heteroglosia en el desarrollo de la forma novelística se volvió problemático. Fue esto lo que decidió el destino de los escritores olvidados.[52]

Si esta explicación también sirve para nuestra pregunta inicial —es decir, si el análisis del archivo cambia nuestro conocimiento de la literatura— no nos corresponde a nosotros decidirlo. Lo que podemos decir es que, a medida que avanzaba el trabajo, dedicábamos cada vez más tiempo a *Ringrove*, *The Impostor* y *Arthur Montague*; y que, en algunos momentos afortunados, sentimos que estos libros estaban planteando cuestiones que, digamos, *Adam Bede* nunca planteó. No son más que unos pocos momentos de gracia, por lo que mantener la atención en el archivo es tarea difícil. La vuelta al camino trillado se debe, en parte, a la atracción que sentimos hacia escritores bien conocidos —la atracción de lo que ya sabes—; pero también se debe a la imagen convulsa que los autores olvidados te ponen delante: un vasto naufragio de ideales ambiciosos, muy diferente del paisaje que los historiadores de la literatura acostumbramos a tratar. Aprender a observar el naufragio sin arrogancia —pero también sin condescendencia— es lo que nos reclama el nuevo archivo digital; a la larga, podría ser un cambio aún mayor que la cuantificación misma.

---

52. Del mismo modo, a partir de ese momento, las obras maestras de la heteroglosia —como *Moby-Dick* o *Ulises*— tuvieron que alejarse cada vez más del eje principal del desarrollo novelístico, atrayendo cada vez menos a los lectores no académicos.

Las emociones de Londres

*Ryan Heuser, Franco Moretti,
Erik Steiner*[1]

1. *Ortgebunden*

Hace algunos años, un grupo formado por Ben Allen, Cameron Blevins, Ryan Heuser y Matt Jockers se propuso utilizar *topic modeling* para extraer información geográfica de novelas del siglo XIX.[2] Aunque no terminamos la investigación, nos sirvió para revelar que los temas relativos a Londres se incrementaban a lo largo del siglo; más adelante, cuando nos pidieron que diseñáramos un experimento de *crowdsourcing*, decidimos agregar una dimensión extra a nuestros hallazgos previos y ver si los topónimos londinenses podrían convertirse en la pieza fundamental de una geografía emocional de la ciudad.

En el *Atlas de la Novela Europea*, Moretti ya se había ocupado de la geografía de Londres, localizando cartográficamente residencias en Dickens y en los crímenes de Conan Doyle. Pero las emociones de Londres tienen una realidad más inaprensible que sus edificios o asesinatos, y tan sólo una de las cien imáge-

---

1. Erik Steiner es Director Creativo del Proyecto Spatial History de la Universidad de Stanford. Es cartógrafo, geógrafo y especialista en visualización de datos.
2. Además de las personas aquí mencionadas, varias más contribuyeron al proyecto durante su existencia. Particularmente, Van Tran y Annalise Lockhart, asistentes de investigación de grado, sin cuyas variadas aportaciones e implicación intelectual esta investigación no hubiera sido posible.

nes del *Atlas* —un mapa de ideas foráneas en las novelas rusas— se podría comparar de algún modo al proyecto actual. Para complicarlo todavía más, cuando Moretti le mostró la imagen a Serge Bonin, el geógrafo histórico que le asesoraba con el *Atlas*, Bonin se mostró extremadamente crítico: ideas como «materialismo» o «igualdad» no eran o*rtgebunden*: no están localizadas, como dirían los geógrafos alemanes; no poseían una conexión intrínseca con el lugar específico que conforma la base de cualquier mapa real. Y si las ideas no se pueden cartografiar, ¿acaso es posible hacerlo con emociones? Encontramos entonces el siguiente pasaje en *Vehement Passions* de Philip Fisher:

> *Each citizen [...] has a specific cluster of dangers of which she is constantly or intermittently in fear. Each person will localize the general anticipatory fear in a personal geography of fear [...] We now live in a new geography of fear [...] It is the passion of fear, above all, that isolates the element of suddenness and the part it plays within the passions.*[3]

Más que la «geografía» del miedo, fue el comentario de Fisher acerca de la «brusquedad» de esta emoción lo que encontramos iluminador. Aquello que ocurre bruscamente sucede en un momento específico en el tiempo y, por lo tanto, también en un punto específico del espacio; definitivamente la acción es *ortgebunden*, está *localizada*, por volver a aquella idea. Si esto es cierto, entonces una geografía de las emociones —su distribución real sobre un mapa— se convierte en algo imaginable. Un Londres del miedo, la alegría, la furia, la desesperanza...

2. Corpus, unidades, programas

Mientras programaba el estudio, Heuser empezó identificando todos los nombres propios en el corpus a través de un programa de reconocimiento de entidades nombradas (*Named Entity*

---

3. «Cada ciudadano [...] posee un cúmulo específico de peligros que constantemente o intermitentemente le aterran. Cada persona localizará el miedo anticipatorio general en una geografía personal del miedo [...] Vivimos hoy en una nueva geografía del miedo [...] Es la pasión del miedo, por encima de todo, lo que aísla el elemento de brusquedad y el papel que tiene entre las pasiones». Philip Fisher, *The Vehement Passions*, Princeton UP, 2002, págs. 110, 117-8.

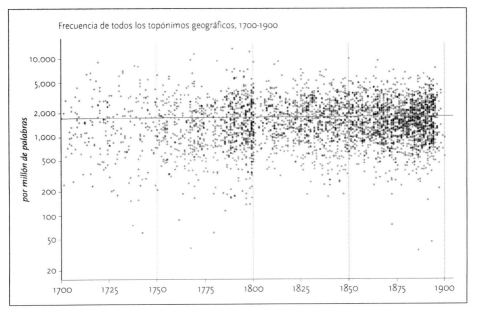

Figura 2.1 Porcentaje de topónimos geográficos en las palabras de nuestro corpus.

Recognition); a continuación, eliminó de la lista los términos que no tenían que ver con Londres, como, por ejemplo, los topónimos extranjeros. Los resultados pueden verse en las figuras 2.1-2.3.

Los 382 lugares de Londres que habían recibido por lo menos 10 menciones componían la base de nuestro segundo corpus: cerca de 15.000 pasajes que —visualizados mediante unas concordancias— incluían un topónimo específico en su centro y un centenar de palabras que lo precedían o lo seguían, como es el caso de «Regent Street» en la figura 2.3.[4] Seguidamente, pedimos a los etiquetadores que leyeran el pasaje de 200 palabras y que identificaran la emoción que lo caracterizaba mejor.

Inicialmente esperábamos captar un amplio abanico de actitudes emotivas. Sin embargo, la falta de acuerdo entre etiquetadores, así como entre los estudiantes de grado de inglés que se ofrecieron como grupo de control, nos convenció de que debíamos reducir las opciones a los extremos opuestos del miedo y la

---

4. En las conclusiones discutiremos las funciones narrativas específicas que se cristalizan en torno a los topónimos. De momento, trataremos toda la información geográfica como un sistema único.

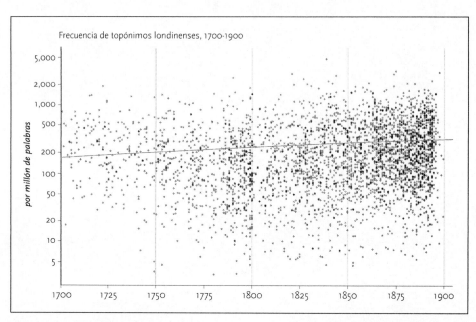

Figura 2.2 Porcentaje de topónimos londinenses en las palabras de nuestro corpus.

Estos gráficos, en los que cada punto representa una novela individual, ponen al día (y confirma del todo) los hallazgos de hace unos años usando un corpus de unas 5.000 novelas inglesas publicadas entre 1700 y 1900: 304 correspondientes al período 1700-39, 1.079 al período 1750-99, 1.290 al período 1800-49 y 2.189 para 1850-99. Los valores en el eje son logarítmicos (para incluir textos que contienen de 5 a 5.000 topónimos) y hacen que la tendencia histórica parezca menos dramática. De hecho, la frecuencia de los topónimos londinenses casi se dobló en un siglo, incrementando en una media de 102 en 1780-1800 a una de 190 entre 1880 y 1990, mientras que la frecuencia de topónimos geográficos en general (figura 2.1) se mantuvo fundamentalmente baja.

felicidad.[5] Como impedimento adicional, un pasaje sólo podría contar como «terrorífico» o «feliz» si por lo menos la mitad de los etiquetadores lo identificaban como tal. Entonces Mark Algee-Hewitt volvió a analizar los pasajes con un programa de «análisis

---

5. Los estadios iniciales de la investigación son descritos en detalle en Mark Algee-Hewitt, Ryan Heuser, Annalise Lockhart, Erik Steiner, and Van Tran, «Mapping the Emotions of London in Fiction, 1700-1900: A Crowdsourcing Experiment», *Literary Mapping in the Digital Age*, David Cooper, Chris Donaldson, y Patricia Murrieta-Flores, eds., Ashgate 2016.

> «He would go through it, always armed, without a sign of shrinking. It had to be done, and he would do it. At ten he walked down to the central committee-room at Whitehall Place. He thought that he would face the world better by walking than if he were taken in his own brougham. He gave orders that the carriage should be at the committee-room at eleven, and wait an hour for him if he was not there. He went along Bond Street and Piccadilly,
>
> ***Regent Street***
>
> and through Pall Mall to Charing Cross, with the blandly triumphant smile of a man who had successfully entertained the great guest of the day. As he got near the club he met two or three men whom he knew, and bowed to them. They returned his bow graciously enough, but not one of them stopped to speak to him. Of one he knew that he would have stopped, had it not been for the rumour. Even after the man had passed on he was careful to show no displeasure on his face. He would take it all as it would come and still be the blandly triumphant Merchant Prince, —as long as the police would allow him—».
>
> (Anthony Trollope, El mundo en que vivimos).

Figura 2.3 Un topónimo londinense y su contexto narrativo.

«La atravesaría, siempre armado, sin dar muestra de empequeñecerse. Tenía que hacerlo, y lo haría. A las diez caminó a la sala del comité central en Whitehall Place. Pensó que a pie se estaría enfrentando mejor contra el mundo que si le hubieran llevado en su propio coche. Dio órdenes de que el carruaje debía estar disponible a la sala del comité a las once, y le esperaría una hora por si no estaba ahí. Caminó a lo largo de Bond Street y Piccadilly, ***Regent Street***, y por Pall Mall hasta Charing Cross, con la sonrisa insípidamente triunfal de un hombre que había recibido con éxito al gran invitado del momento. Acercándose al club se encontró con dos o tres hombres a quienes conocía, y les saludó con una inclinación. Le devolvieron la reverencia con suficiente gracia, pero ninguno de ellos se quedó a hablar con él. De uno de ellos sabía que se hubiera quedado, si no fuera por el rumor. Incluso después de que el hombre hubiera partido tuvo cuidado de no mostrar disgusto en el rostro. Lo aceptaría todo tal cual viniera y sería todavía el insípidamente triunfal Príncipe Mercante, —por lo menos mientras la policía se lo permitiera—». (Anthony Trollope, *El mundo en que vivimos*).

de sentimientos».[6] De esta manera, empezaron a surgir algunos patrones. Pero antes de discutirlos, deberíamos hacer al-

---

6. El «análisis de sentimientos» (*sentiment analysis*) es una técnica de minería de texto que evalúa textos con la ayuda de un diccionario de términos organizados en torno a una «polaridad» de valores negativos y positivos. El proceso es algo más complicado que la sencilla suma de términos que pertenecen a una categoría o la otra, pero, en esencia, éste es el mecanismo básico. Está claro que todo depende de las palabras incluidas en el diccionario: el programa que utilizamos, que se desarrolló en el departamento de lingüística de Stanford, po-see unos

gunos apuntes acerca de las principales transformaciones materiales vividas en el Londres de los siglos XVIII y XIX.

3. Londres real, Londres de ficción

En el período que abarca nuestro estudio, Londres se transformó como nunca antes lo había hecho. Su población creció de unos 600.000 habitantes en 1700 a 1.100.000 en 1800 y, a partir de entonces, de manera más dramática, a 4.500.000 (o 6.500.000, dependiendo de los criterios) en 1900. El siglo XIX, período durante el cual se produjo la mayor parte del salto demográfico, también fue decisivo en su redefinición del espacio —y, de hecho, de la propia forma— de la ciudad. La secuencia de mapas de Londres en la figura 3.1 muestra claramente cómo, hasta el primer cuarto del siglo XIX, el eje urbano fundamental iba horizontalmente de Este a Oeste en la orilla izquierda del Támesis, que formaba un rectángulo de una extraña forma alargada.[7] Fue sólo durante la época victoriana cuando Londres se desmarcó del río, usando grandes vías como ramificaciones con las que se expandió hacia el Norte y el Sur, terminando por transformar su forma inicial en el patrón circular tan típico de la geografía urbana. Ya que el Londres del siglo XIX había cambiado de tal modo, y de manera tan rápida, esperábamos encontrar más o menos lo mismo en su representación ficcional. Pero, en este caso, la única transformación tuvo lugar en la segunda mitad del siglo XVI-XVII, cuando el West End devino un lugar tan poblado narrativamente como la City (figura 3.2). Más adelante, casi nada cambió. El número de referencias geográficas se mantuvo en ascenso, sí, pero siguieron

---

1.700 términos negativos y 1.300 términos positivos. Puesto que su corpus de prueba es el *Wall Street Journal* (y otras fuentes parecidas), su comprensión de las emociones en los siglos XVIII y XIX no resulta impecable.

7. Como suele ocurrir con formas de este tipo, facilitan la visión de la ciudad como algo dominado por una polaridad binaria, que en el caso de Londres tomó la forma de una oposición entre West End y City (y más adelante, entre West End y East End). He aquí una versión narrativa de la situación reflejada en un diálogo que tiene lugar en Mayfair:

«—Creo haberle oído decir que tienen un tío fiscal en Meryton.
—Sí, y tienen otro, que vive cerca de Cheapside.
—Eso es capital —añadió su hermana, y ambos empezaron a reír efusivamente». (Jane Austen, *Orgullo y prejuicio*).

refiriéndose a la City y el West End; el resto de Londres —*donde el grueso de la expansión tuvo lugar*— nunca fue de gran importancia. Esta drástica discrepancia entre realidad y ficción tiene su síntesis en la figura 3.3, donde el eje horizontal representa la población de los diferentes distritos y la vertical su presencia en la ficción. A lo largo de la línea diagonal, la presencia ficticia de un distrito corresponde exactamente a su población real: es el caso de la City en la década de 1800, de Islington en la de 1810, Camden en la de 1890 y Kensington y Chelsea durante la mayor parte del siglo. Pero la conclusión general del gráfico se encuentra en la clara y ascendente divergencia entre ficción y realidad: con la dramática sobrerrepresentación de Westminster y la City a un lado de la diagonal, y la infrarrepresentación de Tower Hamlets, Southwark y Hackney en el lado opuesto. Aunque es común hablar de «novelas de Londres», en realidad, esta imagen muestra cuán parcial ha sido la representación de la ciudad. Y la figura 3.4 extiende esta línea de investigación a algunos de los ámbitos favoritos de un puñado de novelistas londinenses particularmente famosos.

4. La semántica del espacio

Primer hallazgo de esta investigación: en el transcurso del siglo XIX, el Londres real cambió de manera radical, mientras que el Londres ficcional apenas lo hizo. En Francia, el París de Zola era realmente diferente del de Balzac, solamente treinta años antes; en Londres, las pesquisas *fin-de-siècle* de Sherlock Holmes seguían centradas en la City y el West End, como lo hubieran sido un siglo antes. ¿Por qué? ¿De dónde venía esta increíble estabilidad? Probablemente de dos razones diferentes. En el caso de la City, la estabilidad puede ser más apariencia que realidad, ya que la «City», por gramáticamente singular que sea, siempre había consistido en una pluralidad de espacios heterogéneos. «Los habitantes de [...] Cheapside», escribió Addison ya en 1712, «se encuentran a gran distancia de los de Temple, por un lado, y los de Smithfield, por el otro, formando climas y grados en su forma de hablar y conversar». Varios climas... ¡en menos de 2 km! Y lo mismo podría decirse del Old Bailey y St Paul's, Bank y Newgate, el Pool of London (el principal puerto de la ciudad antes de la expansión de los muelles), y el hospital de St. Bart's (donde el joven

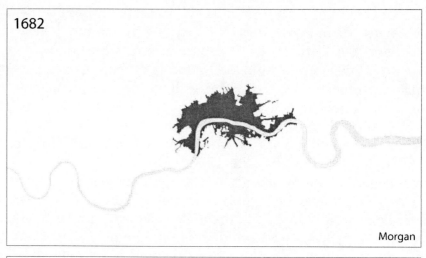

1682

Morgan

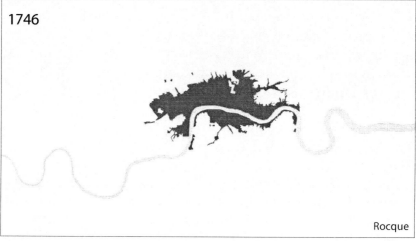

1746

Rocque

1792

Horwood

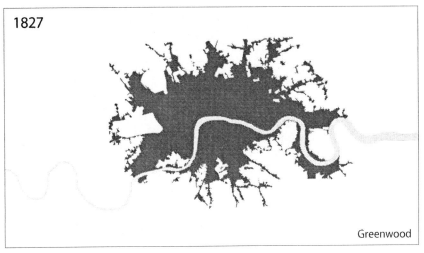

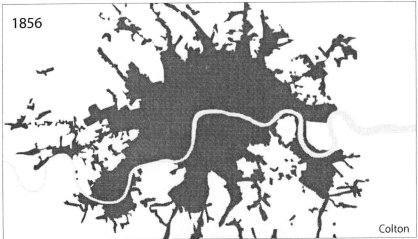

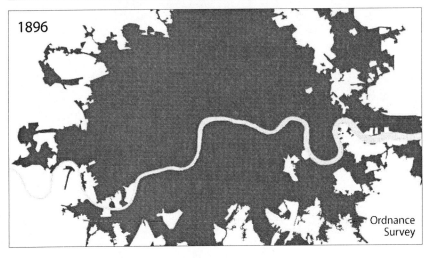

Figura 3.1 La expansión de Londres, 1882-1896.

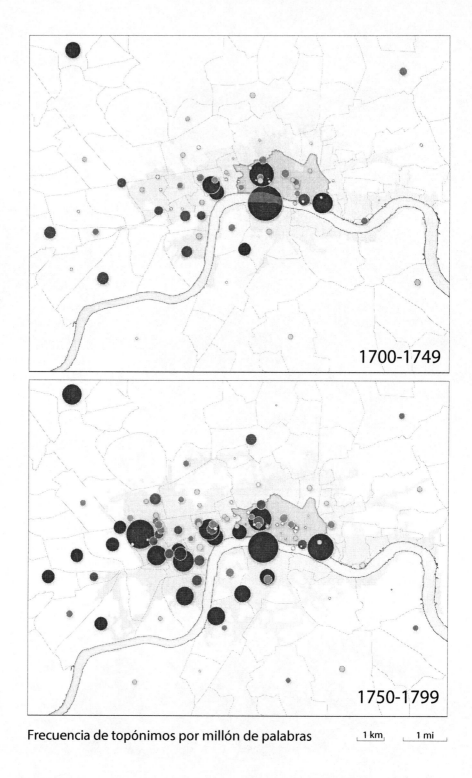

Frecuencia de topónimos por millón de palabras

Figura 3.2 La estabilidad del Londres de ficción, 1700-1900.

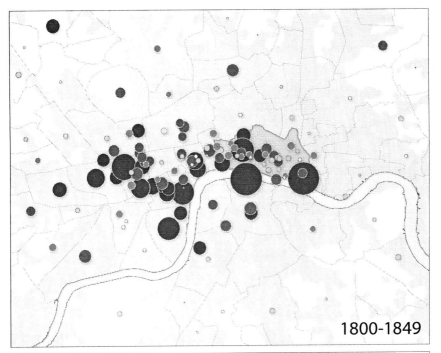

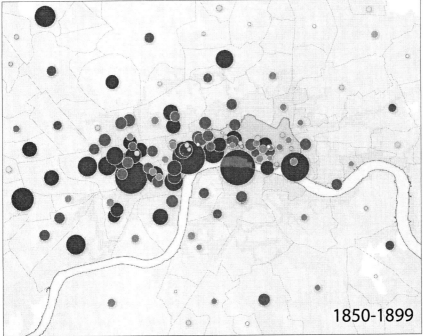

Escala del cuantil
- 0.812-27.506
- 0.350-0.802
- 0.158-0.350
- 0.069-0.157
- 0.001-0.068

Escala continua

Las emociones de Londres

193

Literatura en el laboratorio

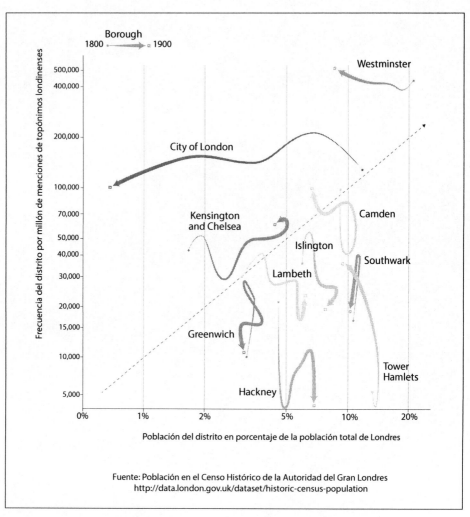

Figura 3.3   La población real y ficcional de Londres, 1800-1900.

John Watson tendrá su primer encuentro con Sherlock Holmes). Las finanzas, el comercio a grandes distancias, las leyes, los mercados locales, los encarcelamientos, la edición, la religión, la medicina... La presencia constante de la City en la ficción tenía su motivo fundamental en que todos y cada uno de estos mundos-dentro-de-un-mundo podrían convertirse en el hábitat ficcional de un escritor diferente (o de un género): la ficción gótica e histórica se centraba en la Torre, que se encuentra justo al este de su muralla (figuras 4.1-4-2), las novelas de Newgate se centraban en la cárcel y en el Old Bailey, adyacente a ésta (figura 4.3). Harriet Martineau, de manera algo atípica, se centraba en el

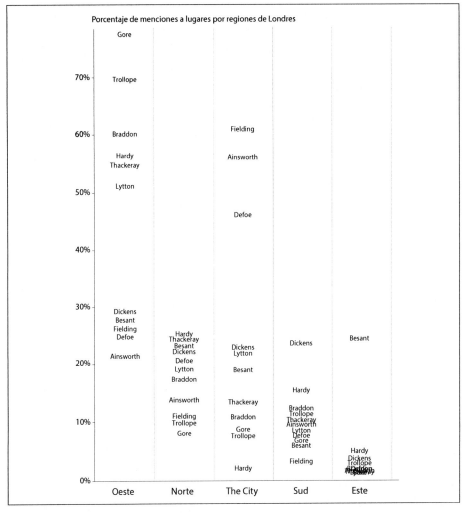

Figura 3.4 ¿Novelistas de «Londres»?

Este gráfico indica en qué parte de Londres las referencias de un autor normalmente se encuentran: el West End, por ejemplo, acumula un 80% para la autora de novelas galantes Catherine Gore (con Trollope pisándole los talones), mientras que la City, que es la parte más antigua de Londres, es invariablemente el dominio elegido por los escritores del siglo XVIII (Fielding y Defoe) así como por un maestro de la ficción de Newgate como W.H. Ainsworth. El único escritor cuya atención se centra consistentemente en el East End es Walter Besant (aunque su famosa novela de 1882 ambientada en Stepney Green, *All Sorts and Conditions of Men*, incluye subtramas ambientadas en el West End). El gráfico también explica por qué se considera tan frecuentemente a Dickens como el «auténtico» novelista londinense: a diferencia de otros, le interesaban varias partes de Londres (a excepción del East End) y la adopción de una estructura narrativa con múltiples tramas le permitía fijar la atención en distintos barrios y convertir este mosaico de pequeños mundos en una totalidad organizada.

epicentro de la economía cerca del Banco (Figura 4.4), mientras que la interacción de la edición literaria, el derecho y la finanza son típicos de la generación victoriana media de Dickens y Thackeray (figura 4.5-6).

Si la presencia en la ficción de la City es debida a la heterogeneidad de sus componentes, la del West End proviene del mecanismo opuesto, esto es, en tanto que lugar extremadamente homogéneo en donde seguían las «grandes propiedades georgianas (y sus clones, como Belgravia y Kensington), los lugares *chic* donde vivir, comprar, pasearse y asistir a cenas», las residencias del siglo XVIII que todavía estaban de moda a finales del siglo industrial; en otras metrópolis occidentales, donde las nuevas élites montaron sus nuevos enclaves en la Chaussée d'Antin, el Upper East Side o Grunewald, esto sería impensable. Por el contrario, en Londres el West End jamás tuvo rival, sino que se amplió ligeramente (al norte de Oxford Street, al oeste de St. James, al sur de Hyde Park) para permitir la ósmosis de las viejas y nuevas clases dominantes. Como un exponente de lo que podríamos llamar la semántica del espacio, los pasajes que se encontraban en el West End adquirieron durante el proceso un inequívoco aire de clase: un léxico que combina la opulencia de *square* ('plaza'), *park* ('parque') y *gardens* ('jardines') con el tenor patricio de *Earl* ('conde') y *Edward*, y la marcada entonación de dominio sobre *servants* ('sirvientes'), *ordered* ('ordenado[s]') y *desired* ('deseado[s]'); de modo más indirecto, encontramos los rituales de la sociedad respetable: *acquaintance* ('persona conocida'), *conversation* ('conversación'), *visit* ('visita'), *meeting* ('encuentro'), *obliged* ('comprometido'), *aunt* ('tía') y el inevitable *marriage* ('matrimonio, boda'), donde incluso los adjetivos y adverbios suenan prudentes y calculadores *hardly* ('apenas'); *grave* ('grave'); *usual* ('habitual'); *particular* ('particular'); *really* ('realmente'). Como toque final, *her* ('[a] ella'): un signo de la ambigua centralidad de la mujer en el seno de este espacio social, a la vez dominante (*her*, no *him*, '[a] él') y dominada: no aparece como sujeto (gramatical), sino como el objeto de deseo, planes y acciones de otra gente (*proceeded to inform her*, 'procedió a informarle'; *after pacifying her*, 'después de apaciguarla'; *freely offered her*, 'se le ofreció libremente a'; *never forgave her*, 'nunca la perdonó'), o, en otras instancias, donde *her* ('de ella'), funciona como determinante posesivo, como si fuera alguien observada desde fuera, con atención incesante que incluye, a veces

Figuras 4.1-4.6 La City y sus novelas

A lo largo del siglo XIX, los novelistas ingleses utilizaron la City y sus alrededores con varios propósitos diferentes, aunque tuvo lugar una clara transformación de un siniestro mundo de crimen y castigo, primero (Figuras 4.1-3) a los intercambios más prosaicos de las profesiones modernas (Figuras 4.4-6).

Figuras 4.1 Novelas góticas

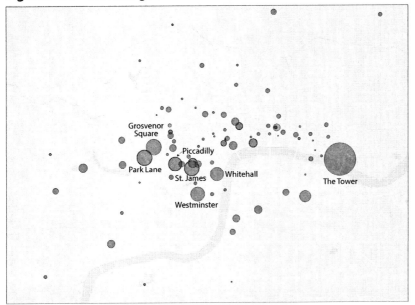

Figuras 4.2 Novelas históricas

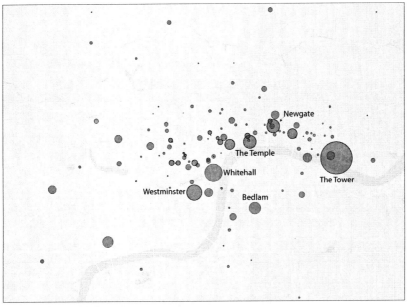

Énfasis relativo

Nota: Énfasis relativo es una medida del uso proporcional de un topónimo específico en relación a todos los topónimos londinenses usados en su categoría o por su autor. Utilizamos una escala uniforme en los mapas con el objetivo de generar una impresión general del enfoque geográfico de cada uno.

Figuras 4.3   Novelas de la serie Newgate

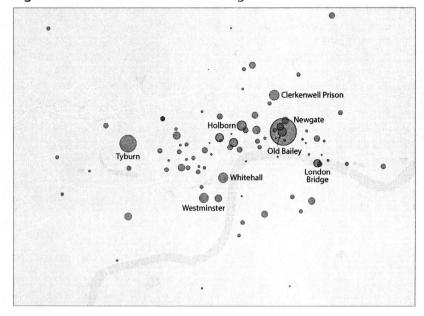

Figuras 4.4   Novelas de Martineau

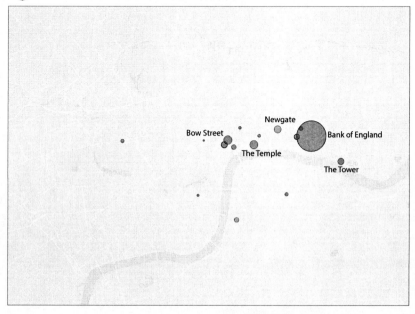

Énfasis relativo

Bajo • ● Alto

Nota: Énfasis relativo es una medida del uso proporcional de un topónimo específico en relación a todos los topónimos londinenses usados en su categoría o por su autor. Utilizamos una escala uniforme en los mapas con el objetivo de generar una impresión general del enfoque geográfico de cada uno.

Figuras 4.5   Novelas de Dickens

Figuras 4.6   Novelas de Thackeray

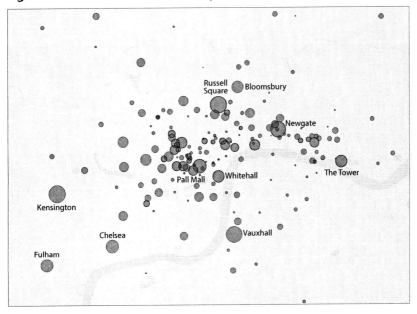

Figuras 4.7 Residencias iniciales

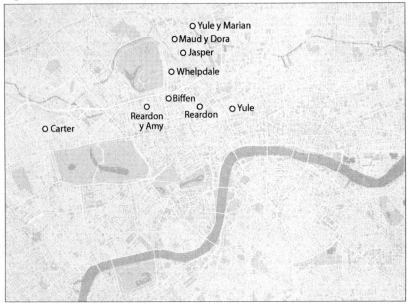

Figuras 4.8 Residencias finales

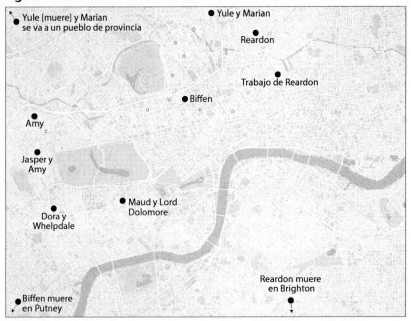

Figuras 4.7-4.8 La nueva/vieja geografía de New Grub Street.

Del mismo modo que la Figura 3.2 había subrayado la *langue* social de las novelas de Londres, New Grub Street es una instancia de una *parole* individual, que se inicia con la puesta en entredicho de la matriz existente, pero que termina siendo engullida por ella.

en una sola frase, propiedades materiales (*her carriage,* 'su coche de caballos'; *her ladyship's dressing-table,* 'el tocador de la señora'), apariencia física *(her silk dress,* 'su vestido de seda'; *her veil,* 'su velo'), conducta *(her loftiness of mien,* 'sus aires de nobleza', *playful manner,* 'comportamiento juguetón') y relaciones sociales (*her selfish husband,* 'su egoísta marido'; *her friends,* 'los amigos de ella'; *her father's wealth,* 'la fortuna de su padre').[8]

El atractivo imperecedero del West End sigue visible, a finales de siglo, en *New Grub Street* de Gissing (1891). Ambientada entre las nuevas clases medias intelectuales del Norte de Londres, la geografía inicial de la novela comprende la zona entre el Museo Británico y Camden Town (figura 4.7), completamente ajena al antiguo eje Este-Oeste. A medida que avanza la historia, sin embargo, esta nueva geografía se desintegra, con el traslado de personajes de éxito a residencias del West End, mientras que aquellos que «fracasan» se esparcen a los cuatro vientos: Biffen toma un camino interminable hacia su suicidio en Putney Hill; Reardon se muda a Islington, trabaja en City Road y muere en Brighton; Yule se traslada, y luego muere en una «ciudad de provincias» sin especificar, lugar al que también se desplaza el personaje de Marian (figura 4.8).

5. ¿Las emociones de Londres?

La expansión histórica de Londres, así como su estabilidad en la ficción; el mosaico social de la City, y la homogeneidad del West End; *New Grub Street* y la inflexibilidad de la geografía.

---

8. La sobrerrepresentación de «*her*» nos indica de este modo la afinidad entre la clase alta inglesa y la forma simbólica de la trama nupcial, en sus diversas metamorfosis. Con su pluralidad de géneros, ilustrada en las figuras 4.1-6, la semántica de la City es forzosamente mucho menos homogénea: se incluyen términos que evocan una amenaza (*death,* 'muerte'; *crowd,* 'muchedumbre'; y *dark,* 'oscuro'), indicaciones de movimiento (*proceeded,* 'procedió'; *against,* 'contra'; *front,* 'delante'; *through,* 'a través'), e instantáneas del sistema de transporte urbano (*river,* 'río'; *horse,* 'caballo'; *train,* 'tren'; *boat,* 'barca'). Es interesante que tanto *England* ('Inglaterra') como *king* ('rey') se encuentran entre las palabras más distintivas de la City: posiblemente su representación de símbolo de la nación en su conjunto, en contraste con la exclusividad de *earl* ('conde'), *park* ('parque') y *servants* ('criados').

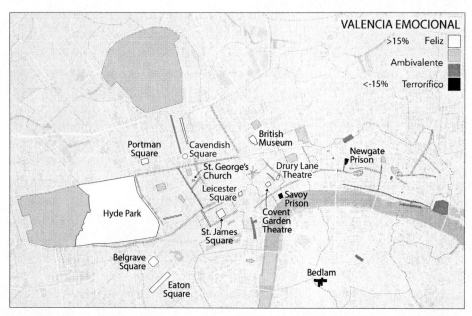

Figura 5.1 Las emociones de Londres, 1700-1900.

En esta imagen, el blanco está particularmente extendido en las *squares* (término que era entonces el más distintivo del léxico del West End), mientras que los pasajes donde del miedo es dominante casi siempre se concentra en espacios de coerción y reclusión.

¿Y las emociones? ¿Dónde está la «geometría del miedo» que prometimos en la sección introductoria?

La figura 5.1 ofrece una primera respuesta: en color blanco (Harley Street, St. James Square, Hyde Park, Belgrave Square) se representan los lugares identificados como más felices; en color negro —como es el caso de Newgate, Bedlam o el Pool of London— se representan los lugares asociados con el miedo; mientras que en gris claro y gris oscuro se identifican los lugares donde ninguna de estas emociones es verdaderamente activa.[9]

Regresaremos más tarde a la asociación del West End con la felicidad y (partes de) la City con el miedo. Sin embargo, el resultado más impactante del mapa fue que hubiera tantos pasa-

---

9. Los resultados se obtuvieron de los diez etiquetadores a quienes se pidió que asociaran un pasaje determinado con el miedo o no, y a un grupo diferente de diez a quienes se les pidió asociarlo con la felicidad o no; el pasaje podía contar como terrorífico o feliz, si por lo menos cinco de estos etiquetadores lo había marcado así; si no, el pasaje contaría como «ni uno ni lo otro».

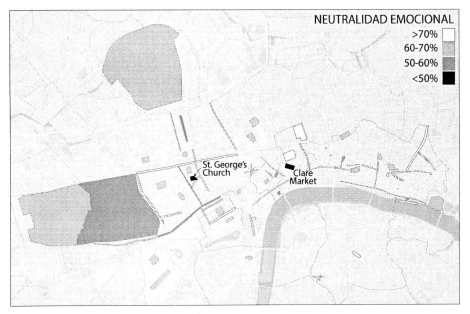

Figura 5.2   Neutralidad en Londres, 1700-1900.

jes que no evocaban felicidad ni miedo. La figura 5.2 subraya este hecho reorganizando los datos, no en términos de miedo contra felicidad, sino de «neutralidad emocional» *versus* «intensidad emocional»: el blanco indica que las emociones se encuentran ausentes; ambas tonalidades de gris, que son débiles; mientras que tan sólo en las áreas de color negro se encuentra la «firma» emocional verdaderamente presente. Y el veredicto es claro: nuestro mapa no es tanto un mapa de las emociones de Londres como un mapa de la ausencia de emociones. Lo mismo apareció con igual claridad al utilizar el método de *crowdsourcing* y el análisis de sentimientos: aunque los etiquetadores humanos y el programa informático estaban en desacuerdo acerca de algunas emociones específicas —para los etiquetadores, el 21% de los pasajes evocaban felicidad y el 12% miedo, mientras que el programa, más atrevido, daba un resultado de 21% y 1%—, no coincidían en que la mayoría de los pasajes fueran emocionalmente neutros: 67% según resultados obtenidos con *crowdsourcing* y 78% según el análisis de sentimientos (figura 5.3).

Un mapa, pues, dominado por la neutralidad emocional. ¿Significaba esto que las novelas de Londres esquivaban las emo-

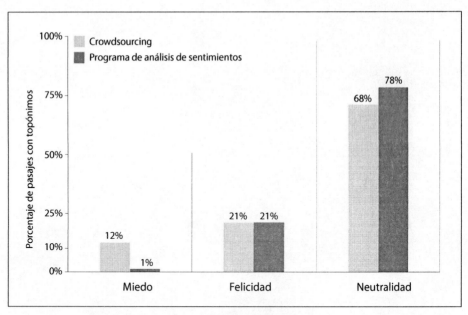

Figura 5.3 Miedo, felicidad, neutralidad.

ciones? Realmente no (aunque uno se pregunta qué mostrarían las novelas de París). Recordad: los pasajes en los que nuestros mapas se basaban incluían 200 palabras en torno a un topónimo —y los topónimos, por norma, son parte de la esfera pública—. Más que las emociones «de Londres», pues, habíamos estado midiendo las emociones de los espacios públicos de Londres. Si esto era cierto, entonces la neutralidad tan llamativa de la figura 5.2 tal vez tenía menos que ver con la ausencia de emociones en novelas que con su silenciamiento en la dimensión pública. Para probar esta hipótesis, tomamos una muestra de pasajes de 200 palabras que no incluyeran topónimos, y pedimos a los etiquetadores que los evaluaran. El diagrama de barras de la figura 5.4 muestra los resultados: si en la presencia de topónimos, como vimos en la figura 5.3, el miedo estaba presente en un 12% de los casos y la felicidad en un 21%, con la ausencia de los topónimos la frecuencia aumentó a 25% y 34%. O, en otras palabras, cuando las novelas se apartaban de la geografía pública, su intensidad emocional aumentaba dramáticamente.

Ahora bien, el silenciamiento de las emociones en público es conocido desde hace mucho en la sociología de la existencia burguesa: de la «neutralidad» de la moda masculina del si-

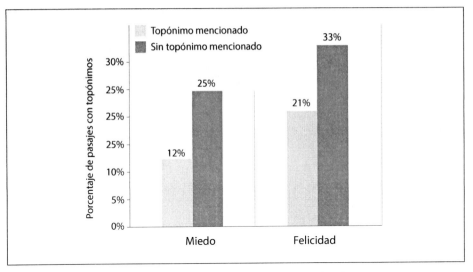

Figura 5.4 Emociones en público, emociones en privado.

glo XIX,[10] al *blasé type* de Simmel que «lo experimenta todo con el mismo tono igual de apagado y gris»[11] o a la «interacción desenfocada» que aparece en *Behavior in Public Places* de Goffman. Nuestros datos corroboraron en gran medida todo esto, pero con una marcada discrepancia temporal: la «neutralidad» de Sennett —así como la «neutralización» del ruido novelístico de Holst Katsma— cristalizó a mitades del siglo XIX.[12] La «tonalidad gris» de Simmel hizo su aparición durante el fin de siglo y la «interac-

---

10. «Tal y como comentan numerosos escritores, [la ropa de 1840] era el inicio de un estilo de vestimenta en el que la neutralidad —es decir, no destacar de los demás— era el principal mensaje». Richard Sennett, *The Fall of Public Man*, Cambridge UP, 1977, pág. 161.

11. Georg Simmel, *The Philosophy of Money*, ed. revisada [1907], Routledge, Londres-Nueva York, 1990, pág. 256.

12. Véase Holst Katsma, «Loudness in the Novel», *Pamphlet* 7, 2014. En *Tempus* (1964), Harald Weinrich ya había identificado la era de mitad del siglo XIX como el momento en que el primer plano narrativo, con sus emociones intensas, había empezado a perder preponderancia en comparación con la visión panorámica, por definición mucho más sosegado. Su intuición fue ampliamente confirmada por una investigación cuantitativa llevada a cabo hace unos años en el Literary Lab: el pasado continuo —el tiempo típico del plano general en inglés, que se corresponde más o menos con el imperfecto del castellano— aumenta sus apariciones de 6 por cada 10.000 palabras a principios del siglo XIX, a 11 en el medio siglo, y a 16 a finales.

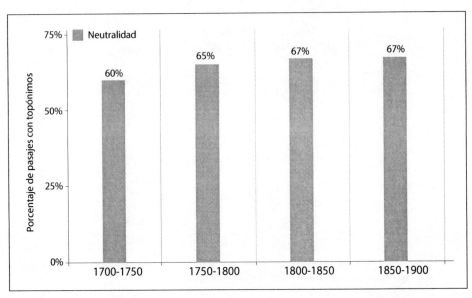

Figura 5.5 La neutralización de las emociones en público, 1700-1900.
Aunque que este gráfico muestra un aumento de neutralidad de 60% durante la primera mitad del siglo XVIII a un 67% en el siglo XIX, la transformación es mucho más modesta de la que sugerían investigaciones previas.

ción desenfocada» más tarde incluso. Según nuestros resultados, sin embargo, las emociones en público ya habían sido neutralizadas en el siglo XVIII, y aparentemente poco había ocurrido entre 1700 y 1900 (figura 5.5).

Es interesante cuando resultados cuantitativos contradicen investigaciones previas. Si hubiéramos descubierto en el siglo XVIII una razón para un silenciamiento de las emociones tan potente como el que se asocia a períodos más tardíos, habríamos confiado en nuestros resultados. Puesto que no hemos encontrado nada parecido, seguimos teniendo un presentimiento, si bien acompañado de una buena dosis de escepticismo. En la próxima sección aclararemos por qué.

6. Las emociones de Londres

La figura 5.1 ofrece una perspectiva simbólica de la temperatura emocional londinense entre 1700 y 1900. La figura 6.1 desglosa los datos en cuatro diferentes medios siglos. En los primeros cincuenta años, el miedo que se asocia a Newgate, Tyburn, Bedlam, la Torre y el Pool of London es claramente la emoción dominante en nuestro corpus. En la mitad de siglo posterior, mientras que el West End entra en escena en la narrativa geográfica de Londres, parece que el miedo sufre una caída (figura 6.2). «Parece que» porque, si bien no existen dudas de que la «reducción generalizada del miedo», según Fisher, ha sido «uno de los grandes logros de la civilización moderna (116)», los factores clave identificados como causantes de la transformación —«iluminación nocturna eléctrica, pólizas de seguros, fuerzas policiales»— nacen a mitad (la policía) o incluso a finales del siglo XIX (electricidad y seguros). Es decir, un siglo entero más tarde de lo que aparece en la figura 6.2.

Se trata de otra discrepancia entre investigación cuantitativa y cualitativa; esta vez, sin embargo, creemos haber encontrado la razón. Aquí puede leerse el íncipit de una novela victoriana olvidada, *The Impostor*, de William North (1847):

> *Midnight was at hand, as in a small ill-furnished room, above a low shop, in one of the dirtiest, narrowest, and most ancient looking lanes in the oriental moiety of the English metropolis, were seated two individuals of the most opposite appearance conceivable. The one, an old man of at least three score, exhibited a set of pinched up, calf-skin colored features in which dotage, stupidity, and cunning seemed to struggle for the ascendancy.*[13]

«Una de las callejas más sucias, estrechas y de aspecto más antiguo»... estábamos midiendo las emociones en la cercanía de los topónimos londinenses, pero como demuestra esta frase, puede haber muchas escenas de alerta que incluyan algún tipo de localización, pero que no mencionen ningún topónimo (¡ni siquiera «Londres»!): «Una lámpara solitaria arrojaba una luz enfermiza sobre los callejones enlazados y entrecruzados (aun-

---

13. «La medianoche estaba por caer, mientras en una habitación apenas amueblada, sobre una tienda baja, en una de las callejas más sucias, estrechas y de aspecto más antiguo de la mitad oriental de la metrópolis inglesa, se sentaban dos individuos con el aspecto más opuesto que se pueda concebir. El primero, un viejo de por lo menos cuarenta y cinco años, exhibía una serie de facciones, de color de cuero agrietado, en las que la senilidad, la estupidez y la astucia parecían pelearse por predominar».

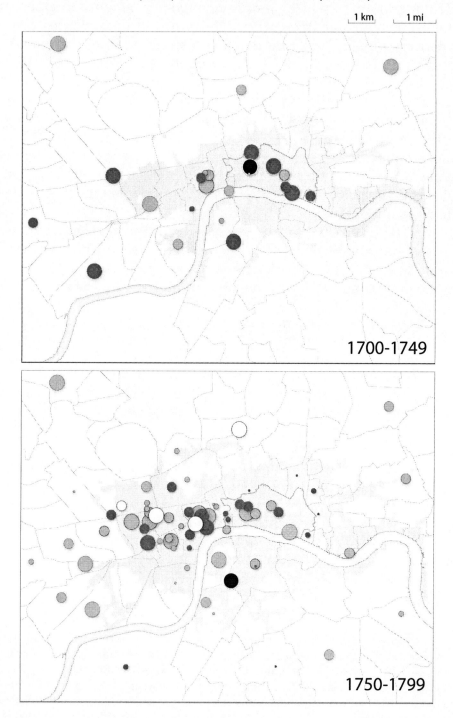

Figura 6.1 Las emociones de Londres, 1700-1900.

Valencia emocional

Felicidad (>15%) ☐
Miedo (<-15%) ■

Porcentaje de un pasaje con anotaciones de lugares que indican que el texto se asocia con la felicidad, menos el porcentaje correspondiente al miedo.

Intensidad emocional

Fuerte ◯
Débil ○

Porcentaje de un pasaje con anotaciones de un lugar que indican que el texto se asocia con la felicidad o bien con el miedo.

Las emociones de Londres

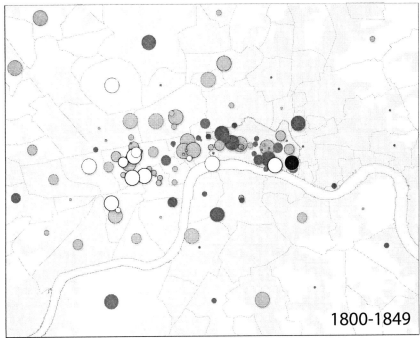

1800-1849

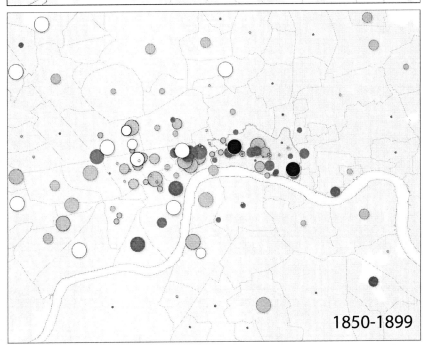

1850-1899

Literatura en el laboratorio

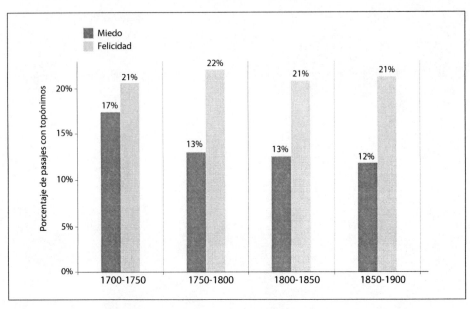

Figura 6.2 El declive del miedo, 1700-1900.

que callejón es una palabra demasiado noble)» (Bulwer-Lytton, *Pelham*, 1828); «un laberinto de callejones estrechos, asfixiado de suciedad, pestilente de olores nauseabundos, y repleto de una población...» (Reynolds, *The Mysteries of London*, 1853), «una calle lúgubre, desvencijada» (Dickens, *Bleak House*, 1853). Callejón, laberinto, calle —*court, row, alley, conduit, passage, byway...*—. Mientras los novelistas cada vez más tomaban Londres como su escenario de ficción, la reticencia geográfica resurge como un ingrediente clave en el miedo narrativo —algo que inevitablemente un programa de Reconocimiento de Entidades Nombradas no va a entender—. La «calle lúgubre y desvencijada» no podrá contar como *street* del mismo modo que Oxford Street, y por lo tanto no aparecerá en nuestros mapas y esquemas (figura 6.3). Y del mismo modo, juntamente con los antiguos riesgos que se asocian a Saffron Hill, St. Giles, Shoreditch, Smithfield y Newgate, una nueva retórica de indirección expresa el hecho que, citando a Fisher una vez más, «después de Hume y Adam Smith, el sustitutivo del miedo es la incertidumbre» (112). Newgate y Bedlam son terroríficos, pero conocemos perfectamente cuál es su naturaleza; «un laberinto de callejones estrechos» evoca horrores inaprehensibles. «Miré a mi alrededor, pero no pude reco-

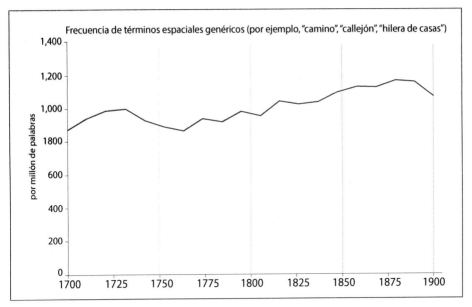

Figura 6.3 «Un laberinto de callejuelas estrechas».

nocer nada familiar en las calles sucias y estrechas», escribe el narrador de *Pelham* mientras recuerda su más peligrosa aventura: «incluso sus nombres eran para mí como una lengua desconocida».

Si la retórica de la reticencia contribuyó al (¿aparente?) declive del miedo, la aglomeración espacial en la primera mitad del siglo XIX es el resultado de una geografía social perfectamente explícita. Aquí, como muestra el diagrama de la figura 6.2, la variación cuantitativa apenas tiene algún papel: en términos absolutos, «la felicidad total de Londres» (por usar una expresión de Bentham) se contrae ligeramente en comparación con la primera mitad de siglo. Pero en ese momento está tan concentrada en el West End, que casi lo aparta del resto de Londres. Y es cierto que aquellas fueron décadas triunfantes para la clase alta británica: victoriosa en el terreno de batalla europeo, única en su poder económico global e implacable con los obreros en casa. La construcción de Regent Street (1817-23) fue la consagración monumental de esta situación: «una frontera y separación completa», como la describió su diseñador y arquitecto, John Nash, «entre las calles y plazas ocupadas por la nobleza y los terratenientes, y las calles estrechas y casas más sórdidas que ocupan los mecánicos y los comerciantes de la comunidad».

Perfecta. Demasiado perfecta, ¿tal vez? ¿Es esta convergencia de riqueza y «felicidad» un producto de los escritores del siglo XIX o bien de los etiquetadores del siglo XXI? Una muestra de 200 pasajes etiquetados como felices —la mayoría de ellos extraídos del período entero, y la otra mitad de 1800 a 1850— sugiere que lo que se reconocía como «felicidad» (más a menudo por el programa de «análisis de sentimientos» puesto a prueba con el *Wall Street Journal* que por los etiquetadores humanos) tiene, en efecto, más que ver con el bienestar social que con cierta clase de emoción. Dicho esto, una comparativa entre dos series de pasajes también mostraba que el siglo XIX había introducido algunos cambios importantes en la tonalidad afectiva de ese «bienestar». La extendida «benevolencia» del siglo precedente, por ejemplo, con su fuerte eje intergeneracional (la de un padre, de un mentor mayor, de un niño o cuidador), fue reemplazada por el «afecto» horizontal entre jóvenes de la misma edad: amantes, por supuesto, pero también amigos, hermanos (hermanas en particular) y primos. Más dramática todavía fue la contracción de la categoría de «placer», que había englobado tanto el deleite ante el escenario y las personas como el disfrute de comida, bebida y la diversión bulliciosa (y vulgar). A principios del siglo XIX, esta búsqueda de satisfacción inmediata se transmutó en una «mundanidad» más serena y fue espacialmente desplazada: si el «placer» podía encontrarse prácticamente en cualquier parte, el «afecto» y la «mundanidad» estaban estrictamente concentrados en el West End. Como ha sido frecuente en la historia, el «refinamiento» en la cultura de una clase dominante conlleva su retraimiento a un enclave exclusivo, donde la semántica del espacio coincide de manera progresiva con la semántica de clase. Asociando el miedo a una geografía de lo desconocido y de la «felicidad» con el bienestar de clase alta, nuestra investigación alcanzó una conclusión natural, si bien algo indirecta. Cuando el proyecto llegaba a su fin, una larga conversación con Mathew Wilkens —que nos había ayudado presentando su trabajo sobre el espacio en la literatura estadounidense— nos provocó un reevaluación crítica y final de la propia noción de una «geografía narrativa».

7. Conclusión. Sobre el concepto de la «geografía narrativa»

Hasta ahora hemos considerado que cuando aparecen indicaciones topográficas en una novela cumplen más o menos el mismo rol. Nuestro debate con Wilkens nos hizo reconsiderar esta idea, así que decidimos extraer una muestra de 200 pasajes para ver cómo exactamente funcionaban los topónimos dentro de una historia. Casi en la mitad de los casos funcionaban de manera perfectamente sencilla: indicaban dónde tenía lugar la acción en curso. Aquí mostramos algunos ejemplos:

> *And as soon as the stage in which he traveled reached ***Westminster Bridge***, he got into an hackney-coach, and ordered it to be driven to the house of Mr. Woodford.*[14]

> *Shortly after they had gone away for the first time, one of the scouts came running in with the news that they had stopped before Lord Mansfield's house in ***Bloomsbury square***.*[15]

> *Past Battersea Park, over Chelsea Bridge, then the weary stretch to Victoria Station, and the upward labor to ***Charing Cross***. Five miles, at least, measured by pavement. But Virginia walked quickly...*[16]

> *He was conducted first before the Privy Council, and afterwards to the Horse Guards, and then was taken by way of ***Westminster Bridge***, and back over London Bridge —for the purpose of avoiding the main streets—, to the Tower, under the strongest guard ever known to enter its gates with a single prisoner.*[17]

---

14. «Tan pronto como la diligencia en la que viajaba llegó ***al Puente de Westminster***, se subió a un coche de caballos y ordenó que le llevaran a la casa del señor Woodford».
15. «Poco después de su primera partida, uno de los sirvientes llegó corriendo con la noticia que se había detenido ante la casa de Lord Mansfield en ***Bloomsbury Square***».
16. «Después de Battersea Park, cruzando el Puente de Chelsea, y luego el fatigoso camino a la Estación Victoria, y el esfuerzo cuesta arriba hacia ***Charing Cross***. Cinco millas, por lo menos, medidas por el pavimento. Pero Virginia anduvo con rapidez...».
17. «Lo llevaron primero al Consejo Privado y después a la guardia montada, y luego lo llevaron a través del ***Puente de Westminster*** y de vuelta a través del Puente de Londres —con el propósito de evitar las calles principales—

Un personaje a quien «llevaron a través del Puente de Westminster, y de vuelta a través del Puente de Londres»: exactamente la clase de información directa que habíamos esperado encontrar de manera seminconsciente. Pero esto no era todo. En una cuarta parte de casos, los topónimos no indicaban el escenario de la acción en curso, sino los acontecimientos que habían ocurrido en el pasado (como en los primeros dos pasajes más abajo) o que se esperaba que tuvieran lugar en el futuro (tercer y cuarto pasajes).

> *They were married at ***the Savoy***, and my grandfather dying very soon, Harry Barry, Esquire, took possession of his paternal property and supported our illustrious name with credit in London.*[18]

> *Whereas a young boy, named Oliver Twist, absconded, or was enticed, on Thursday evening last, from his home at ***Pentonville***, and has not since been heard of...*[19]

> *'Though I should accompany you tomorrow, Madam,' said she, 'I shall have time sufficient for my walk to ***Norwood***. The preparations for my journey cannot occupy an hour...*[20]

> *The letter of which he had spoken reached Monica's hands next morning. It was a very respectful invitation to accompany the writer on a drive in ***Surrey***.*[21]

En torno esta asimetría básica —presente frente a pasado/futuro— también cristalizaron otras diferencias. Lo habitual era representar la acción en curso generalmente con un narra-

---

hacia la Torre, con el guarda más fuerte que haya cruzado jamás sus puertas con un solo prisionero».

18. «Se casaron en el ***Savoy***, y habiendo muerto mi abuelo poco después, Harry Barry, *esquire*, tomó posesión de las propiedades paternas y sostuvo la reputación de nuestro ilustre apellido en Londres».

19. «Mientras que un joven muchacho, llamado Oliver Twist huyó de su hogar, o le incitaron a ello, en ***Pentonville***, la tarde del jueves pasado, y todavía no se sabe nada de él...».

20. «Aunque debería acompañaros mañana, señora, —dijo ella— dispondré de tiempo suficiente para mi paseo a ***Norwood***. Las preparaciones para mi viaje no pueden ocuparme una hora».

21. «La carta de la que había hablado llegó a Manos de Mónica a la mañana siguiente. Era una invitación muy respetuosa a acompañar al escritor en un trayecto en ***Surrey***».

dor impersonal en tercera persona («Lo llevaron primero ante el Consejo Privado»); las referencias a pasado y futuro tendían, en general, a la forma del diálogo («Aunque debería acompañaros mañana, señora»). Las palabras más distintivas del primer grupo tienen una clara prevalencia espacial: (*conducted*, condujo; *reached*, alcanzó; *followed*, siguió; *entered*, entró), nombres espaciales (*walls*, muros; *churchyard*, camposanto; *gate*, puerta; *window*, ventana), adjetivos descriptivos (*narrow*, estrecho; *dark*, oscuro; *melancholy*, melancólico; *strong*, fuerte), además de indicaciones de relaciones sociales (*confidence*, confianza; *respect*, respeto; *invited*, invitó; *announced*, anunció; *attended*, atendió). En el segundo grupo, aparte de los marcadores dialógicos (*speaking*, hablando; *replied*, contestó; *exclaimed*, exclamó) y las contracciones típicas del estilo coloquial (*he's*, *can't*, *wouldn't*), hallaríamos un fuerte registro hipotético (*imagine*, imaginad; *suppose*, suponed; *think*, pensad; *somewhere*, en algún lugar), además de cierta fijación financiera (*notes*, billetes; *bill/s*, recibos; *pounds*, libras; *capital*, capital; *trade*, comercio; *property*, propiedad). Y por si estas diferencias no fueran suficientes, surgió un tercer grupo de topónimos, que no tenían nada que ver con el presente, ni el pasado, ni el futuro de la historia. He aquí algunos ejemplos:

> *Look at the list of Directors. We've three members of Parliament, a baronet, and one or two City names that are as good, as good as the ***Bank of England***. If that prospectus won't make a man confident.*[22]
>
> *In the most careless, good-humoured way, he loses a few points; and still feels thirsty, and loses a few more points; and, like a man of spirit, increases his stakes, to be sure, and just by that walk down ***Regent Street*** is ruined for life.*[23]
>
> *Having concluded his observations upon the soup, Mr. Osborne made a few curt remarks respecting the fish, also of a savage and satirical*

---

22. «Mirad la lista de directores. Tenemos a tres miembros del Parlamento, a un baronet y uno o dos nombres de la City que son tan buenos, tan buenos como el ***Banco de Inglaterra***. Si este prospecto no le da confianza a un hombre».

23. «Del modo más despreocupado y de buen humor, pierde unos cuantos puntos: y todavía tiene sed, y pierde unos cuantos puntos más; y, como un buen hombre enérgico, aumenta sus apuestas, claro está, y tras unos pocos pasos por ***Regent Street***, se ve arruinado de por vida».

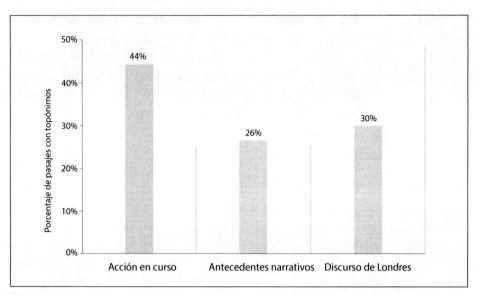

Figura 7.1 Tres geografías narrativas.

Dado que tan sólo se examinaron 200 pasajes, las investigaciones llevadas a cabo en un futuro puede que corrijan significativamente estas figuras iniciales, del mismo modo que los géneros específicos pueden mostrar preferencia por un sistema espaciotemporal u otro. Tendría lógica, por ejemplo, que las historias de aventuras maximizaran el papel del primer plano, que las novelas naturalistas maximizaran el del escenario, y que los textos ensayísticos lo hicieran con los topónimos «casi-normativos».

tendency, and cursed ***Billingsgate*** with an emphasis quite worthy of the place.[24]

We traced her to her new address; and we got a man from ***Scotland Yard***, who was certain to know her, if our own man's idea was the right one. The man from Scotland Yard turned milliner's lad for the occasion, and took her gown home.[25]

Mrs. Honeyman sternly gave warning to these idolaters. She would have no Jesuits in her premises. She showed Hannah the picture in

---

24. «Al fin de sus observaciones acerca de la sopa, Mr. Osborne hizo unos cuantos comentarios lacónicos respecto al pescado, también de tendencia salvaje y satírica, y maldijo ***Billingsgate*** con un énfasis bastante a la altura del lugar».

25. «La seguimos hasta su nueva dirección: y tenemos un hombre de ***Scotland Yard*** que está seguro de conocerla, si es que nuestro hombre tiene la idea correcta. El hombre de Scotland Yard se hizo ayudante de sombrerero para la ocasión, y se llevó a casa el traje de ella».

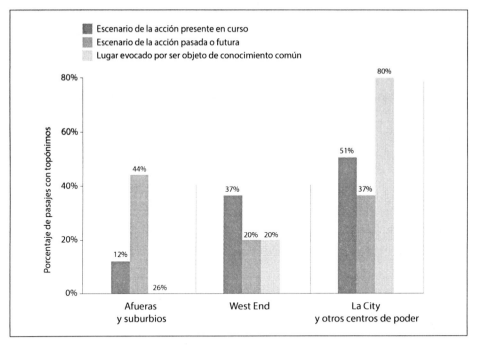

Figura 7.2 Geografías narrativas y estructura urbana.

La acción en curso presente se asocia típicamente con el West End (37% de los casos) y con el espacio compuesto de la City y otros centros de poder (51%), mientras que las afueras de Londres aparecen en sólo un 12% de los casos. Cuando pasamos del primer plano a la escena general, sin embargo, esta imagen se invierte: los distritos y pueblos alrededor de Londres son mencionados en un 44% de los casos, mientras que la presencia del West End es reducida a la mitad (de 37 a 20%). Finalmente, las afueras están completamente ausentes del «discurso de Londres», 80% del cual se encuentra dividido en cuatro núcleos principales: el poder financiero y político (Banco de Inglaterra, Westminster), comercio (Cornhill, Smithfield, Billingsgate), el derecho (Temple, Chancery, Newgate) y la historia (el antiguo Puente de Londres, Whitehall y el Palacio de Buckingham).

> *Howell's Medulla of the martyrs burning at ***Smithfield***: who said, `Lord bless you, mum,' and hoped it was a long time ago.*[26]

Si los primeros dos grupos de pasajes presentan Londres como el espacio de trayectorias privadas enigmáticas («mientras

---

26. «La señora Honeyman dio un aviso severo a aquellos idólatras. En su casa no habría ningún jesuita. Le mostró a Hannah la imagen en la Medulla, de Howell, de los mártires ardiendo en ***Smithfield***, quien dijo, «que Dios te bendiga, madre», y esperó que eso hubiera ocurrido hace mucho tiempo».

que un joven muchacho, llamado Oliver Twist, huyó...») este tercer grupo tiene un toque público y casi normativo: implica que todo el mundo sabe (o debería saber) qué representan el Banco de Inglaterra, Billingsgate o Sotland Yard. Estas localizaciones no juegan ningún papel dentro de la narrativa propiamente dicho, pero actúan como muchas señales de lo que podríamos denominar el «discurso de Londres», un pequeño compendio ideológico de la capital británica.

Tres geografías literarias, pues: el activo y conciso primer plano de los acontecimientos en curso; el mundo narrado desde una perspectiva de fondo, más nebulosa y subjetiva; la capa impersonal de un discurso casi-normativo (figura 7.1). Los datos son reordenados en la figura 7.2 para mostrar las afinidades electivas entre las tres geografías y la configuración social de Londres.

Como suele ocurrir con nuestro trabajo en el Lab, la idea inicial —cuantificar y cartografiar emociones novelísticas— no resultó una tarea fácil ni particularmente satisfactoria. Al final, el mapa de las emociones de Londres fue acometido solamente de manera parcial. Pero en pos de este objetivo, hallamos pruebas empíricas que dan apoyo a las teorías existentes acerca de las emociones en público; hemos demostrado cómo polaridades narratológicas establecidas (primer plano / escenario, historia / discurso) presiden no solamente la temporalidad de la narración sino también su geografía. Y hemos descubierto una interesante discrepancia entre la geografía real y la de ficción, mientras que también empezamos a delinear las primeras ideas para una futura «semántica del espacio». Corroboración, mejora y descubrimiento: los tres ejes que han definido la relación variable entre investigación cuantitativa en literatura y los estudios ya existentes. En algún momento, llegará el día en que también podamos levantar una teoría.

Patrones e interpretación

Franco Moretti

1. Abstracción

La digitalización ha cambiado por completo el archivo literario: los investigadores solíamos trabajar con un centenar de novelas del siglo XIX; hoy en día trabajamos con miles de obras. Como es obvio, el incremento ha tenido consecuencias en la historia literaria —véase el capítulo quinto—, pero también en nuestros métodos de trabajo: cuando en lugar de 200 novelas analizamos 200.000 no llevamos a cabo las mismas operaciones a una escala 1.000 veces mayor, sino que realizamos una actividad completamente distinta. El aumento de la escala modifica nuestra relación con el objeto de estudio y, de hecho, modifica el objeto en sí. «Nadie ha visto jamás los objetos estudiados por los historiadores contemporáneos» —escribió en cierta ocasión Krzysztof Pomian— «y nadie *ha podido verlos* [...] porque no tenían equivalente en la experiencia vivida».[1] Es un hecho irrefutable: nadie tiene una experiencia vivida del cambio demográfico o de las tasas de alfabetización. Tampoco de la figura 1.1.

Me detendré a explicar el gráfico en seguida; antes quisiera aclarar que, en el nuevo espacio de los laboratorios literarios, la literatura ha adquirido este aspecto. Siguen siendo novelas, pero preparadas para un tipo de análisis que rompe todos los lazos con la experiencia vivida de la literatura. Asistir a una representación

---

1. Krzysztof Pomian, *L'Ordre du temps*, París, 1984, pág. 31.

teatral, escuchar la recitación de un poema, leer una novela; he aquí experiencias *concretas* de cómo vivimos la literatura. Por el contrario, la figura 1.1 es una abstracción pura; el gráfico extrae ciertos elementos novelísticos, los descontextualiza y los representa combinándolos de otra manera. En este caso, la visualización se basa en el análisis de componentes principales; pero podría ser un gráfico que muestra una tendencia, un mapa o un diagrama en forma de árbol con la distancia entre objetos, entre otras alternativas igualmente abstractas. Junto con la explosión vivida por los archivos, y quizás con consecuencias de mayor calado, la gran innovación que trae consigo la crítica computacional es *una redefinición de la literatura fundamentada en los rasgos susceptibles de ser abstraídos con facilidad y, por tanto, de ser procesados por el ordenador*. En este sentido, los algoritmos han modificado nuestro objeto de estudio —el *qué*— y el método empleado —el *cómo*—. Piénsese en la lectura. Durante siglos, el acto de leer ha sido indispensable para comprender la literatura. Sin embargo, ante la figura 1.1, la lectura no cumple ninguna función. Ninguna.

Con todo, una precisión sigue siendo necesaria: no se trata de dejar de leer libros. La lectura es uno de los placeres más grandes de la vida, sería una locura renunciar a ella. Lo que está en juego no es la lectura en sí, sino *la continuidad entre leer y (cierto tipo) de conocimiento*. Por ejemplo, a mí me gusta leer libros, pero cuando trabajo en el Literary Lab la lectura no es fundamental para mi trabajo. En cambio, los corpus de textos sí lo son; en un plano ideal, un corpus compuesto por unas 200.000 novelas. Una vez más el tamaño es crucial porque un corpus no es sólo «como otro texto, pero en mayor cantidad».[2] Un texto es un «acto comunicativo» escrito por un emisor, en unas circunstancias determinadas y con el propósito de transmitir un significado concreto. Pero nadie se dedica a escribir un corpus de textos; no son, pues, «actos comunicativos»; de hecho, no son actos, sino objetos artificiales creados por los investigadores. Los textos se dirigen a alguien, nos «hablan». Los corpus textuales, no. En otras palabras, *no tienen un significado en el sentido usual del término*.[3]

---

2. Elena Tognini Bonelli, «Theoretical Overview of the Evolution of Corpus Linguistics», en Anne O'Keeffe y Michael McCarty, eds., *The Routledge Handbook of Corpus Linguistics*, Routledge, Nueva York, 2010, pág. 19.

3. Esta concepción del significado no se debe, principalmente, a los críticos literarios; el significado entendido en relación con el contexto y el uso es más pro-

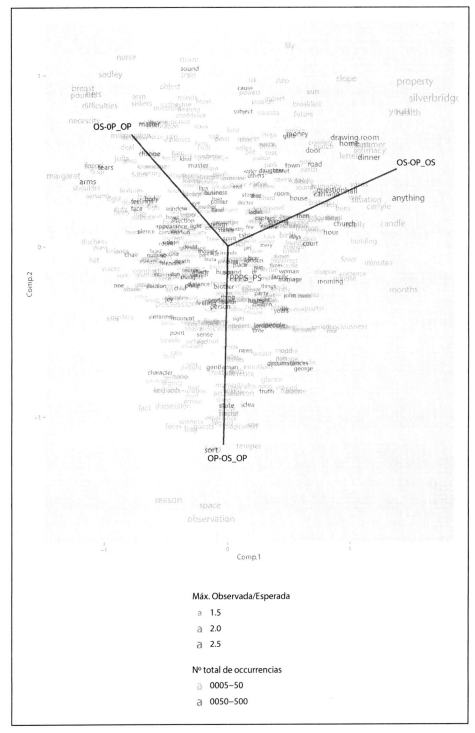

Figura 1.1 «Objetos sin equivalente en nuestra experiencia vivida» (véase figura 4.5, capítulo 3).

El problema reside en que el significado no es algo accesorio para la crítica literaria; al contrario, el significado es *el objeto de estudio* de los críticos. El reto de la crítica computacional, pues, consiste en seguir pensando la literatura tras situar el significado en los márgenes. Al mismo tiempo, este cambio también supone un reto para la crítica computacional, pues si ya no es el significado, ¿cuál es entonces su objeto de estudio? En la figura 1.1 se observan los elementos que componen una frase de *Middlemarch*, la novela de George Eliot —«*Yet when he arrived at Stone Court he could not see the change in Raffles without a shock*» («Sin embargo, cuando llegó a Stone Court percibió con sorpresa el cambio experimentado por Raffles»)—; la misma frase en su contexto original nos advierte de un encadenamiento de acciones que a la postre convertirán a uno de los principales personajes en el responsable de la muerte de otro. Se trata, pues, de una frase cuyo significado es relevante para comprender la novela; pero nada de esto se percibe en la figura 1. En consecuencia, si con la crítica computacional perdemos el significado, ¿qué es lo que ganamos?

La figura 1.1 forma parte de un estudio sobre el estilo de las frases en un corpus de novelas del siglo XIX (véase capítulo 3); en el transcurso de la investigación comparamos frases compuestas por una oración principal y por una subordinada, que llamamos OP-OS (*I opened the door, as soon as the bell rang*; 'Abrí la puerta, tan pronto como sonó el timbre'), con frases que seguían el orden opuesto —abreviadas como OS-OP— (*As soon as the bell rang, I opened the door*; 'Tan pronto como sonó el timbre, abrí la puerta'). Nos interesaba especialmente el segundo tipo de frases porque cuando iniciamos un enunciado con una oración subordinada no podemos detenernos ahí —«Tan pronto como sonó el timbre»... ¿qué ocurrió? —; debemos continuar relatando. Es decir, se trata de una estructura muy *narrativa*. El objetivo era averiguar si diferían del primer tipo de frase no sólo desde un punto de vista sintáctico sino también por su contenido semántico. Para conseguirlo, dividimos las frases en cuatro clases de oraciones,[4] calculamos las palabras más distintivas de cada una

---

pio de antropólogos como Geertz o de historiadores del pensamiento político como Skinner y Pocock.

4. A fin de completar los ejemplos, las cuatro clases de frases y sus abreviaciones son las siguientes: «*I opened the door*, as soon as the bell rang», oración

y utilizamos el análisis de componentes principales para visualizar los resultados. La figura 1.1 es la conclusión del proceso: las cuatro oraciones se representan por medio de vectores de color negro, que contienen las palabras más distintivas. El degradado gris de las palabras indica su frecuencia absoluta, mientras que la variación del tamaño corresponde al nivel de distinción. Por último, la distribución de las oraciones sobre los ejes refleja que, en efecto, existe una correlación entre sintaxis y semántica. Todo correcto. Pero ¿qué hacemos con estos resultados?

2. Patrones

Lo que hicimos —lo que la mayoría de investigadores harían en tales circunstancias— fue buscar signos indicativos de una configuración inusual. Para nuestra fortuna, en la parte superior derecha del gráfico, correspondiente a las oraciones subordinadas de las frases OS-OP, percibimos un grupo de términos relacionados: *drawing room*, *home*, *house*, *door*, *hall*, *church*, *building*, *gate*, *town*, *road*, *street*, *palace*, *yards*, *slope* y *park* («salón», «hogar», «casa», «vestíbulo», «iglesia», «edificio», «puerta», «pueblo», «carretera», «calle», «palacio», «patios», «pendiente» y «parque») —véase la figura 2.1—. En cambio, en la parte superior izquierda, en donde se sitúan los resultados relacionados con las oraciones principales del mismo tipo de frase, se hallaba un grupo de palabras distinto, pero igual de consistente: *feelings*, *jealousy*, *indignation*, *despair*, *admiration*, *fancy*, *interest*, *memory* y *tears* («sentimientos», «celos», «indignación», «desesperación», «admiración», «imaginación», «interés», «memoria» y «lágrimas»). Así, del amasijo caótico de palabras emergió un patrón (figura 2.3). Tras desplazar el significado a los márgenes, ¿qué fenómeno ocupa ahora su posición central? Los patrones. En lugar de leer, pues, debemos reconocer patrones.

El término «patrón» es, sin duda, una palabra clave en nuestros tiempos. Por ejemplo, en un artículo publicado recientemente aparece 74 veces. Pero ¿qué significa exactamente? Lo único

---

principal de una frase de tipo OP-OS; «I opened the door, *as soon as the bell rang*», oración subordinada de una frase de tipo OP-OS; «As soon as the bell rang, *I opened the door*», oración principal de una frase de tipo OS-OP; «*As soon as the bell rang*, I opened the door», oración subordinada de una frase de tipo OS-OP.

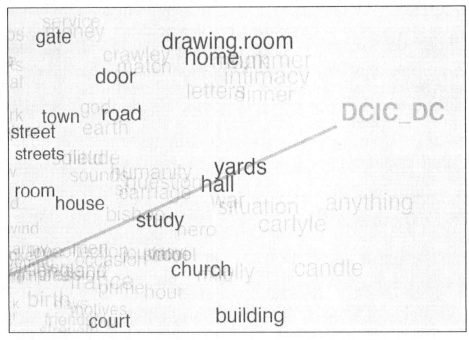

Figura 2.1 Oraciones subordinadas y su agrupación semántica principal.

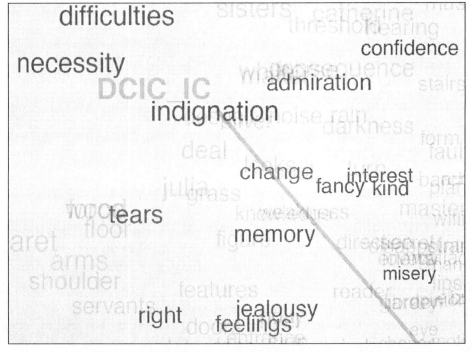

Figura 2.2 Oraciones principales y su agrupación semántica principal.

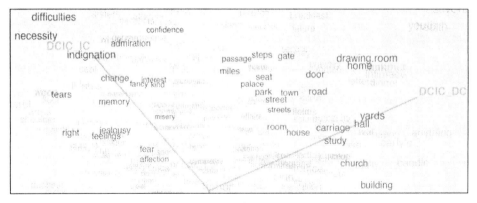

Figura 2.3 La emergencia de un patrón.

que está claro es que cuando entró en la lengua inglesa tenía un significado distinto. El término deriva del francés *patron* —es decir, maestro, propietario o jefe— y, según el *Oxford English Dictionary*, en sus orígenes se utilizaba para designar «algo cuya forma o diseño sirve de modelo para crear otra cosa» (siglo XIV) o bien «un ejemplo o modelo considerado típico o representativo» (siglo XVI). Por tanto, originalmente, el término «patrón» era un concepto *normativo*; la gente creaba patrones y luego los imponía a su alrededor. Sin embargo, hace aproximadamente un siglo, el término experimentó un cambio radical: los patrones no se crean, sino que se encuentran en la realidad. Fue entonces cuando adquirieron una naturaleza empírica independiente de nuestra existencia: «forma o secuencia regular e inteligible que se discierne en ciertas acciones o situaciones, especialmente cuando a partir de ellos es posible predecir acciones sucesivas o futuras» (siglo XIX); «disposición o relación entre elementos, especialmente cuando indica o implica un proceso causal subyacente en el que no interviene el azar» (siglo XX).[5] Como se observa en la figura 2.4, la emergencia de los rasgos «objetivos» provocó un incremento de la frecuencia del término.

Una «relación entre elementos», como la que pudimos encontrar entre la semántica y la sintaxis al estudiar las frases

---

5. En la acepción nueva, la dimensión subjetiva no ha desaparecido, pero se limita a la función auxiliar del «reconocimiento»; para reconocer un patrón, la subjetividad sigue siendo necesaria a fin de extraer —o «discernir», si seguimos la definición del siglo XIX— el patrón de su entorno. Sin embargo, los patrones ya no se imponen en el mundo en tanto que «modelos» como ocurría antaño.

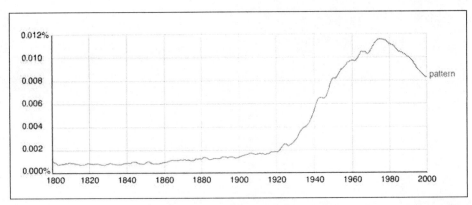

Figura 2.4 *Pattern* en la lengua inglesa, entre 1800 y 2000. Fuente: Google Books Ngram Viewer, consultado el 21 de abril de 2016.

(figuras 1-4). O bien una correlación —otra palabra clave para definir nuestros tiempos—. Hace algunos años, el editor jefe de la revista *Wired*, Chris Anderson, se valió de este concepto para declarar «obsoleto» el método científico:

> *Scientists are trained to recognize that correlation is not causation, that [...] you must understand the underlying mechanisms —the model— that connect the two. But faced with massive data, this approach to science [...] is becoming obsolete. Petabytes allow us to say: «Correlation is enough» [...] Correlation supersedes causation, and science can advance eve without coherent models, unified theories, or really any mechanistic explanation at all.*[6]

Esta afirmación resulta maravillosa porque expresa con absoluta ingenuidad la ambivalencia respecto al conocimiento tan típica de nuestros días. Correlación, sí; pero teorías, modelos o, mucho peor, explicaciones, no. Pero ¿acaso es posible producir conocimiento sin explicaciones? Es el mismo antintelectualismo

---

6. «Los científicos aprenden que correlación no equivale a causa y que [...] deben comprender los mecanismos subyacentes —el modelo— que conectan ambos fenómenos. Ahora bien, al disponer de una cantidad enorme de datos, el método científico [...] se vuelve obsoleto. [...] Los *petabytes* de información nos permiten afirmar: "La correlación basta". [...] La correlación, pues, reemplaza la causa y, por consiguiente, la ciencia puede avanzar sin modelos coherentes, teorías unificadas o explicaciones mecánicas». Chris Anderson, «The End of Theory: The Data Deluge Makes the Scientific Method Obsolete»: https://www.wired.com/2008/06/pb-theory/.

surgido a raíz de la revolución industrial hace dos siglos debido a la misma razón: el conocimiento es bueno, siempre y cuando sirva para el funcionamiento de las máquinas. «Conocimiento útil», como se solía llamar en época victoriana; ingenieros, sí, pero no científicos. Lo mismo sucede hoy en Silicon Valley —El Dorado de los ingenieros— en donde Anderson ha sabido reinventarse como fabricante de drones.

Con esto no quiero decir que el reconocimiento de patrones no sea importante; de hecho, lo es, pero sólo como punto de partida porque lo que *realmente* importa es la explicación: la búsqueda de mecanismos subyacentes y el establecimiento de causas. En nuestro caso, la investigación requirió un nivel más de abstracción. Si la figura 1.1 parecía abstracta, en realidad, necesitábamos una abstracción mayor; debíamos seleccionar los términos *home*, *door* y *road*, por un lado, y los términos *tears*, *jealousy* y *fancy*, por el otro, a fin de reducirlos a una relación puramente formal: el espacio en las oraciones subordinadas y las emociones en las oraciones principales (figura 2.5).

A partir del caos de datos (figura 1.1) y gracias a la emergencia de patrones (figuras 2.1, 2.2 y 2.3), fuimos capaces de percibir con claridad una forma (figura 2.5). Se trata casi de un proceso de «destilación», pero que sobrepasa la clarificación epistemológica porque se fundamenta en el descubrimiento de *un mecanismo causal auténtico*. En otras palabras, si de los datos emerge un patrón, es porque existe *una forma subyacente que se repite una y otra vez*. La forma es el elemento repetitivo de la literatura —tal y como defendí en otro trabajo— y el patrón *no es más que su repetición*.[7] Puesto que los términos espaciales aparecen en las oraciones subordinadas y los términos relacionados con la emoción aparecen en las oraciones principales, de repente, fuimos capaces de «reconocer» un patrón. Pero lo que percibimos es, en realidad, la sombra de una forma (figura 2.5). En resumen, *los patrones son las sombras que proyectan las formas sobre los datos*. Si no llegas hasta la forma, te quedas con muy poco.

---

7. Véase Moretti, Franco, «The Slaughterhouse of Literature», *Distant Reading*, Verso, Londres, 2013.

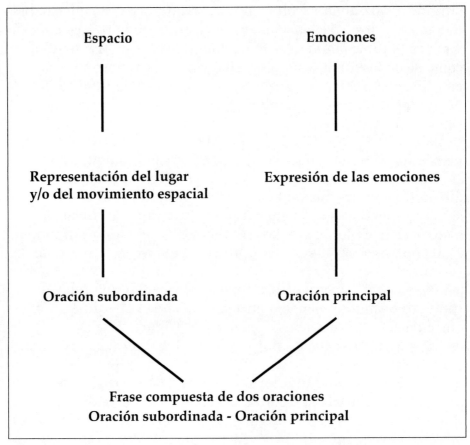

Figura 2.5 La forma proyectada por un patrón.

Ejemplos de una estructura abstracta escogidos del capítulo 3. «*When Peter perceived the village, he burst into a shout of joy*» (Radcliffe); «*When the day came round for my return to the scene of the deed of violence, my terrors reached their height*» (Dickens); «*When Deronda met Gwendolen and Grandcourt on the staircase, his mind was seriously preoccupied*» (Eliot); «*Yet when he arrived at Stone Court he could not see the change in Raffles without a shock*» (Eliot).

3. Interpretación

La correlación existente entre *home* y *road* en las oraciones subordinadas es un *hecho* —utilizo el término «hecho» a sabiendas de que produce urticaria a los críticos literarios contemporáneos—. Si el análisis de este tipo de proposiciones fuera realizado por otros investigadores, la frecuencia en que aparecen *home* y *road* sería la misma.[8] Ahora bien, que ambas palabras formen un grupo y que éste refleje el componente «espacial» de la novela no son hechos, sino *interpretaciones*. Por ejemplo, podríamos haber identificado los términos *home* y *road* como opuestos, e interpretar que equivalen a los campos semánticos de la «interioridad» y la «exterioridad», respectivamente. Sin embargo, decidimos agruparlos juntos como dos instancias del «espacio». En esta fase crítica, pues, las decisiones subjetivas predominan. Los algoritmos generan nuevos hechos, pero la interpretación que se deriva de ellos descansa en la tradición hermenéutica.

Este capítulo se inició con la afirmación de que la crítica computacional reemplazaba el significado con patrones; sin embargo, acabo de defender la necesidad de interpretar los patrones teniendo en cuenta al significado las palabras. No creo que sea una contradicción, ya que el término «significado» se puede emplear, al menos, de dos modos distintos: por un lado, al hablar de los patrones que emergen de las figuras 2.1 a la 2.3, me refería al significado de las palabras contenido en el diccionario, que el fundador de la hermenéutica moderna, Schleiermacher, solía denominar con el término *Bedeutung*; por el otro lado, cuando afirmé que los textos son actos comunicativos, me refería al significado en un contexto específico, es decir, como portadores de un «sentido» —*Sinn*, según Schleiermacher—.[9] En inglés, se puede utilizar también el término *significance*, siempre y cuando dejemos *meaning* para la definición más abstracta que proporciona el diccionario. En italiano, así como en otras lenguas, se usan de manera similar los términos *senso* y *significato*. En cualquier caso, lo importante no es la elección de las palabras, sino ser

---

8. Un hecho porque es un fenómeno intersubjetivo, pero también en el sentido de *factum* porque la correlación que encontramos no nos fue «dada» sino que es el resultado de una serie de operaciones: la identificación de un conjunto de frases específicas, la división en oraciones, el establecimiento de las palabras más distintivas, la decisión de centrarse en los nombres, la elección del modelo estadístico, el análisis de los componentes principales, etc. El investigador que repita estas operaciones obtendrá los mismos resultados; ahora bien, las operaciones en sí están condicionadas por un interés específico y subjetivo.

9. «Algunos piensan que las palabras tienen un significado literal *(Bedeutung)* y otro significado que depende del contexto *(Sinn)*». Friedrich Schleiermacher, *Hermeneutics: the Handwritten Manuscripts*, Heinz Kimmerle, ed., The Scholars Press, Missoula, Montana, 1977, pág. 117.

conscientes de que nuestra reflexión sobre el significado puede tener dos orientaciones, una que corresponde con el diccionario y otra que depende del contexto, según las «reglas del arte de la interpretación» de Schleiermacher.[10]

Las ideas de Schleiermacher son de sobra conocidas, pero merecen nuestra atención. «La tarea interpretativa se puede formular de la siguiente manera: primero debemos comprender un texto tan bien como el autor y, luego, mejor que el mismo autor».[11] He aquí, por cierto, la única razón que justifica la existencia de los críticos literarios: sin nosotros, la oscuridad reina; pero, por suerte, estamos aquí para proporcionar una interpretación mejor que la de los autores. Sin embargo, ¿cómo es posible comprender mejor que ellos? La respuesta de Schleiermacher es genial: la interpretación de los críticos no es mejor porque tengamos un conocimiento superior sino debido a nuestro desconocimiento: «no podemos conocer de manera directa el contenido mental del autor» y, por eso, nos vemos forzados «a descubrir muchas cosas de las que el autor no era consciente». El autor, pues, sabe muchas cosas que desconoce saber, mientras que el intérprete sólo puede conocerlas cuando las hace explícitas. En este sentido, el crítico comprende el texto «mejor que el autor». La propuesta resulta muy atractiva, pero la crítica computacional y cuantitativa se topa con un obstáculo; para Schleiermacher, este tipo de interpretación consiste en comprender *textos individuales en su especificidad* y en relación con la intención —en cualesquiera de sus definiciones— del autor. Pero los corpus textuales no tienen individualidad ni intenciones.

Antes de nada, conviene aclarar por qué es necesaria la interpretación. La razón se halla, precisamente, en lo que el autor conoce, pero que no nos comunica de manera explícita. Schleiermacher no explica por qué los autores no nos cuentan todo lo que saben, pero podemos conjeturar una hipótesis; el fenómeno tiene lugar porque este tipo de cosas han sido aprendidas *en la práctica* y no mediante un conocimiento formal y explícito. Se trata, pues, de un saber-hacer, de un conjunto de prácticas y convenciones propias de la época del autor. El intérprete no

---

10. Friedrich Schleiermacher, *Hermeneutics: the Handwritten Manuscripts*, Heinz Kimmerle, ed., The Scholars Press, Missoula, Montana, 1977, pág. 111.
11. Friedrich Schleiermacher, *Hermeneutics: the Handwritten Manuscripts*, Heinz Kimmerle, ed., The Scholars Press, Missoula, Montana, 1977, pág. 112.

debe descubrir e identificar los secretos ocultos del autor, sino los hábitos sociales compartidos por una inmensa mayoría, es decir, lo que estaba a la vista de todos pero que resultaba invisible debido a su naturaleza común. En otras palabras, lo que el intérprete recupera es *el aspecto social de una obra individual*.

Ahora bien, el proyecto de Schleiermacher y su realización entran en conflicto de manera un tanto extraña. El objetivo es comprender textos en su singularidad y el medio consiste en hacer explícitas las prácticas sociales, que sólo son necesarias para la tarea hermenéutica en un sentido instrumental —en sí mismas no son interesantes—. La crítica computacional invierte la jerarquía porque las convenciones nos importan más que la singularidad de los textos y, además, importan *en sí mismas*. El desacuerdo entre la hermenéutica tradicional y la crítica computacional es incontestable; pero nuestro trabajo también puede verse como la realización de la hermenéutica, porque los «objetos abstractos» producidos con métodos informáticos —objetos de los que no tenemos una experiencia directa, pero que no nos son ajenos del todo— son los fenómenos que la hermenéutica pretende sacar al nivel de la conciencia. En conclusión, podríamos hacer nuestro el lema de Schleiermacher: la hermenéutica cuantitativa es el arte de comprender las convenciones —formas, géneros, estilos y prácticas— mejor que la sociedad a la que pertenecen.[12]

4. Forma, historia y explicación

Un breve paréntesis se impone a continuación con el objetivo de aclarar dos puntos. Por un lado, si observamos de nuevo

---

12. Con esto no quiero sugerir que los métodos computacionales hayan inventado el estudio de las convenciones, pues la teoría sobre los géneros literarios y la estilística se remontan a siglos atrás. Pero los objetos abstractos generados con el ordenador son los objetos de estudio más adecuados para este tipo de investigación; o, al menos, son mejores que sus predecesores porque nos permiten —en palabras de Ernst Mayr— dejar de pensar sobre las «categorías» y empezar a conocer la «población». En definitiva, lo que hemos hecho es crear un laboratorio para estudiar fenómenos que hasta ahora se han reducido a teorías y especulaciones.

la figura 2.5, debemos admitir que no existe una relación lógica entre el espacio y las emociones; entonces, ¿de dónde surge el patrón? Como siempre ocurre al estudiar las formas literarias, la explicación se halla en la historia. Hacia 1800, la geografía europea se vio modificada de manera violenta por la formación de Estados-nación y por la incipiente industrialización; fue entonces cuando los novelistas dejaron de tratar el espacio como un simple «contenedor» de la historia —una especie de «caja» en donde la acción se desarrolla de manera independiente— y empezaron a considerar el componente espacial como un agente que moldeaba los acontecimientos. O para retomar la expresión de Auerbach en *Mímesis*: el ambiente social se convirtió en una fuerza «demoníaca». El espacio social había sufrido demasiados cambios drásticos como para permanecer inalterable en el espacio de la ficción. Lo mismo ocurrió con las emociones; por los mismos años, según defendió Peter Brooks en *The Melodramatic Imagination*, la representación teatral y la expresión escrita se orientaron hacia una «retórica del exceso» como consecuencia simbólica de la Revolución Francesa.

Pero ¿por qué el espacio y las emociones? La razón reside en que las dos esferas habían sido intensificadas por los acontecimientos de la época, de tal modo que combinándolas en una unidad microscópica como las frases compuestas por dos oraciones era una manera de unificar la experiencia histórica. La forma literaria *siempre* funciona así: selecciona algunos elementos, los combina y crea un *modelo* del mundo. El espacio ha cobrado tanta importancia que genera acontecimientos y la intensidad emocional es en sí misma uno de los acontecimientos más destacables de la existencia humana; esto es lo que se pretende comunicar con la estructura de la frase. Al parecer, la forma se originó con la novela gótica, en la que el espacio y las emociones se unían de manera original e inextricable: castillos y terror, mazmorras y locura, cuevas y desaliento. En principio, la unión no era evidente. Pera una vez la conexión tuvo lugar fue muy fácil otorgarle una nueva función de manera repetida —la forma, no lo olvidemos, es el elemento repetitivo de la literatura— y adaptarla a las necesidades cambiantes de cada momento. Así pues, tras la novela gótica, siguió la novela histórica, en donde el espacio periférico proporcionó un refugio para las grandes pasiones que habían sido desterradas del mundo moderno; luego fue el turno de las grandes metrópolis y el desplazamiento de la atención hacia sus patologías —París y la ambición, Londres y las excentricidades, San Petersburgo y los radicalismos, Madrid y la locura—; más tarde le llegó la hora a las provincias y a los peligros del aburrimiento moderno; por último, los grandes ciclos naturalistas del último cuarto de siglo dotaron de una significación trágica a algunas regiones como la Sicilia de Giovanni Verga y el Wessex de Thomas Hardy. En cada generación, la unión entre el espacio y las emociones se reinventó a partir de una articulación nueva del Estado-nación y de las reacciones emocionales provocadas por la vida moderna. En otras palabras, estamos ante los cronotopos de Bajtin, pero saturados de emociones; tras esta explicación, no cabe duda de por qué los novelistas siguieron recurriendo a la frase de tipo OS-OP («espacio en la oración subordinada / emociones en la oración principal»).[13]

Puede parecer un esbozo precipitado, pero mi objetivo era sugerir cómo la identificación de una forma literaria gracias al reconocimiento de patrones nos permite unificar dos dimensiones históricas en una sola explicación. Este capítulo comenzó con un desplazamiento desde la experiencia vivida de la literatura hacia objetos más abstractos; en el proceso, sin embargo, la forma literaria ha emergido como el punto álgido de la investigación y, al mismo tiempo, como el fundamento para revertir la dirección y retornar a la historia literaria. En este sentido, la forma funciona como el tipo ideal del que hablaba Max Weber: una «construcción mental» que no se encuentra de manera empírica en la realidad pero que, una vez se ha construido, puede utilizarse para «comparar y medir la realidad».[14] Es de esta manera como deberíamos concebir la forma literaria, es decir, en tanto que construcción mental que no encontramos *como tal* en una obra en concreto, pero que puede servirnos para «medir»

---

13. Si esta explicación es correcta, la combinación espacio-emociones debería cubrir todo el siglo XIX, aunque las agrupaciones semánticas cambien de generación en generación. Por desgracia, el corpus utilizado en la investigación original no es suficientemente grande como para evaluar la validez de esta predicción; hasta el momento, pues, sigue siendo una hipótesis.

14. Max Weber, «"Objectivity" in Social Science and Social Policy», 1905, en *The Methodology of Social Sciences*, Glencoe, IL, The Free Press, págs. 90, 97. Traducción española: *La objetividad del conocimiento en la ciencia social y en la política social*, Madrid, Alianza Editorial, 2009.

las relaciones existentes entre distintos textos. La forma, en definitiva, *no* puede explicar un texto aislado, pero es lo único que *sí* puede explicar una serie de textos.

5. Ruido

Con todo, el retorno a la «realidad», para seguir con Weber, puede ocurrir de múltiples modos. Preguntémonos: ¿por qué buscamos patrones y por qué nos parecen satisfactorios cuando los encontramos? La respuesta es sencilla: porque revelan cierto orden y porque *deseamos* encontrar un orden, especialmente cuando nos enfrentamos a cantidades masivas de datos. «No es casualidad», dijo un gran precursor de la estilística computacional como Leo Spitzer, «que el "círculo filológico" fuera descubierto por un teólogo que *quería armonizar la discordia a fin de restituir la belleza de Dios en este mundo*».[15] «La belleza de Dios en este mundo» quizá sea la definición más extrema de lo que entendemos por «orden». Pero el problema reside en que en los patrones resulta difícil hallar la belleza divina; no es posible hallarla porque los patrones participan de ambos dominios —el caos de los datos empíricos, la claridad de los conceptos— y, en consecuencia, a menudo son demasiado «discordantes» como para «armonizarlos». De alguna manera, los patrones salvan el abismo entre los dos ámbitos, *haciendo la forma visible a partir de los datos*; cuando esto sucede, somos testigos de un pequeño milagro: en el medio del agrupamiento de términos espaciales —*town*, *road*, *door*— también se halla *God* (Dios); y un poco más abajo otras palabras como *bishop* (obispo), además de *sounds* (sonidos), *questions* (preguntas), *hero* (héroe), *letter* (carta), etc. (figura 5.1). El patrón es real, pero no es perfecto: sus límites son porosos y se despliega discordante sin armonizar. De ahí la pregunta: ¿qué hacer con la discordancia?

En la lógica de la investigación, la discordancia —el desorden, el ruido, el caos— es principalmente un obstáculo que debemos aprender a ignorar. A fin de «percibir» el patrón espacio-emoción,

---

15. Leo Spitzer, «Linguistics and Literary History», 1948, en *Representative Essays*, Stanford UP, 1988, pág. 32 (énfasis del autor). Traducción española: *Lingüística e historia literaria*, Madrid, Editorial Gredos, 1955.

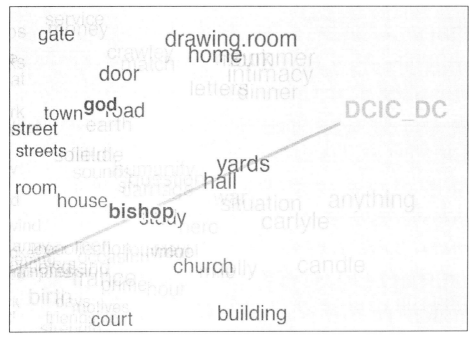

Figura 5.1 Los patrones son reales, pero imperfectos.

debimos poner entre paréntesis *God*, *bishop* o *company*. Los términos siguen estando ahí, pero ya no les dirigimos nuestra atención. En otras palabras, nos tuvimos que poner unas anteojeras —la metáfora fue utilizada por Weber en *La ciencia como vocación*—. Ahora bien, una vez vimos el patrón, nos las pudimos quitar y entonces volvimos a darnos cuenta de que el orden y la armonía ocupan un espacio muy reducido. La forma, pues, está envuelta en ruido, una suerte de torbellino de posibilidades semánticas que giran sin cesar y que no cristalizan en estructuras estables. Convenciones fallidas, estilos fallidos. Ruido. ¿Qué ocurriría *si hiciéramos del ruido un objeto de conocimiento*? Es decir, si no fuera un obstáculo para la interpretación, sino su objetivo. ¿En qué se convertiría el acto interpretativo? ¿Cómo sería una *hermenéutica del ruido*? He aquí el reto más grande que debe afrontar la digitalización de la teoría literaria. La crítica tradicional, una vez se desprendió del ruido de su horizonte de investigación, pudo olvidarse de estos problemas de manera legítima y para siempre. Sin embargo, la alianza entre los algoritmos y los archivos digitales nos pone el ruido delante una y otra vez. Macbeth, en la escena del banquete, afirma: «*The times have been / That, when the brains were out, the man would die, / And there an end; but now they rise again*» («Hubo un tiempo / en que, despojado de cerebro, el hombre moría, / era su fin; pero ahora [los muertos] renacen»). La crítica computacional contempla todos los Banquos que han sido asesinados durante el proceso de selección literaria y los devuelve a la vida. Nuestra tarea consiste en dialogar con estos fantasmas.